U0455655

权威·前沿·原创

BLUE BOOK

智 库 成 果 出 版 与 传 播 平 台

数字经济蓝皮书

BLUE BOOK OF DIGITAL ECONOMY

亚太经合组织数字经济治理报告
（2023）

REPORT ON APEC DIGITAL ECONOMY
GOVERNANCE (2023)

中国方案与合作共赢
China Solution and Win–win Cooperation

组织编写／北京邮电大学经济管理学院
主　编／赵　晨
副主编／王雨飞　王砚羽

社会科学文献出版社
SOCIAL SCIENCES ACADEMIC PRESS（CHINA）

图书在版编目（CIP）数据

亚太经合组织数字经济治理报告 . 2023：中国方案
与合作共赢 / 赵晨主编 . --北京：社会科学文献出版
社，2024.8
　（数字经济蓝皮书）
　ISBN 978-7-5228-3737-6

　Ⅰ.①亚…　Ⅱ.①赵…　Ⅲ.①亚太经济合作组织-信
息经济-经济治理-研究报告-2023　Ⅳ.①F491

中国国家版本馆 CIP 数据核字（2024）第 110863 号

数字经济蓝皮书

亚太经合组织数字经济治理报告（2023）
——中国方案与合作共赢

主　　编／赵　晨
副 主 编／王雨飞　王砚羽

出 版 人／冀祥德
组稿编辑／任文武
责任编辑／徐崇阳
责任印制／王京美

出　　版／社会科学文献出版社·生态文明分社（010）59367143
　　　　　地址：北京市北三环中路甲 29 号院华龙大厦　邮编：100029
　　　　　网址：www.ssap.com.cn
发　　行／社会科学文献出版社（010）59367028
印　　装／天津千鹤文化传播有限公司

规　　格／开本：787mm×1092mm　1/16
　　　　　印张：18.75　字数：281 千字
版　　次／2024 年 8 月第 1 版　2024 年 8 月第 1 次印刷
书　　号／ISBN 978-7-5228-3737-6
定　　价／138.00 元

读者服务电话：4008918866

《亚太经合组织数字经济治理报告（2023）》
编　委　会

主要编撰者简介

赵　晨　北京邮电大学经济管理学院教授、博士生导师，副院长。研究方向为人才管理和数字经济。近年来在《管理世界》、《南开管理评论》、《中国软科学》、*Journal of Applied Psychology*、*Journal of Business Ethics*、*Journal of Business Research* 等国内外重要学术期刊发表论文 60 余篇。主持国家社会科学基金重大项目、国家自然科学基金面上及青年项目，以及教育部和北京市纵向课题共 7 项。独立出版学术专著 2 部，其中 1 部入选全国高校主题出版名单。在《经济日报》（理论版）、《科技日报》（理论版）、《工人日报》（理论版）等报刊发表政策建议文章。曾获北京应急管理领域青年优秀科技论文评选一等奖、中国人力资源开发研究会年度学术会议优秀论文奖、美国南方管理学会年会组织行为分组最佳论文奖和全会议最佳论文奖、Emerald 出版集团年度高度评价论文奖、全国 MBA 教育指导委员会全国百篇优秀管理案例奖等奖项。

王雨飞　北京邮电大学经济管理学院副教授、博士生导师，经济学博士，中国社会科学院财经战略研究院博士后。主要研究方向为区域经济理论与政策。中国国土经济学会区域战略菁英会成员、中国社会科学院城市与竞争力研究中心特约研究员。在《中国工业经济》《财贸经济》《中国管理科学》《光明日报》（理论版）等发表论文 30 余篇，代表性论文被《新华文摘》全文转载。出版学术独著 1 部。主持国家自然科学基金面上项目、青年项目，北京市社会科学基金，统一战线高端智库等纵向项目。撰写的专家建议被国务院办公厅采纳并获得中央领导人批示。

王砚羽 北京邮电大学经济管理学院副教授、博士生导师，管理学博士，工商管理系主任。北京邮电大学1551托举人才。长期从事科技创新政策、技术战略等相关研究。主要研究成果发表于《管理世界》、《科学学研究》、*R&D Management*、*Asia Pacific Journal of Management* 等国内外核心期刊40余篇，主持国家自然科学基金面上项目、青年项目，北京市社会科学基金等纵向项目。独立出版学术专著2部。研究成果获得北京市社科联、社科规划办采纳。

摘　要

　　数字经济治理水平作为数字经济健康发展的保障，衡量了各国数字经济发展的内在实力，是各国数字经济能否持续性获得经济绩效的决定力量，也是各国未来长期发展的关键基础。美国、欧盟和中国在全球数字经济发展中表现出较强的影响力，形成了"美国领先、一超多强"的数字经济多极格局，但目前在全球范围内尚不具备统一规范的数字经济治理框架，亟待形成与全球数字经济发展水平相匹配的数字经济治理体系。本书构建了数字经济治理综合指数，该指数反映了各经济体数字经济治理的综合能力。本书对亚太经合组织19个经济体2010~2021年数字经济治理水平及演变趋势进行评价与比较。2021年亚太经合组织数字经济治理水平综合指数排位靠前的经济体依次为：新加坡、美国、中国香港、中国、日本、马来西亚、新西兰、澳大利亚、加拿大、韩国。中国是亚太经合组织数字经济治理水平进步最明显的经济体。亚太地区主要经济体数字经济治理水平指数的均值呈上升趋势，整体上呈现出向上游聚集的态势，完成了向"倒金字塔"形结构的演变。综合来看，在亚太地区主要经济体多年的努力以及亚太经合组织合作框架的推动下，亚太地区数字经济治理能力整体在提高，经济体间的差距在有效缩小。数字经济基础端治理包括对数字基础设施覆盖度、普惠度和数字技术发展潜力的测度。2010~2021年，中国数字经济基础端治理水平大幅提高，已稳居亚太第一。亚太地区数字基础设施覆盖度整体水平较低，中国在数字基础设施覆盖度上具有明显优势，新加坡具有较强数字技术发展潜力。数字经济应用端治理包括对数字产业渗透度和数字产业开放度的测度。

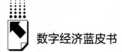

2010~2021 年，亚太地区经济体数字经济应用端治理水平的分化态势在不断加剧，东南亚经济体的数字经济应用端治理水平稳步提升，南太平洋经济体排名普遍较低，北美经济体整体发展不平衡，数字服务进口是制约中国数字产业开放度水平提升的长期短板。数字经济保障端治理包括对数字经济发展环境和数字经济相关规则与制度的测度。2010~2021 年，亚太经济体数字经济保障端治理水平整体上提升明显，多个经济体近年来完成层级跃升，新加坡、美国等发达经济体稳居前列，中国是排名上升幅度最大的经济体。未来，中国政府将从宏观高度积极参与亚太数字经济治理合作；中国企业也在多元领域为亚太数字经济治理合作贡献力量。

关键词： 数字经济治理综合指数　亚太经合组织　中国经验　合作共赢

目 录 ⟍ㄥ

I　总报告

II　分报告

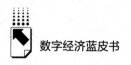
Ⅲ 理论篇

Ⅳ 实践篇

附录

皮书数据库阅读**使用指南**

总 报 告

B.1
亚太经合组织数字经济治理报告

赵　晨　曹清峰*

摘　要：　基于数字经济治理的理论机制与框架，参考以往数字经济治理国家层面的经验与模式，本文设计了衡量亚太经合组织经济体数字经济治理水平的指标体系，该指标体系从治理的基础端、应用端、保障端三个层面六大模块来衡量，合成后的数字经济治理综合指数反映了各经济体数字经济治理的综合能力。本文对亚太经合组织19个经济体2010~2021年数字经济治理水平及演变趋势进行评价与比较。2021年亚太经合组织数字经济治理水平综合指数排位靠前的经济体依次为：新加坡、美国、中国香港、中国、日本、马来西亚、新西兰、澳大利亚、加拿大、韩国。从变化趋势来看，美国、新加坡、中国和中国香港是亚太经合组织近12年来排位比较靠前的经济体。新加坡和美国稳居高位，中国是亚太经合组织数字经济治理进步最明显的经济体。聚类分析表示，2010~2021年不同层级间经济体的数字经济治理水平分化趋势在加剧，虽然各层级经济体数量波动较大，但整体上还是呈现出向

---

* 赵晨，北京邮电大学经济管理学院教授、博士生导师，副院长，主要研究方向为人才管理和数字经济；曹清峰，中国社科院财经战略研究院博士后，主要研究方向为区域经济。

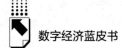

上游聚集的态势，亚太经合组织经济体数字经济治理水平整体上完成了向"倒金字塔"形结构的演变。综合来看，在亚太经济体多年的努力以及亚太经合组织的有效引导下，亚太地区数字经济治理能力整体在提高，经济体间的差距在有效缩小。

关键词： 数字经济治理综合指数　聚类分析　对标分析

一　引言

（一）全球数字经济治理"一超多强"的多极竞争格局

数字经济的快速发展对传统贸易规则提出了挑战，生产力和生产要素的革新与社会制度滞后性之间的冲突推动数字经济规则制定成为全球治理重要议题①。虽然主要的国际组织，包括联合国、世界银行、国际货币基金组织和世界贸易组织都在开展数字经济治理的相关工作，其主要目标是制定网络空间国际规则，提高全球治理能力，促进经济、文化和社会的可持续发展，克服数字鸿沟和数字壁垒带来的问题，但是目前全球范围内尚不具备统一规范的数字经济治理框架，各国在数字经济治理上缺乏足够共识，相关规则孤立且零散，无法形成有效治理模式与完整治理体系。更为复杂的是，各国出于政治、意识形态和文化安全等多方面的考虑，在数据跨境流动、数字主权、数字安全与数字税等领域的理念、制度、规则之争愈加激烈，国际合作的难度大大增加，从全球多边贸易体制层面难以形成通行的国际规则，数字经济全球治理明显滞后于实践的发展②。

从全球范围来看，美国、欧盟和中国发挥各自在全球数字经济中的影响

---

① 牛东芳、张宇宁、黄梅波：《新加坡数字经济竞争力与全球治理贡献》，《亚太经济》2023年第3期，第95~108页。

② 朱福林：《数字贸易规则国际博弈、"求同"困境与中国之策》，《经济纵横》2021年第8期，第40~49页。

力，基本形成了"美国领先、一超多强"的数字经济治理多极格局。美国实行极度扩张的数字霸权，不但扩大了全球数字鸿沟，而且成为全球数字经济治理一体化进程的最大阻碍，以致全球数字经济治理发展陷入僵局。美国数字经济的科技实力和市场占有率大于欧盟和中国，在数字服务贸易领域具有显著的先发优势，并推行门槛极高的数字技术保护标准和数字贸易自由主义，突破了发展中国家的安全承受极限；而在汽车制造等劣势产业方面，又转而推行严格的原产地保护规则。这种霸权行径使得全球数字治理在融合协同发展的道路上举步维艰。欧盟数字经济治理聚焦在防止境内数据生产要素流失，具有明显的数字经济治理安全理念和人格权优先保护倾向。欧盟在个人数据保护方面的立法已经非常成熟，先后颁布了《通用数据保护条例》、《数字服务法案》、《数字市场法案》和《数据治理法案》等，为数据保护提供了基本框架。但欧盟内部并没有技术实力强劲的跨国公司，其数字企业规模较小，大量美国公司主导着单一市场，2021 年欧洲电子商务营业额为0.68 万亿美元，低于美国和中国。中国数字经济治理的薄弱之处在于数字贸易规则与法律法规仍不完善，同时受到国际环境的客观约束。但中国在数字经济领域的国际合作中具有巨大的优势，这主要体现在中国在世界范围内的经济规模以及在全球产业链上的位置。另外，中国是世界上最大的数字基建经济体之一，而且增长速度很快。中国数字治理起步较晚，企业数字技术创新能力不足，国际合作日益艰难，因此，对数据的安全问题应给予足够的关注。

（二）亚太经合组织在推动数字经济治理区域合作方面发挥重要作用

亚太地区是亚洲地区和太平洋沿岸地区的简称，包括太平洋东西两岸的经济体，主要有加拿大、美国、墨西哥、秘鲁、智利等南北美洲的国家和太平洋西岸的俄罗斯远东地区、日本、韩国、中国、东盟各国和大洋洲的澳大利亚、新西兰等经济体。亚太经济合作组织简称亚太经合组织（APEC），是亚太地区重要的经济合作论坛，也是亚太地区最高级别的政府间经济合作机构。亚太经合组织共有 21 个成员，横跨东北亚（包括东亚）、东南亚，以及毗邻太平洋的

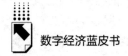

美国、澳大利亚等经济体，其中，中国以主权国家身份加入，中国台湾和中国香港以地区经济体名义加入亚太经合组织，基本涵盖了亚太地区主要的经济体。亚太经合组织在推动亚太地区区域贸易投资自由化，加强成员间经济技术合作等方面发挥了不可替代的作用。它是亚太地区内各主要经济体之间促进经济成长、合作、贸易、投资的最高级别论坛。亚太经合组织成员覆盖全球近40%的人口，经济和贸易约占世界总量的50%，是全球经济发展的重要引擎。

近年来，随着数字经济在全球范围内快速崛起，亚太经合组织也把数字经济列为推动亚太地区创新成长的重要方向，推出了多项合作方案和行动计划，在数字贸易规则制定与探索方面，处于国际领先地位。亚太经合组织正努力培育更多经济增长点和成员利益契合点，为亚太数字经济合作、实现包容性增长和持续性增长注入动力。从APEC框架下的数字经济合作行动的历史演变趋势来看，各成员早期的合作与规则制定主要围绕数字基础设施建设和电子商务等数字经济传统领域开展合作，如1998年制定的《APEC电子商务行动蓝图》，并随即成立"电子商务指导小组（ECSG）"，2008年制定《数字繁荣清单》，并发布"曼谷宣言"，承诺到2015年在亚太地区实现宽带普遍接入。2010年以后，亚太经合组织的数字经济合作逐渐转向数字贸易、网络安全、隐私保护、标准和规则制定等高层次合作领域，如2014年提出了《APEC促进互联网经济合作倡议》，2017年发布了《APEC数字经济时代人力资源开发框架》《APEC跨境电子商务便利化框架》，2018年颁布了《数字经济行动计划》，并成立"数字经济指导小组（DESG）"和"数字创新工作小组（DIWG）"，2019年将数字经济作为APEC会议的重点议题。至此，APEC数字经济合作领域得到不断拓展和深化。

新加坡是亚太经合组织的成员，也是东南亚地区唯一的发达国家，新加坡数字经济发展强劲，通过对亚太地区资源的整合为全球数字经济治理做出了重要贡献。2020年6月12日，新加坡联合智利和新西兰签署了《数字经济伙伴关系协定》（Digital Economy Partnership Agreement，DEPA），旨在加强三国间数字贸易合作，并建立相关规范的数字贸易协定于2021年1月在新加坡和新西兰生效。新加坡等三国在制定数字经济规则的时候，以高标准为宗旨，但是在条款的设定上，却采取了模块化的方式，让各国之间的数字经济发展需要在最大限度上契合，从而推动了数字技术的交流与分享，为数字经济的治理提供了一条求同存异的合作路径，从而将世界上的数字治理格局推向一个新的平衡。

二 亚太经合组织经济体数字经济治理水平总体分析

（一）指标体系与数据来源

1. 指标体系

根据数字经济治理理论框架，围绕数字经济基础端、应用端和保障端三个核心层面，本文设计了亚太经合组织经济体数字经济治理水平指标体系，力求在指标数量最少的基础上最大限度地反映数字经济治理的三个核心层面，以保证指标选取的科学性和先进性。本文在具体指标设置上放弃使用经济体统计数据，改用能够真实、准确反映经济体数字经济治理能力水平的多元数据，分别确定了数字经济基础端、应用端和保障端指标体系（见表1）。

表1 亚太经合组织经济体数字经济治理水平指标体系

一级指标	二级指标	三级指标	数据来源
数字经济基础端	数字基础设施覆盖度	固定宽带订阅量	WDI
		固定电话订阅量	WDI
		移动蜂窝订阅量	WDI
		互联网普及率（占总人口比重）	WDI
	数字基础设施普惠度	固定宽带套餐价格/人均 GDP	ITU
		纯数据移动宽带套餐价格/人均 GDP	ITU
	数字技术发展潜力	数学以及科学教育质量	WEF
		R&D 研发支出占 GDP 比重	WDI
		企业的技术吸收能力	WEF
		知识产权保护	WEF

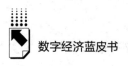

续表

一级指标	二级指标	三级指标	数据来源
数字经济 应用端	数字产业渗透度	IT 硬件支出占 GDP 比重	EIU
		IT 软件支出占 GDP 比重	EIU
		ICT 行业市场需求（百万美元）	EIU
	数字产业开放度	数字服务出口占 GDP 比重	UNCTAD
		数字服务进口占 GDP 比重	UNCTAD
		ICT 产品进口占产品进口总量百分比	WB
		ICT 产品出口占产品出口总量百分比	WB
数字经济 保障端	数字经济发展 环境	全球网络安全指数（GCI）	GCI
		信息和通信行业就业人数（千人）	CEIC
	数字经济相关 规则与制度	营商环境	CEIC
		法律争端解决效率	WEF

资料来源：课题组自制。

2. 样本与数据来源

本文选取的样本经济体涵盖了亚太经合组织的主要成员，具体包括中国、中国香港、中国台湾、新加坡、马来西亚、泰国、越南、印度尼西亚、菲律宾、墨西哥、秘鲁、智利、俄罗斯、韩国、日本、加拿大、美国、澳大利亚、新西兰 19 个经济体。受到经济体量和数据收集的限制，本文剔除了文莱、巴布亚新几内亚等经济体。根据指标体系，本文使用的数据来源见表1，并通过设置与相关指标对应的关键词抓取经济体数据，之后用人工筛选的方式加以处理。

（二）研究方法

1. 指标数据标准化方法

数字经济的基础端、应用端和保障端分别由多个不同指标构成，由于各项指标数据的量纲不同，本文首先对所有指标数据进行无量纲化处理。客观指标分为单一性客观指标和综合性客观指标。对于单一性客观指标原始数据无量纲处理，本文主要采取标准化、指数化、阈值法和百分比等级法。

标准化计算公式为：

$$X_i = \frac{(x_i - \bar{x})}{Q^2} \tag{1}$$

其中，X_i 为 x_i 标准化后的值，x_i 为原始数据，$\bar{x}$ 为平均值，Q^2 为方差。

指数化的计算公式为：

$$X_i = \frac{x_i}{x_{0i}} \tag{2}$$

其中，x_{0i} 为原始数据的最大值。

阈值法的计算公式为：

$$X_i = \frac{(x_i - x_{Min})}{(x_{Max} - x_{Min})} \tag{3}$$

其中，x_{Max} 为样本最大值，x_{Min} 为样本最小值。

百分比等级法的计算公式为：

$$X_i = \frac{n_i}{(n_i + N_i)} \tag{4}$$

其中，n_i 为小于 x_i 的样本数量，N_i 为除 x_i 外大于等于 x_i 的样本值数量。

对于综合性客观指标原始数据的无量纲化处理，本文先对各单个指标进行无量纲化处理，再用等权法加权求得综合性客观指标标准化后的值。

2. 数字经济治理水平的测度方法

为表述方便，本文将数字经济治理的专项指标体系分为三级，一级指标为数字经济的基础端指数、应用端指数和保障端指数，二级指标为能够体现数字经济基础端、应用端和保障端的主要方面，三级指标为构成二级指标的各项具体指标。在三级指标合成二级指标时，本文均采用先标准化再等权相加的办法，标准化方法如前所述。其公式为：

$$z_{il} = \sum_{j} z_{ilj} \tag{5}$$

其中，z_{il} 表示各二级指标，z_{ilj} 表示各三级指标。

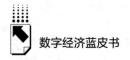

在二级指标合成一级指标时，本文采用同样的方法。其公式为：

$$Z_i = \sum_l z_{il} \tag{6}$$

其中，Z_i 表示各一级指标。

（三）指数介绍

本书对 19 个样本经济体（以下简称"经济体"）2021 年的指标数据进行了测度，由基础端、应用端、保障端三个层面的专项指数合成得到的经济体数字经济治理水平指数，反映了经济体数字经济治理的综合能力，具体情况如表 2 所示。2021 年亚太经合组织数字经济治理水平指数排序前三的经济体分别是新加坡、美国和中国香港，2021 年该指数的均值为 0.5114，变异系数为 0.5567。整体来看各经济体没有出现断层现象，但排序靠前的经济体的指数得分比较接近，竞争比较激烈。印度尼西亚、菲律宾、墨西哥和秘鲁几个经济体在数字经济治理水平指数上相比亚太经合组织其他成员较为落后。值得关注的是中国香港和中国的排序均比较靠前，超越了日本、澳大利亚、加拿大等发达经济体，中国台湾排第 11 位，处于中下游水平。

表2　2021 年亚太经合组织经济体数字经济治理水平指数

排序	城市	指数	排序	城市	指数
1	新加坡	1.0000	11	中国台湾	0.5207
2	美国	0.9249	12	泰国	0.4207
3	中国香港	0.8633	13	越南	0.3434
4	中国	0.8550	14	俄罗斯	0.2926
5	日本	0.7060	15	智利	0.2873
6	马来西亚	0.6305	16	印度尼西亚	0.1928
7	新西兰	0.6190	17	菲律宾	0.1772
8	澳大利亚	0.5770	18	墨西哥	0.1613
9	加拿大	0.5757	19	秘鲁	0.0000
10	韩国	0.5693			

资料来源：课题组整理数据。

2010～2021 年亚太经合组织经济体数字经济治理水平指数排序前三位和后三位的经济体如表 3 所示。可以发现美国、新加坡、中国香港是亚太经合组织中近 12 年来排序比较靠前的经济体，2010～2013 年美国一直稳居亚太经合组织经济体数字经济治理水平指数首位，2014 年后被位居第二的新加坡反超，截至 2021 年美国一直位居第二。中国香港一直在数字经济治理方面表现优异，2020 年以前一直位居第三，但 2020 年被中国反超，中国位居第三，中国香港位居第四，但中国第三的位次并不稳定，2021 年被中国香港重新超越。亚太经合组织经济体数字经济治理水平较为落后的主要为印度尼西亚、菲律宾、秘鲁和墨西哥，且连续十几年没有较大变化。

表 3　2010～2021 年亚太经合组织经济体数字经济治理水平指数
排序前三位和后三位名单

年份	前三位经济体	后三位经济体
2010	美国、新加坡、中国香港	印度尼西亚、菲律宾、秘鲁
2011	美国、新加坡、中国香港	印度尼西亚、秘鲁、菲律宾
2012	美国、新加坡、中国香港	印度尼西亚、秘鲁、菲律宾
2013	美国、新加坡、中国香港	印度尼西亚、菲律宾、秘鲁
2014	新加坡、美国、中国香港	越南、菲律宾、秘鲁
2015	新加坡、美国、中国香港	菲律宾、秘鲁、印度尼西亚
2016	新加坡、美国、中国香港	菲律宾、秘鲁、印度尼西亚
2017	新加坡、美国、中国香港	菲律宾、印度尼西亚、秘鲁
2018	新加坡、美国、中国香港	菲律宾、印度尼西亚、秘鲁
2019	新加坡、美国、中国香港	墨西哥、印度尼西亚、秘鲁
2020	新加坡、美国、中国	墨西哥、印度尼西亚、秘鲁
2021	新加坡、美国、中国香港	菲律宾、墨西哥、秘鲁

资料来源：课题组整理数据。

2010～2021 年亚太经合组织经济体数字经济治理水平指数的均值和变异系数变化如图 1 所示。可以看出，亚太经合组织的经济体数字经济治理水平指数的均值整体呈上升趋势，而变异系数整体呈下降趋势。说明经过各经济体多年的努力以及亚太经合组织的有效引导，亚太地区的数字经济治理能力整体在提高，经济体间的差距在有效缩小。

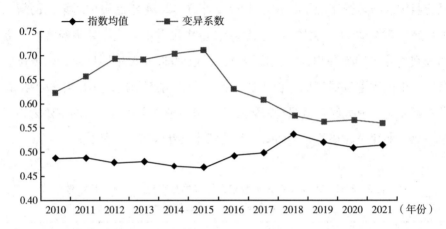

图1　2010~2021年亚太经合组织经济体数字经济治理水平指数的均值和变异系数

资料来源：课题组整理数据。

本书样本中的经济体按区域分为东北亚（包括东亚）、东南亚、北美、南太平洋四个区域。东北亚地区包括中国、中国香港、日本、韩国、中国台湾和俄罗斯，其中，中国和中国香港的治理水平指数一直位居样本经济体前列，更是东北亚地区样本经济体的龙头，日本紧随其后，韩国处于中游位置，中国台湾和俄罗斯处于中下游位置。整体来看，东北亚主要经济体位次分布没有出现较严重的断层。东南亚地区包括新加坡、马来西亚、泰国、越南、印度尼西亚和菲律宾，该地区主要经济体数字经济治理水平形成了"一国独大"的格局，新加坡从2014年起稳居亚太经合组织体数字经济治理水平之首，马来西亚是东南亚地区数字经济治理水平相对较高的经济体，泰国处于中下游位置，越南、印度尼西亚和菲律宾多年来一直较为落后。北美地区包括美国、加拿大和墨西哥三国，多年来，美国位居亚太经合组织经济体数字经济治理水平排序的第一位或第二位，加拿大处于中游位置，墨西哥数字经济治理水平较为落后。南太平洋地区包括新西兰、澳大利亚、智利和秘鲁四个经济体，其中新西兰和澳大利亚的数字经济治理水平处于亚太地区经济体的中游，智利和秘鲁是数字经济治理能力较弱的经济体。

三 亚太经合组织经济体数字经济治理水平层级动态演化及合作潜力分析

（一）不同层级间数字经济治理水平差距扩大，总体向上游聚集

在利用指标体系测算的基础上，本文进一步利用聚类分析的方法，将全部 19 个样本经济体按照数字经济治理水平指数得分的高低分成了三个层级，分别为上游经济体、中游经济体和下游经济体。由表 4 可以看到，2021 年亚太经合组织经济体数字经济治理水平上、中、下游经济体数量依次为 11 个、7 个和 1 个，已形成"倒金字塔"形结构。从样本期内的变化趋势来看，亚太经合组织各经济体数字经济治理水平各层级间的差距有扩大的趋势。2010 年上游经济体平均发展水平分别是中游和下游经济体的 1.41 倍和 4.00 倍，到 2021 年则上升到了 2.09 倍和 6.08 倍。可以发现，不同层级间的数字经济治理水平的分化趋势在加剧。

表 4 2021 年亚太经合组织经济体数字经济治理水平层级分布

层级	平均发展水平	经济体数量（个）	变异系数	包含经济体
上游经济体	2.049	11	0.196	新加坡、美国、中国香港、中国、日本、马来西亚、新西兰、澳大利亚、加拿大、韩国、中国台湾
中游经济体	0.980	7	0.235	泰国、越南、俄罗斯、智利、印度尼西亚、菲律宾、墨西哥
下游经济体	0.337	1		秘鲁

资料来源：课题组整理数据。

亚太经合组织经济体数字经济治理水平各层级的经济体数量波动较大，但整体上呈现向上游聚集的趋势。由图2可见，2010~2012年，亚太经合组织经济体数字经济治理水平各层级格局保持稳定，上、中、下游经济体数量分别为3个、8个和8个。2013~2021年，虽然各层级经济体数量波动较大，但整体上还是呈现出向上游聚集的态势。这9个年份中，有5年上游经济体的数量都维持在了11个。到2021年下游经济体数量仅剩下了1个。由图2可见，2010~2021年，亚太经合组织经济体数字经济治理水平整体上完成了向"倒金字塔"形结构的演变。

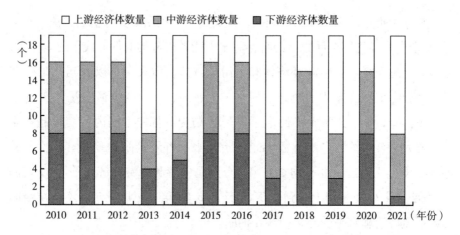

图2 2010~2021年亚太经合组织经济体数字经济治理水平层级数量演变

资料来源：课题组整理数据。

从不同层级经济体数字经济治理水平的内部差异来看，上游和中游层级经济体数字经济治理水平发展较为均衡。由表5可见，除2010年和2021年之外，下游层级经济体数字经济治理水平的变异系数均要显著大于上游和中游层级，在样本期内维持了较高的水平。例如，2020年下游层级经济体数字经济治理水平的变异系数为0.392，分别是上游和中游层级的4.72倍和6.64倍，由此可见，下游层级经济体的内部差异相对较为显著，不同层级经济体数字经济治理水平发展较不均衡。

表 5　2010~2021 年亚太经济体的数字经济治理水平各层级变异系数

年份	上游层级经济体变异系数	中游层级经济体变异系数	下游层级经济体变异系数
2010	0.070	0.992	0.355
2011	0.060	0.061	0.391
2012	0.052	0.055	0.340
2013	0.175	0.117	0.282
2014	0.195	0.035	0.249
2015	0.056	0.081	0.349
2016	0.069	0.070	0.472
2017	0.195	0.204	0.483
2018	0.069	0.067	0.410
2019	0.185	0.203	0.558
2020	0.083	0.059	0.392
2021	0.196	0.235	—

资料来源：课题组整理数据。

（二）数字经济基础端、应用端和保障端治理格局重构，亚洲经济体异军突起

1. 中国数字经济基础端治理水平大幅提高，已稳居亚太经合组织第一

总体而言，亚太经合组织经济体的数字经济基础端治理水平排序波动近年来较为稳定，然而中国的表现十分抢眼。经过多年的发展，中国数字经济基础端的治理水平排序 2021 年已跃居亚太经合组织第 1 位。由表 6 可见，2021 年与 2010 年相比，19 个亚太经合组织经济体当中有 16 个经济体的排序波动都保持在了 3 位之内。其中进步最大的是中国，由 2010 年的第 8 位跃升为 2021 年的第 1 位，上升了 7 个位次；其次是中国香港，由 2010 年的第 10 位跃升为 2021 年的第 5 位，上升了 5 个位次；而排序下降最大的则是中国台湾，由 2010 年的第 4 位下降为 2021 年的第 9 位，下降了 5 个位次。由此可见，中国的数字经济基础端治理水平得到了迅速提升。具体来看，2010~2021 年，中国数字经济基础端治理水平排序经过短期的快速爬坡后又

一直保持着稳中有升的态势。其中上升幅度最大的阶段是 2010~2011 年,从第 8 位上升到了第 5 位;随后的年份中,中国数字经济基础端治理水平保持稳步提升的态势,并在 2020 年跃居第一。

表 6　2010 年、2021 年亚太经济体数字经济基础端治理排序及其动态变化

经济体	2010 年排序	2021 年排序	2021 年上升位次
中国	8	1	7
美国	1	2	-1
新加坡	3	3	0
日本	2	4	-2
中国香港	10	5	5
新西兰	9	6	3
韩国	6	7	-1
澳大利亚	5	8	-3
中国台湾	4	9	-5
加拿大	7	10	-3
马来西亚	12	11	1
智利	13	12	1
俄罗斯	11	13	-2
越南	17	14	3
印度尼西亚	16	15	1
泰国	15	16	-1
墨西哥	14	17	-3
秘鲁	19	18	1
菲律宾	18	19	-1

资料来源:课题组整理数据。

2. 东南亚经济体在数字经济应用端治理水平上稳步提升

东南亚经济体在数字经济应用端治理水平上整体呈现上升趋势。由表 7 可见,2021 年与 2010 年相比,除马来西亚外的东南亚经济体数字经济应用端治理水平排序均未下降。其中,菲律宾由 2010 年的第 6 位上升为 2021 年的第 3 位,泰国由 2010 年的第 9 位上升为 2021 年的第 6 位,均上

升了 3 个位次；越南则是由 2010 年的第 13 位上升为 2021 年的第 9 位，上升了 4 个位次，成为上升幅度最大的东南亚经济体。同时，东南亚的新加坡在数字经济应用端治理水平上长期处于亚太经合组织前列，在 2010 年与 2021 年都位列第一。

表 7　2010 年、2021 年亚太经济体数字经济应用端治理排序及其动态变化

经济体	2010 年排序	2021 年排序	2021 年上升位次
新加坡	1	1	0
中国香港	2	2	0
菲律宾	6	3	3
美国	3	4	−1
中国	5	5	0
泰国	9	6	3
马来西亚	4	7	−3
日本	11	8	3
越南	13	9	4
新西兰	8	10	−2
加拿大	14	11	3
韩国	7	12	−5
澳大利亚	12	13	−1
中国台湾	10	14	−4
智利	16	15	1
秘鲁	18	16	2
墨西哥	15	17	−2
俄罗斯	17	18	−1
印度尼西亚	19	19	0

资料来源：课题组整理数据。

　　与其他区域相比，东南亚地区各经济体的数字经济应用端治理水平平均排序多年来稳步提高。由图 3 可见，2014 年之后东南亚区域各经济体

数字经济应用端治理水平平均排序超过东北亚地区，且多年来仍然保持一定的上升趋势。东北亚地区各经济体数字经济应用端治理水平平均排序则呈现波动下降的趋势，北美和南太平洋地区各经济体的数字经济应用端治理水平平均排序则保持相对稳定，其中南太平洋地区经济体数字经济应用端治理水平平均排序长期处于最低的地位。

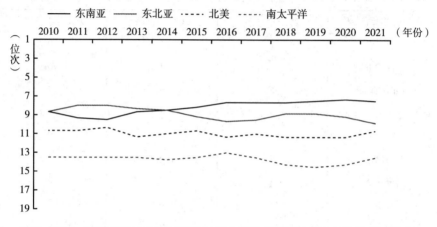

图 3 2010~2021 年亚太各区域经济体数字经济应用端治理水平平均排序变化

资料来源：课题组整理数据。

3.南太平洋地区各经济体数字经济保障端治理水平排序均有下降，东南亚与东北亚地区经济体排序整体上升

由表 8 可见，2010~2021 年南太平洋地区各经济体的数字经济保障端治理水平排序均有所下滑。其中，澳大利亚、新西兰和智利下降了 5 个位次，特别是澳大利亚与新西兰这两个发达经济体，在 2010 年数字经济保障端治理水平排序中分别排第 4 位与第 2 位，具有显著的初始优势地位；但在 2021 年其排序分别下滑到了第 9 位与第 7 位，已经在亚太经合组织成员中丧失了领先优势地位。与此相反，东南亚与东北亚地区各经济体的排序则整体上呈现上升的态势。除日本、韩国和中国台湾之外，位于东南亚和东北亚的亚太经合组织经济体都取得了数字经济应用端治理水平排序的上升。其中进步最大的是中国和新加坡，分别上升了 8 个和 5 个位次。

表8　2010年、2021年亚太经合组织经济体数字经济保障端治理水平
排序及其动态变化

经济体	2010 年排序	2021 年排序	2021 年上升位次
美国	1	1	0
新加坡	7	2	5
中国香港	6	3	3
中国	12	4	8
日本	5	5	0
马来西亚	8	6	2
新西兰	2	7	−5
加拿大	3	8	−5
澳大利亚	4	9	−5
韩国	9	10	−1
俄罗斯	13	11	2
中国台湾	10	12	−2
泰国	14	13	1
印度尼西亚	15	14	1
越南	16	15	1
智利	11	16	−5
墨西哥	18	17	1
菲律宾	19	18	1
秘鲁	17	19	−2

资料来源：课题组整理数据。

2010~2021 年，亚太各区域数字经济保障端治理水平排序格局完成洗牌。由图 4 可见，在 2010 年时，东北亚和东南亚区域经济体的数字经济保障端治理水平平均排序分别排在北美和南太平洋地区之后。在此之后，东北亚和东南亚区域经济体的平均排序不断攀升，取得了较大进步。其中东北亚区域更是分别于 2012 年和 2020 年接连超过了南太平洋和北美区域的平均排序。南太平洋区域各经济体的数字经济保障端治理水平平均排序则连年下降。目前，亚太地区已经形成了东北亚与北美"双强"引领发展的格局。

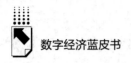

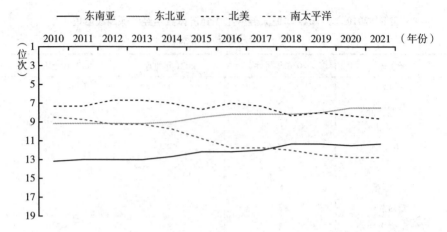

图4 2010~2021年亚太各区域经济体数字经济保障端治理水平平均排序变化

资料来源：课题组整理数据。

（三）亚太经合组织经济体在数字经济治理领域合作潜力分析

1. 中国与东盟之间可在数字经济基础端治理上加强合作

近年来中国数字经济基础端治理水平大幅提高，有着较为先进的数字经济基础设施建设水平和经验。这与数字经济基础端治理水平相对落后的东盟国家有着较大的互补性。中国与东盟经济体地理距离较近，具有良好的合作基础。未来随着数字经济的继续发展，东盟国家的数字经济基础设施市场将会释放更多需求和发展机遇。东盟中的越南、老挝和菲律宾等国家可以继续深化与中国的数字经济治理基础端合作，加速数字经济基础设施建设，提高数字经济基础端治理水平。以亚太经合组织数字经济基础端治理水平较低的菲律宾为例，2021年12月，菲律宾政府取消电信行业外资占比不得超过40%的规定。这为中国企业进一步开拓菲律宾信息与通信市场提供了新的机遇，中资企业可以进一步承接菲律宾的信号塔、4G和5G基站、光纤宽带接入等数字经济基础设施建设项目。总体而言，中国与东盟国家在数字经济基础端治理领域将拥有更多合作机会和更大的发展空间。

2. 东南亚经济体之间在数字经济应用端治理上合作潜力较大

近年来，东南亚经济体数字经济应用端治理水平整体发展较快，各经济体之间可以深化合作，继续提高区域整体数字经济应用端治理水平。2014年之后，东南亚区域数字经济应用端治理水平平均排序已经位居亚太地区第一，其中新加坡、菲律宾和泰国等经济体表现较为突出，新加坡更是长年位居亚太经合组织经济体数字经济应用端治理水平第一。因此，东南亚各经济体可以进一步加强数字经济应用端治理方面的合作，相互交流发展经验，共同推动区域整体数字经济应用端治理水平稳步提高。此外，与其他东南亚经济体稳步提升不同，印度尼西亚的数字经济应用端治理水平较低。因此，印度尼西亚需要加强与周边经济体的合作，补齐自身在数字经济应用端治理上的短板。

3. 东北亚经济体之间在数字经济保障端治理上有着较大的合作拓展空间

东北亚经济体的整体数字经济保障端治理水平较高，可以"强强联合"继续提升数字经济保障端治理水平。近年来，东北亚经济体的数字经济保障端治理水平平均排序已逐渐攀升至各地区之首，以2021年数据为例，中国香港、中国和日本更是占据了亚太经合组织经济体数字经济保障端治理水平前五名中的3席；东北亚经济体中排名最低的中国台湾也在榜单中位居第12，处于中游水平。因此东北亚各经济体之间可以加强数字经济发展环境和数字经济规则与制度的交流合作，积极学习彼此先进的制度建设经验，共同提高东北亚地区整体数字经济保障端治理水平。

四 中国数字经济治理水平动态分析

（一）中国当前总体数字经济治理水平处于前列，位居上游经济体

2021年中国数字经济治理水平指数为0.8550，在亚太经合组织19个经济体中的总体排序位居第4，总体水平位居前列，处于上游经济体之一。具体来看，2021年中国的数字经济基础端治理水平排序为第1（见表9），可

以看出中国在数字经济基础端的建设上已经处于领先水平。而中国 2021 年的数字经济应用端治理水平指数为 0.5687，位列第 5，可以看出中国在数字经济应用端的建设上还有待提高；中国数字经济保障端治理水平指数为 0.8210，在亚太经合组织 19 个经济体中的总体排序位居第 4（见表 10），与中国数字经济治理水平趋近，可以看出 2021 年中国在数字经济保障端的建设上相对稳定。

表 9　2021 年亚太经济体的数字经济治理水平总体及分项排序

经济体	基础端排序	应用端排序	保障端排序	总排序
新加坡	3	1	2	1
美国	2	4	1	2
中国香港	5	2	3	3
中国	1	5	4	4
日本	4	8	5	5
马来西亚	11	7	6	6
新西兰	6	10	7	7
澳大利亚	8	13	9	8
加拿大	10	11	8	9
韩国	7	12	10	10
中国台湾	9	14	12	11
泰国	16	6	13	12
越南	14	9	15	13
俄罗斯	13	18	11	14
智利	12	15	16	15
印度尼西亚	15	19	14	16
菲律宾	19	3	18	17
墨西哥	17	17	17	18
秘鲁	18	16	19	19

资料来源：课题组整理数据。

（二）中国总体数字经济治理水平稳居前 4，预计未来会超越中国香港

由表 10 可知，总体上，2021 年中国数字经济治理水平指数为 0.8550，

位列第 4；第 1 位的新加坡和第 2 位的美国数字经济治理水平指数分别为 1.0000、0.9249，中国与其差距分别为 0.1450、0.0699，差距相对较大，而位列第 3 的中国香港数字经济治理水平指数为 0.8633，中国与中国香港指数仅差距 0.0083，可见中国在未来极有可能超越中国香港位列第 3。具体来看，中国数字经济基础端治理水平指数为 1.0000，大于中国香港的 0.8205；中国数字经济应用端的治理水平指数为 0.5687，小于中国香港的 0.7585；中国数字经济保障端的治理水平指数为 0.8210，小于中国香港的 0.8308，其中应用端治理水平差距明显。

表 10　2021 年亚太经合组织经济体的数字经济治理水平总指数及分项水平指数

经济体	基础端指数	应用端指数	保障端指数	总指数
新加坡	0.8981	1.0000	0.8398	1.0000
美国	0.9596	0.5979	1.0000	0.9249
中国香港	0.8205	0.7585	0.8308	0.8633
中国	1.0000	0.5687	0.8210	0.8550
日本	0.8229	0.4232	0.7859	0.7060
马来西亚	0.6559	0.5129	0.6820	0.6305
新西兰	0.8095	0.3384	0.6752	0.6190
澳大利亚	0.7899	0.2760	0.6564	0.5770
加拿大	0.7552	0.2962	0.6678	0.5757
韩国	0.7981	0.2816	0.6242	0.5693
中国台湾	0.7854	0.2710	0.5309	0.5207
泰国	0.3430	0.5497	0.4545	0.4207
越南	0.3809	0.3556	0.4251	0.3434
俄罗斯	0.4909	0.0120	0.5367	0.2926
智利	0.5108	0.2105	0.3057	0.2873
印度尼西亚	0.3630	0.0000	0.4371	0.1928
菲律宾	0.0000	0.6009	0.1618	0.1772
墨西哥	0.3147	0.1161	0.2936	0.1613
秘鲁	0.1583	0.1788	0.0000	0.0000

资料来源：课题组整理数据。

此外，2021年中国数字经济治理水平指数为0.8550，而位列第5的日本，其数字经济治理水平指数为0.7060，与中国差距为0.1490，差距相对较大，可以看出位列前四的经济体的数字经济治理水平指数相对稳定，即新加坡、美国、中国香港、中国。

（三）中国数字经济治理水平前期增长迅速，后期渐趋稳定

2021年中国数字经济治理水平指数在亚太经合组织19个经济体中的总体排序位居第4，与2010年排序第11相比有了极大提高（见图5）。具体来看，中国于2012年实现了对韩国的超越位列第10；2013年实现了对澳大利亚、加拿大、马来西亚和中国台湾4个经济体的超越，位列第6；2015年实现了对新西兰的超越，位列第5；2017年实现了对日本的超越，位列第4；2020年实现了对中国香港的超越，位列第3；2021年被中国香港重新超越，位列第4。

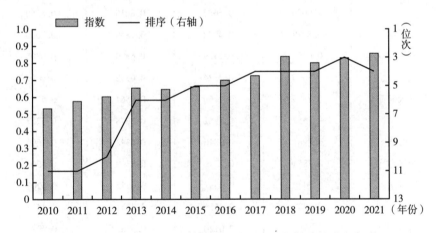

图5　2010~2021年中国数字经济治理水平指数及其排序变动

资料来源：课题组整理数据。

此外，中国数字经济治理水平指数在2010~2021年的12年间始终大于亚太经合组织19个经济体数字经济治理水平指数的均值，且呈现缓慢扩大趋势，说明中国数字经济治理水平的提升幅度领先于平均水平的升幅（见

图6）。总的来看，中国从 2010~2021 年数字经济治理水平实现了较大的增长，具体来看，2011~2013 年前期提升幅度巨大，后期排序基本稳定在第 3~4 位。

图 6　2010~2021 年中国数字经济治理水平指数及亚太经合组织
19 个经济体指数均值比较

资料来源：课题组整理数据。

（四）数字经济基础端治理水平、数字经济保障端治理水平显著提升，数字经济应用端治理水平提升空间较大

图 7 进一步报告了 2010~2021 年中国数字经济治理水平中数字经济基础端治理水平、数字经济应用端治理水平、数字经济保障端治理水平分项排序的变化情况。其中，中国数字经济基础端治理水平的排序提升迅速，由 2010 年的第 8 位提高到 2021 年的第 1 位；而中国数字经济应用端治理水平指数从 2010 年的第 5 位之后排位略微增长，到 2016 年达到顶峰位列第 3，截至 2021 年重新排第 5 位；而中国数字经济保障端治理水平指数在亚太经合组织 19 个经济体中的排序也提升迅速，由 2010 年的第 12 位提高到 2021 年的第 4 位。

具体来看，2021 年亚太经合组织 19 个经济体数字经济基础端治理水

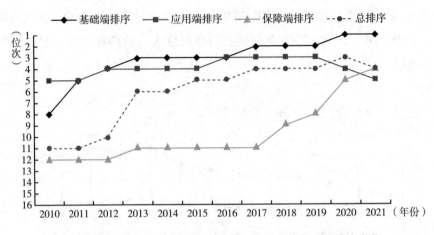

图7 2010~2021年中国数字经济治理水平总体与分项排序变化

资料来源：课题组整理数据。

平、数字经济应用端治理水平、数字经济保障端治理水平的指数均值分别为
0.61、0.39与0.56，同期中国数字经济基础端治理水平、数字经济应用端
治理水平、数字经济保障端治理水平的指数分别为1.0000、0.5687和
0.8210，分别比亚太经合组织各经济体分项治理水平平均指数高64%、高
46%、高47%；相较于2010年，亚太经合组织19个经济体数字经济基础端
治理水平、数字经济应用端治理水平、数字经济保障端治理水平的指数均值
为0.56、0.36与0.49，中国数字经济基础端治理水平、数字经济应用端治
理水平、数字经济保障端治理水平的指数分别为0.76、0.47和0.30，分别
比19个经济体平均水平高36%、高31%、低39%；中国数字经济基础端
治理水平、数字经济应用端治理水平、数字经济保障端治理水平与亚太经
合组织所有经济体治理水平平均指数的领先程度分别提高了28个百分点、
提高了15个百分点、提高了86个百分点。因此，可以看出中国在数字经
济基础端与数字经济保障端治理建设上提升幅度明显；在数字经济应用端
治理建设上没有太大突破，有着较大的提升空间，在其建设上应该更加重
视；中国数字经济治理水平的提升主要依赖于数字经济基础端治理水平与
数字经济保障端治理水平的提高。

五　中国数字经济治理的对标分析

（一）借鉴经济体：中国应主要在数字经济应用端治理上借鉴新加坡经验

新加坡作为亚太经合组织数字经济治理中处于上游的经济体，2021 年新加坡数字经济治理水平指数在亚太经合组织 19 个经济体中排第 1 位。2020 年 6 月 12 日，新加坡联合智利和新西兰签署了《数字经济伙伴关系协定》，为数字经济治理提供了求同存异的合作路径，推动全球数字治理格局向新平衡方向发展。新加坡数字经济实力强劲，是中国长期发展中值得借鉴的经济体。表 11 报告了中国数字经济治理水平一级指标与新加坡的对标分析。

表 11　中国数字经济治理水平一级指标与新加坡的对标分析

数字经济治理水平一级指标	2021 年排序		2021 年两国位次差	2010 年排序		2010 年两国位次差	差距动态变化趋势
	中国	新加坡		中国	新加坡		
数字经济基础端治理	1	3	-2	8	3	5	实现反超
数字经济应用端治理	5	1	4	5	1	4	差距不变
数字经济保障端治理	4	2	2	12	7	5	差距缩小

注：位次差为正表明中国落后于对标经济体，位次差为负表明中国领先于对标经济体。
资料来源：课题组整理数据。

在数字经济基础端治理水平上，中国已经实现了对新加坡的反超，从 2010 年新加坡领先于中国 5 个位次转变为 2021 年中国领先于新加坡 2 个位次，说明中国数字经济基础端治理的发展速度快于新加坡；在数字经济应用端治理水平上，中国、新加坡的排序没有发生变化，二者之间的差距保持不变，仍然是新加坡领先于中国4个位次；在数字经济保障端治理水平上，中国与新加坡的差距在不断地缩小，由2010年的5个位次缩小为2021年的2个位次。总而言之，中国应借鉴新加坡在数字经济应用端治理上的相关经验，提升自身的数字经济应用端治理水平。

为了进一步借鉴新加坡在数字机构及应用端治理上的先进经验，中国一方面要全面推进加入《数字经济伙伴关系协定》的谈判，争取尽快加入《数字经济伙伴关系协定》，在数字贸易产业、数字贸易等数字经济应用端治理上加强与新加坡的交流与合作。另外，中国要借鉴新加坡在数字产业规划、数字基础设施更新、数字园区建设方面的先进经验，要制定适合中国发展的数字产业蓝图，加速产业数字化转型；积极参与数字经济全球产业链分工，发挥自身超大的市场规模优势，促进数字产品出口，并积极推动跨境电子商务等数字贸易发展。

（二）追赶经济体：中国应在数字经济保障端治理上追赶美国

美国作为亚太经合组织经济体数字经济治理水平处于上游的经济体，2021年其数字经济治理水平在亚太经合组织经济体中排第2位，领先中国2个位次，是中国在数字经济治理上亟须追赶的经济体。表12报告了中国数字经济治理水平一级指标与美国的对标分析。

从数字经济治理水平一级指标来看，在数字经济基础端治理水平上，中国已经实现了对美国的反超，从2010年美国领先于中国7个位次转变为2021年中国领先于美国1个位次，说明中国数字经济基础端治理的发展速度快于美国；在数字经济应用端治理水平上，中国与美国的差距在不断地缩小，由2010年的2个位次缩小为2021年的1个位次，中国排位仅位于美国之后，并有望超越美国；在数字经济保障端治理水平上，中国与美国的差距在不断地缩小，由2010年的11个位次缩小为2021年的3个位次。总而言之，中国应进一步加快在数字经济保障端治理上的发展速度。

表 12　中国数字经济治理水平一级指标与美国的对标分析

数字经济治理水平一级指标	2021 年排序		2021 年两国位次差	2010 年排序		2010 年两国位次差	差距动态变化趋势
	中国	美国		中国	美国		
数字经济基础端治理	1	2	−1	8	1	7	实现反超
数字经济应用端治理	5	4	1	5	3	2	差距缩小
数字经济保障端治理	4	1	3	12	1	11	差距缩小

注：位次差为正表明中国落后于对标经济体，位次差为负表明中国领先于对标经济体。
资料来源：课题组整理数据。

近年来，美国高度重视提升自身数字经济保障端的治理水平。例如，美国为了提高私营部门与联邦政府之间的网络安全信息共享能力，于 2015 年通过了《网络安全信息共享法案》，不断促进非政府机构与联邦政府之间的网络安全信息共享，提升网络安全治理能力。除此之外，美国十分重视关于数字贸易的谈判，并于 2018 年向 WTO 总理事会提交了包括信息自由流动、数字产品的公平待遇、数字安全等 7 项议题在内的探索性文件，建议针对这些议题展开谈判。包括：信息自由流动、数字产品的公平待遇、保护机密信息、数字安全、促进互联网服务、竞争性电信市场和贸易便利化。为此，中国一是要筑牢数字化发展的安全防线，通过建立健全有关网络安全的法律法规，保障数据安全，构建起安全的网络环境；特别是要加强数字领域涉外法治体系建设，维护中国的海外数字利益。二是要健全针对大型数字平台型企业垄断行为的反垄断法律体系，促进市场准入公平，优化数字经济发展的营商环境，保障不同市场主体的信息安全。

（三）合作经济体：中国可以加强与加拿大在数字经济保障端治理上的合作

加拿大作为亚太经合组织经济体数字经济治理水平处于上游的经济

体，2021 年其数字经济治理水平在亚太经合组织 19 个经济体中排第 9 位，两国在数字经济治理上存在可以合作的领域。近年来，加拿大颁布了一系列发展战略来提升自身的数字经济保障端治理水平，例如，加拿大 2010 年发布的《加拿大网络安全战略：为建设一个更加繁荣强盛的加拿大》，2013 年发布了《加拿大网络安全战略 2010—2015 年行动计划》，以及 2019 年发布的《国家网络安全行动计划 2019—2024》等都高度重视对数字经济保障端的治理。表 13 报告了中国数字经济治理水平一级指标与加拿大的对标分析。

表 13　中国数字经济治理水平一级指标与加拿大的对标分析

数字经济治理水平一级指标	2021 年排序		2021 年两国位次差	2010 年排序		2010 年两国位次差	差距动态变化趋势
	中国	加拿大		中国	加拿大		
数字经济基础端治理	1	10	-9	8	7	1	实现反超
数字经济应用端治理	5	11	-6	5	14	-9	优势缩小
数字经济保障端治理	4	8	-4	12	3	9	实现反超

注：位次差为正表明中国落后于对标经济体，位次差为负表明中国领先于对标经济体。
资料来源：课题组整理数据。

从数字经济治理水平一级指标来看，在数字经济基础端治理水平上，中国已经实现了对加拿大的反超，从 2010 年加拿大领先于中国 1 个位次转变为 2021 年中国领先于加拿大 9 个位次，说明中国数字经济基础端治理的发展速度快于加拿大；在数字经济应用端治理水平上，中国的排序没有发生变化，而加拿大的排序上升，中国相对于加拿大的优势在缩小，由 2010 年领先加拿大 9 个位次缩小为 2021 年领先加拿大 6 个位次，说明加拿大数字经济应用端治理的发展速度有待提升；在数字经济保障端治理水平上，中国实现了对加拿大的反超，由 2010 年加拿大领先中国 9

个位次转变为 2021 年中国领先加拿大 4 个位次，说明中国数字经济保障端治理的发展速度快于加拿大。总而言之，中国与加拿大在数字经济保障端位次差距较小，双方在数字经济保障端治理上的合作潜力较大。

尽管中国与加拿大在政治制度、文化传统等方面存在较大差异，但双方仍然有良好的合作前景。中国与加拿大可以在现有国际合作创新计划的基础上，在数字经济治理的规制与制度上加强对接与协调，签署新的数字经济治理合作协议；积极推动与加拿大各级政府、科研机构、大学院校和创新企业的合作交流，联络和汇集各种数字经济相关产业、高端人才资源和资金等，实现双方的合作共赢。

（四）潜在竞争经济体：中国在数字经济应用端治理上与日本存在竞争的关系

日本作为亚太经合组织经济体数字经济治理水平处于上游的经济体，2021 年其数字经济治理水平在亚太经合组织经济体中排第 5 位，仅落后于中国 1 个位次，是中国的潜在竞争国家。表 14 报告了中国数字经济治理水平一级指标与日本的对标分析。

从数字经济治理水平一级指标来看，在数字经济基础端治理水平上，中国已经实现了对于日本的反超，由 2010 年日本领先中国 6 个位次转变为 2021 年中国领先日本 3 个位次，说明中国数字经济基础端治理的发展速度快于日本；在数字经济应用端治理水平上，中国的排序没有发生变化，而日本的排位上升，中国相对于日本的优势在缩小，由 2010 年中国领先日本 6 个位次缩小为 2021 年中国领先日本 3 个位次，说明日本数字经济应用端治理的发展速度有提升；在数字经济保障端治理水平上，日本的排位没有发生变化，而中国的排序上升，中国实现了对于日本的反超，由 2010 年日本领先中国 7 个位次转变为 2021 年中国领先日本 1 个位次，说明中国数字经济保障端治理的发展速度快于日本。总而言之，中国应进一步提升数字经济应用端治理水平。

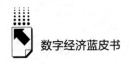

表14　中国数字经济治理水平一级指标与日本的对标分析

数字经济治理水平一级指标	2021年排序		2021年两国位次差	2010年排序		2010年两国位次差	差距动态变化趋势
	中国	日本		中国	日本		
数字经济基础端治理	1	4	−3	8	2	6	实现反超
数字经济应用端治理	5	8	−3	5	11	−6	优势缩小
数字经济保障端治理	4	5	−1	12	5	7	实现反超

注：位次差为正表明中国落后于对标经济体，位次差为负表明中国领先于对标经济体。

资料来源：课题组整理数据。

日本在数字经济发展上起步早，从2000年开始就开始推动数字产业化发展。相对于日本，中国可从以下两方面入手来巩固自身相对于日本在数字经济应用端治理上的优势地位：一是发挥自身的超大市场规模优势，积极促进数字经济新业态、新模式的发展。中国超大市场规模形成的规模经济与范围经济优势对数字产业化提供了更多的创新与创业机会，这有利于提高数字经济的渗透度。二是充分发挥中国数字产业的规模优势。数字产业作为新兴产业，中国与发达国家处于同一起跑线上。因此，中国要提升自身在全球数字产业分工中的地位，促进数字贸易发展，提高自身数字经济开放度。

六　结论与政策建议

本文的研究表明，亚太经合组织19个经济体的数字经济治理水平层级已经逐渐形成了"倒金字塔"形的结构，并呈现向上游聚集的态势。从各层级间的比较来看，亚太经合组织数字经济治理水平上、中、下游三个层级间的差距在不断拉大，层级分化趋势有所加剧；从各层级的内部差异来看，下游层级经济体数字经济治理水平差异相对更大。从分项指标来看，亚太经合组织经济体数字经济基础端、应用端和保障端治理格局完成了洗牌，各区域中亚洲经济体的发展势头十分明显。在基础端，中国进步迅速并已稳居亚太经合组织第一，表现十分抢眼；在应用端，东南亚经济体整体排序持续上升并已成为各区域之首，东北亚排序则在波动中下降；在保障端，东北亚和东南亚经济体平均排序均稳中有升，南太平洋各经济体排序则出现明显下滑趋势。

从中国数字经济治理水平的发展层面来看，中国近年来发展势头明显且各指标发展较为均衡。2010~2021年，中国从下游一路攀升至上游经济体，目前已稳居亚太经合组织经济体数字经济治理水平前5位。从分项指标来看，中国的数字经济基础端治理水平迅速提升，12年间从第8位上升到了第1位，且与其他经济体的差距正在拉大；在数字经济应用端治理水平方面，中国则一直保持在亚太经合组织经济体前5位，发展较为稳定，但近年来呈现下滑的趋势；而在数字经济保障端，2012年至2017年期间，中国则一直保持在第11位与第12位，2017年之后则迅速提升到了亚太经合组织经济体第4位，发展势头十分迅猛。

基于以上对亚太地区及中国数字经济治理水平发展情况的分析，本文具体提出以下对策建议。

（一）亚太地区数字经济治理政策建议与措施

1. 继续发挥数字经济基础端优势，提升数字基础设施保障能力

2021年亚太经合组织各经济体数字经济基础端治理水平的指数均值为0.61。其中，数字经济基础端治理的上、中、下游经济体的指数均值为0.844、0.553和0.260，均高于亚太地区各层级应用端与保障端治理水平指数均值。因此，亚太经合组织各经济体应当继续发挥数字经济基础端治理优势，为各经济体数字经济的持续稳定发展打下坚实基础。同时，亚太经合组织数字经济基础端治理上游经济体应当发挥领先带头作用，主动开拓数字经济海外市场，推动数字基础设施海外项目建设，带动中下游经济体进一步提高数字基础设施覆盖度和普惠率。而数字经济基础端治理水平较低的经济体则应当积极学习其他经济体的先进技术与经验，并加强数字技术自主研发创新能力，提高数字经济基础设施的保障能力，并增强数字经济的发展潜力。

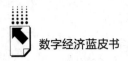

2. 补足亚太数字经济应用端治理短板，改善数字经济渗透度和参与度

2021 年亚太经合组织各经济体数字经济应用端治理的指数均值为 0.39，上、中、下游经济体的指数均值分别为 0.656、0.292 和 0.043，远低于基础端和保障端治理水平。而其中排第 3 位的菲律宾此项指数也仅有 0.6009，可见数字经济的应用端治理目前是亚太地区数字经济治理水平发展的一块短板。因此，亚太地区各经济体应当加强数字经济应用端治理能力建设，积极提高数字产业开放度和渗透度。尤其是数字经济应用端治理水平常年保持在 0.3 左右的南太平洋与东南亚地区的部分经济体，应当大力推动数字经济产业升级，提高数字经济产业在国际市场中的参与度，着力提高数字经济应用端治理的渗透度与开放度。

3. 推动数字经济保障端均衡发展，缩小层级间水平差距

2021 年亚太经合组织数字经济保障端治理水平的指数均值为 0.56，其中，上、中、下游经济体指数均值分别为 0.758、0.426 和 0.081。与基础端和应用端相比，亚太经合组织数字经济保障端治理水平各层级间差距较大，分化趋势更为明显。因此，亚太经合组织各经济体应当加强数字经济保障端协调治理，推动数字经济保障端治理水平整体提高。为进一步改善数字经济发展环境，亚太各经济体应该继续完善数字技术人才教育培训体系，改善网络安全环境。与此同时，亚太各经济体间可以在现有制度框架下进一步加速建设区域协调体系，推动建立多边争端解决机制，优化区域整体营商环境与法律解决争端的效率，改善亚太数字经济相关规则与制度环境。

（二）中国数字经济治理政策建议与措施提出

1. 保持数字经济基础端治理领先地位，继续扩大自身优势

中国的数字经济基础端治理目前居于亚太经合组织之首，具有较大的领先优势。2020 年时中国的数字经济基础端治理水平领先第二位的美国约 0.2%，而到了 2021 年则扩大到了 4%。因此中国可以持续加强新型技术设施建设，并继续提高宽带服务质量，提高数字基础设施的普惠度，巩固优势地位。同时中国还可以积极学习他国在数学以及科学教育和知识产权保护等领域的先进经验，并加强自主数字技术创新研发，补足数字经济发展潜力上的相对短板。同时，中国应当持续推动农村及偏远地区的数字经济基础端建设，提高数字经济基础设施的覆盖度和普惠度，继续扩大数字经济市场，推动数字产业进一步转型升级。

2. 大力提升数字产业开放度，稳固中国数字经济应用端治理上游地位

中国的数字经济应用端治理水平虽一直保持在亚太经合组织前五，但近年来呈现一定的下滑趋势。2019 年至 2021 年间中国数字经济应用端治理水平排序由第 3 位下滑至第 5 位，这可能会成为中国数字经济治理水平的潜在短板。因此，中国应当着力加强数字经济应用端治理建设。中国可以在现有的制度框架下加强与周边经济体开展数字经济产业合作，推动建设"数字丝绸之路"，积极推动多边数字贸易往来，提高数字产业开放度，构建开放共赢的数字经济区域合作体系。与此同时，中国可以继续着力提高数字产业渗透度，加快建设数字中国，继续普及数字便民利民服务，提高人民日常生活质量，依托数字经济发展增强人民群众的获得感、幸福感和安全感。

3. 继续改善数字经济发展环境与规则制度，力争成为亚太地区数字经济保障端治理领头羊

近年来中国数字经济保障端治理水平逐步提高，2020 年后已跻身亚太经合组织前五，但仍有一定的上升空间。2021 年中国的数字经济保障端治理水平位居亚太经合组织第 4。因此中国应当继续加强数字经济保障端治理，进一步提高中国在亚太地区的数字经济保障端治理优势地位。中国可以加强网络安全等领域的数字技术研发投入，持续改善数字经济发展环境。同时，中国可以加强与新加坡、新西兰和加拿大等数字经济相关规则完善和制度水平较高的经济体的交流，积极学习借鉴先进的数字经济相关规则和制度经验，进一步优化数字经济相关的政策与法律法规，制定更为透明、稳定和友好的经营政策和法律法规，持续改善营商环境，并提高法律解决争端的效率。

分 报 告

B.2
亚太经合组织数字经济基础端治理
体系报告

王雨飞*

摘 要: 数字经济基础端治理包括对数字基础设施覆盖度、普惠度和数字技术发展潜力的测度。2021年亚太经合组织数字经济基础端治理水平较高的经济体为中国、美国、新加坡、日本、中国香港、新西兰、韩国、澳大利亚、中国台湾、加拿大。从12年变化趋势来看,中国数字经济基础端治理水平大幅提高,已稳居亚太经合组织第一,美国、新加坡位居前列,澳大利亚、加拿大、墨西哥、俄罗斯的治理水平呈现下降趋势,东南亚地区各经济体排序靠后。亚太地区数字基础设施覆盖度整体水平较低,聚类结果显示基础端的上游经济体数量保持相对稳定,中上游经济体在2018年前呈现聚集趋势,下游经济体向上游发展;但在2019年后,差距再一次拉大。中国的数字基础设施建设发展非常快,在数字基础设施覆盖度上具有明显优势,在

---

* 王雨飞,北京邮电大学经济管理学院副教授、博士生导师、经济学博士,主要研究方向为区域与城市经济、交通与区域发展等。

数字技术发展潜力方面有着较大的提升空间。从合作潜力的视角来看，中国与亚太新兴经济体在数字基础设施建设上有较大合作潜力；东盟经济体可以推进数字基础设施"互联互通"，共同推进数字经济基础端治理水平提升；美国需要修复与盟友的合作伙伴关系，"强强联合"提升数字经济基础端治理水平。

关键词： 数字经济基础端治理水平指数　数字基础设施　普惠度　数字技术潜力

在全球经济下行的背景下，随着全球数字革命时代的到来，数字经济不仅成为全球经济增长的新引擎，也成为重塑世界经济格局的重要推手。而数字经济基础端建设作为数字经济发展的基础与重要支撑，其关键性作用将为各国数字经济长期高质量发展提供持续动能。数字经济基础端治理相对完备的经济体可以广泛利用人工智能、5G、大数据等新一代数字技术，并充分利用产业数字化过程中产生的海量数据集；数字经济基础端治理水平的相对滞后会导致数字化领域人才缺失。数字经济基础端建设成为各国新一轮科技革命的重要战略基础，也是各国核心竞争优势之一，数字经济基础端治理将是未来国际竞争的主要赛道。近年来，各国加快了在数字经济基础端方面的布局，也推动了区域数字经济基础端治理建设合作。在新时代背景下全球数字经济发展格局逐步形成。

亚洲及太平洋经济社会委员会发布的《迈向包容的数字未来》一文中明确指出，建设强大的数字基础设施，改善数字教育和培训系统，是包容性数字未来的基本组成部分。因此，亚太各经济体为抓住全球数字化浪潮也纷纷制定了雄心勃勃的数字经济基础端建设规划。例如，2018年美国发布了《美国重建基础设施立法纲要》，为美国未来10年经济发展设计基础设施建设方案，提出重点投资"现代交通、新能源、5G通信基站、智能电网、宽带网络和大数据"等领域，为数字经济快速发展打造基础。新加坡在数字

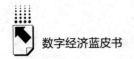

经济相关战略中强调 5G 基础设施部署，重点在于实现物联网连接，构建数字生态系统。韩国政府从 1995 年开始开展了长达 10 年的国家宽带建设，同时利用强大的数字技术建立电子政务平台服务民众，并推广至全国；韩国政府计划至 2025 年，以数字化、绿色化和稳就业为方向，建设大数据平台、第五代移动通信（5G）、人工智能等数字产业基础设施，挖掘经济增长新动力。2019 年日本开始全力推进"数字新政"战略，在"后 5G"信息通信基础设施、学校的信息与通信技术（ICT）应用、中小企业信息化和 ICT 领域研发等方面，加大资金投入力度，推动社会数字化、智能化转型。《东盟数字总体规划 2025》也明确提出要提升固定和移动宽带基础设施质量并扩大覆盖范围，提供值得信赖的数字服务，创建有竞争力的数字服务市场，提升电子政务服务质量并扩大其使用范围，提供连接商业的数字服务并促进跨境贸易，增强企业和民众参与数字经济的能力，建成具有包容性的数字社会。

因此，中国数字经济基础端的建设同他国的竞争也将更加激烈，中国作为最大的发展中国家，近年来也不断加强数字经济基础端设施的建设。中国发布的《"十四五"数字经济发展规划》明确提出，要从加快建设信息网络基础设施、推进云网协同和算网融合发展、有序推进基础设施智能升级三个方面优化升级数字基础设施。本文通过构建数字经济基础端治理水平指数，针对中国建数字经济基础端治理水平的发展进行动态分析，并提出针对性对策建议。

一 数字经济基础端治理水平总体分析

（一）指标体系与选择依据

在数字经济发展水平的测度上，有关国际组织、机构和学者开展了大量研究工作。OECD 构建了 ICT 与数字经济统计指标体系；世界银行编制了知识经济指数（Knowledge Economy Index，KEI），该指数覆盖经济体数量达到 146 个。在国内，有许多学者采用信息化指数方法来测度中国信息化的发展水平①②，中国信息通信研究院编制了数字经济指数（Digital Economy Index，DEI），力图对数字经济的发展态势进行观测和反映③；有学者构建了国家数字竞争力测度指标体系，对 2018 年世界主要国家数字竞争力进行了比较④。

2010 年以来，移动互联网、云计算、大数据、人工智能等技术迅速发展，数字经济在各个领域得到发展。在线零售、共享经济、在线教育、数字金融等行业不断涌现，数字经济对经济结构和商业模式产生了深远影响。因此，本文选择 2010～2021 年为数据样本期，进行数字经济发展水平测算。本文从基础端角度衡量亚太经济体的数字化发展水平。强大的数字基础设施是数字经济发展的基础，高速、稳定的网络连接、普惠的网络连接成本对于数字经济中在线业务、电子商务、云计算等的发展至关重要。同时，数字化时代需要各类技术人才来建设，优越的数字基础设施能够提供培训、研究和创新的机会，吸引和培养更多的人才，为数字经济发展注入动力。因此，本文将从数字基础设施覆盖度、数字基础设施普惠度、数字技术发展潜力三个维度来测度数字经济发展水平。

表 1 报告了亚太经合组织经济体数字经济基础端治理水平指标体系。其中，数字基础设施覆盖度的相关指标包括：①固定宽带订阅量，是指统计年度内某经济体中高速进入公用互联网（TCP/IP 连接）订阅人数。其中包括电缆解调器、DSL、电缆牵入家/楼和其他固定（有线）宽带订阅人数等；②固定电话订阅量，是指统计年度内某经济体中固定电话使用人数；③移动蜂窝订阅量，是指统计年度内某经济体中采用蜂窝组网结构的公众移动通信网络订阅人数，从俗称的 1G（第一代移动通信网络）到现在的 5G 都可以

① 靖继鹏、王欣：《信息产业结构与测度方法比较研究》，《情报科学》1993 年第 1 期，第 7～16 页。

② 杨京英、闫海琪、杨红军等：《信息化发展国际比较和地区比较》，《统计研究》2005 年第 10 期，第 23～26 页。

③ 中国信息通信研究院：《中国数字经济发展白皮书（2017 年）》，2017。

④ 吴翌琳：《国家数字竞争力指数构建与国际比较研究》，《统计研究》2019 年第 11 期，第 14～25 页。

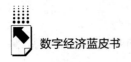

算作是蜂窝式移动通信网络；④互联网普及率（占总人口比重），是指互联网用户数占总人口的比重。以上数据均来源于世界银行数据库。

表1 亚太经合组织经济体数字经济基础端治理水平指标体系

一级指标	二级指标	三级指标	数据来源
基础端	数字基础设施覆盖度	固定宽带订阅量	世界银行数据库（World Bank）
		固定电话订阅量	
		移动蜂窝订阅量	
		互联网普及率(占总人口比重)	
	数字基础设施普惠度	固定宽带套餐价格/人均 GDP	国际电信联盟（International Telecommunication Union）
		纯数据移动宽带套餐价格/人均 GDP	
	数字技术发展潜力	数学以及科学教育质量	世界经济论坛（World Economic Forum）
		R&D 研发支出占 GDP 比重	世界银行数据库（World Bank）
		企业的技术吸收能力	世界经济论坛（World Economic Forum）
		知识产权保护	

资料来源：课题组整理数据。

数字基础设施普惠度的相关指标包括：①固定宽带套餐价格/人均GDP；②纯数据移动宽带套餐价格/人均 GDP，其中固定宽带套餐价格的单位为美元，数据来源于国际电信联盟。

数字技术发展潜力的相关指标包括：①数学以及科学教育质量；②企业的技术吸收能力；③知识产权保护，以上三个指标数据均来源于世界经济论坛发布的《2016 年全球信息技术报告：数字经济时代推进创新》；④R&D研发支出占 GDP 比重，是指统计年度内经济体实际用于基础研究、应用研究和试验发展的经费支出，该数据来源于世界银行数据库。

（二）总体分析

表 2 报告了亚太经合组织 19 个主要经济体的数字经济基础端治理水平

指数在2010年、2016年和2021年的排序情况以及变动情况。图1展示了亚太经合组织数字经济基础端治理水平均值指数随时间变动情况。其中,2021年亚太经合组织19个经济体数字经济基础端治理水平指数均值为0.614,明显高于2010年的0.563;从时间序列上来看,数字经济基础端治理水平指数均值在2010~2016年,先上升后下降,2016年数字经济基础端治理水平指数均值低至0.543,在2016年后开始波动式上升。从2021年与2010年的排序变动来看:中国、中国香港、越南、马来西亚、秘鲁、新西兰、印度尼西亚、智利排位上升;澳大利亚、俄罗斯、菲律宾、韩国、加拿大、美国、墨西哥、日本、泰国和中国台湾排序下降;新加坡排序没有发生变化。

表2 2010、2016、2021年亚太经合组织经济体数字经济基础端治理水平指数排序及变动情况

年份	2010		2016			2021		
经济体	指数	排序	指数	排序	变化	指数	排序	变化
澳大利亚	0.814	5	0.769	7	−2	0.790	8	−1
俄罗斯	0.555	11	0.472	12	−1	0.491	13	−1
菲律宾	0.019	18	0.000	19	−1	0.000	19	0
韩国	0.793	6	0.785	6	0	0.798	7	−1
加拿大	0.774	7	0.676	10	−3	0.755	10	0
马来西亚	0.520	12	0.584	11	1	0.656	11	0
美国	1.000	1	1.000	1	0	0.960	2	−1
秘鲁	0.000	19	0.010	18	1	0.158	18	0
墨西哥	0.355	14	0.309	14	0	0.315	17	−3
日本	0.921	2	0.849	4	−2	0.823	4	0
泰国	0.291	15	0.272	15	0	0.343	16	−1
新加坡	0.851	3	0.866	2	1	0.898	3	−1
新西兰	0.728	9	0.725	9	0	0.810	6	3
印度尼西亚	0.279	16	0.051	17	−1	0.363	15	2
越南	0.145	17	0.168	16	1	0.381	14	2
智利	0.386	13	0.391	13	0	0.511	12	1
中国	0.763	8	0.859	3	5	1.000	1	2
中国台湾	0.824	4	0.801	5	−1	0.785	9	−4
中国香港	0.675	10	0.727	8	−2	0.821	5	3

资料来源:课题组整理数据。

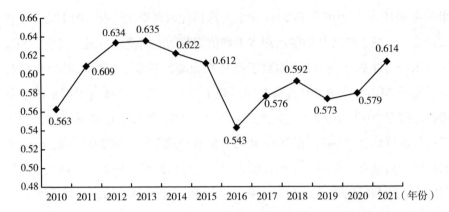

图1 2010~2021年亚太经合组织数字经济基础端治理水平均值指数变动情况

资料来源：课题组整理数据。

1. 美国、新加坡稳居前列，中国后来居上，东南亚各国排序靠后

美国的数字经济基础端治理水平在2010~2019年间，始终排在首位，2020年后被中国超越，但仍旧位居前列；新加坡的数字经济基础端治理水平在10年间始终位列第2~4位，处于稳定的优势地位；中国的数字经济基础端治理水平指数在2010年时为0.763，排序第8，但后续一直在不断发展，排序不断上升，2021年，中国的数字经济基础端治理水平指数为1.000，位列第1。

菲律宾、越南、泰国、印度尼西亚等东南亚经济体在数字经济基础端治理水平指数排序中均较为靠后。除上述东南亚经济体外，秘鲁的数字经济基础端治理水平也较弱，2010年排序较低，后续年份虽然排序有所上升，但治理水平仍旧较低，2021年其指数仅为0.158。

2. 中国香港进步显著，澳大利亚、加拿大、墨西哥、俄罗斯排序呈现下降趋势

本文进一步分析了各个经济体数字经济基础端治理水平随时间变化趋势及其排序变化趋势。其中，中国香港数字经济基础端治理水平显著提升。中国香港的数字经济基础端治理水平2010年位列第10，水平指数为0.675，到了2021年，提升至0.821，位列第5，且中国香港的基础端治理水平属于稳步增长，增长稳定，发展空间良好。

除上述表现出增长态势的经济体外，部分经济体的数字经济基础端治理水平出现了下降趋势。其中，澳大利亚从2010年的第5位滑落至2021年的第8位，治理水平指数也从0.814下降至0.790；同样位于北美地区的墨西哥也出现了排位下降情况，墨西哥从2010年的第14位滑落至2021年的第17位，从趋势来看，墨西哥在2019年以前一直保持排序相对稳定，但在2019年后开始逐渐排序下滑。俄罗斯的数字经济基础端治理水平也出现了下滑的趋势，其指数从2010年的0.555下降至2021年的0.491。2010年，日本以0.921的数字经济基础端治理水平指数在众多经济体中排第2位，但在2021年，日本的数字经济基础端治理水平指数下降至0.823，排第4位。

3. 头部经济体竞争激烈，尾部经济体排序稳定

从经济体之间的竞争来看，头部的中上游经济体排序变化较大，竞争关系明显。美国长期稳居前列，2010~2019年始终排第1位，展现出其在数字基础设施建设上的实力；中国从2010年的第8位逐步攀升，并于2020年超越美国跃居首位；中国香港也是从2010年的第10位逐渐上升至2021年的第5位；而澳大利亚则陆续被其他经济体超越，从2010年的第5位向下滑落。从时间序列上来看，头部经济体排序发生了较大变动，经济体之间争相追赶的势头显露。

与头部经济体的激烈竞争相反，尾部经济体则发展平缓，排序变化较小。虽然泰国、印度尼西亚、越南和墨西哥的排序在14~17位发生了波动，但与2010年相比，2021年只有越南排序发生了实质性提升，墨西哥排序发生了实质性下降，其余经济体排序均相对稳定。

（三）分区域分析

1. 区域间比较分析：东北亚地区优势领先，东南亚地区"单极化"现象明显

为进一步分析不同区域数字经济基础端治理水平的发展情况，本文按照地理位置对经济体进行了分区，计算了不同区域数字经济基础端治理水平指数的平均值，并基于指数数值对各地区数字经济基础端治理水平进行排序，数据结果显示，每一年的排序结果都是一致的。表3报告了区域的分组情况及排序情况（由于每年的排序情况一致，因此表中不单独报告年份）。其中，由俄罗斯、中国、日本、韩国及中国香港和中国台湾组成的东北亚地区排首位，但地处北亚的俄罗斯排位明显低于中国、日本、韩国等东亚地区经济体；由美国、加拿大、墨西哥组成的北美地区排第2位，但从国家层面来看，美国数字经济基础端治理水平较高，加拿大在全部样本经济体中排序居中，而墨西哥则排位靠后，存在分层级差异；南太平洋地区排第3位，其中地处大洋洲的澳大利亚和新西兰基础端治理水平要优于地处南美洲的智利和秘鲁；东南亚地区处于末位，且除新加坡外的大多数东南亚经济体数字经济基础端治理水平均排序靠后，新加坡则"一枝独秀"，位居前列，东南亚地区存在明显的单极化现象。

表3　按区域划分亚太经济体及排序情况

区域	排序	包含经济体
东北亚地区	1	俄罗斯、中国、日本、韩国、中国香港、中国台湾
北美地区	2	美国、加拿大、墨西哥
南太平洋地区	3	澳大利亚、新西兰、秘鲁、智利
东南亚地区	4	新加坡、马来西亚、印度尼西亚、菲律宾、越南、泰国

资料来源：课题组整理数据。

为进一步分析区域间的差距和各区域数字经济基础端治理水平时间序列的发展情况，本文绘制了如图2所示的分区域数字经济基础端治理水平指数均值变动情况。从整体来看，亚太经合组织各区域经济体的数字经济基础端治理水平在2010~2016年间呈先上升后下降的趋势，在2016年后呈逐渐上升的趋势。东北亚地区的数字经济基础端治理水平处于领先地位，与北美地区差距较小，与其他地区均有较大差距；2010年时，东北亚地区与北美地区的差距接近，但在后两年的发展过程中，东北亚和北美的差距有所加大；东南亚和南太平洋地区虽处于后位，但自2016年后，指数均值出现了较快的上升趋势，存在一定的发展潜力。

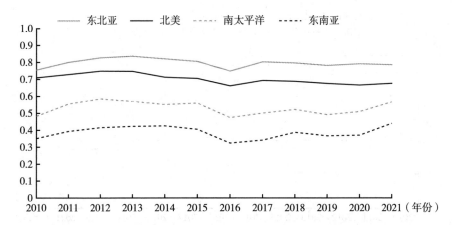

图2 2010~2021年亚太经合组织分区域数字经济基础端治理水平指数均值变动情况
资料来源：课题组整理数据。

2. 东北亚地区：除俄罗斯外整体排序靠前，中国持续稳定增长

图3和图4分别报告了东北亚地区各经济体数字经济基础端治理水平排序的变化趋势和治理水平指数的变化趋势。其中，东北亚地区中除俄罗斯外的全部经济体排序均比较靠前，日本在2010年位列第2，虽然在2015年后出现了指数下滑、排序下降的情况，但2021年仍位列第4；中国台湾的数字经济基础端治理水平在2010年时排第4位，在2020年后虽出现了一次大幅度的排序下滑，但其治理水平指数并没有发生较大变动。中国和中国香港的数字经济基础端治理水平在2010年时虽位列前10，但不突出，在后续的发展中，两个经济体体现出了强大的发展动力，在2021年分别位列第1和第5，实现了较大的飞跃。从上升趋势来看，中国持续增长，稳步提升；中国香港则存在波动，与2013年排序相比，中国香港在2014年排序提升了3个位次，但2015年又落回2013年水平，在2015年后，中国香港也进入了持续稳定增长阶段。

与上述经济体相比，俄罗斯在东北亚地区的表现较差，在2010年排第11位，并在之后的几年间排序继续滑落，2021年排序下降至第13位，与东北亚其他经济体存在较大差距。

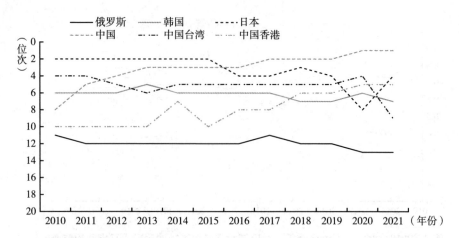

图3 2010~2021年东北亚地区各经济体数字经济基础端治理水平排序变化趋势

资料来源：课题组整理数据。

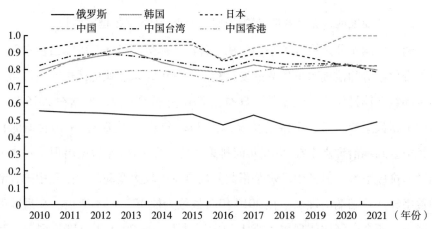

图4 2010~2021年东北亚地区数字经济基础端治理水平指数变化趋势

资料来源：课题组整理数据。

3.东南亚地区：整体排序靠后，新加坡一枝独秀

图5和图6分别报告了东南亚地区各经济体数字经济基础端治理水平排序的变化趋势和治理水平指数的变化趋势。图中可以明显看出，2010~2021年，除新加坡外，东南亚其余经济体排序均处于靠后的位置。其中，菲律宾、越南、印度尼西亚和泰国排序较低，其数字经济基础端治理水平指数基

本上低于 0.4，马来西亚排序相对靠前，介于 11~12 位，其数字经济基础端
治理水平指数在 0.5~0.7 间波动。

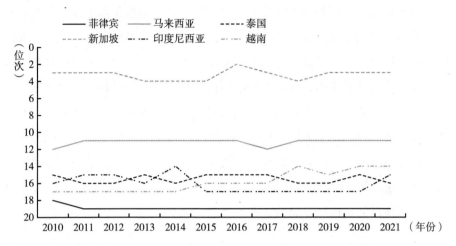

图 5　2010~2021 年东南亚地区各经济体数字经济基础端治理水平排序变化趋势

资料来源：课题组整理数据。

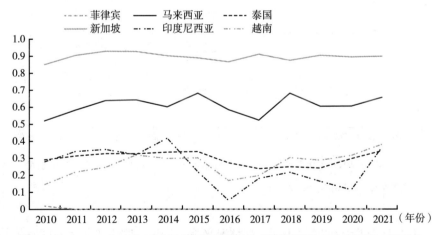

图 6　2010~2021 年东南亚地区各经济体数字经济基础端治理水平指数变化趋势

资料来源：课题组整理数据。

在东南亚经济体中，新加坡数字经济基础端治理水平突出，排序在第 3
位左右小幅度波动，其数字经济基础端治理水平指数在 0.9 左右波动，治理

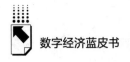

水平较高且发展稳定。

4. 北美地区：美国领先优势明显，但整体呈现下降趋势

图 7 和图 8 分别报告了北美地区数字经济基础端治理水平排序的变化趋势和治理水平指数的变化趋势。从排序分布和指数情况来看，2010~2021年，北美地区的三个经济体位次相对分散、差异明显。其中，美国的数字经济基础端治理水平很高，始终位于前两位，其数字经济基础端治理水平指数也高；加拿大的数字经济基础端治理水平较高，治理水平指数在 0.8 左右波动，排序于 7~10 位波动，属于中游经济体，与美国的数字经济基础端治理水平存在一定差距，但差距较小；墨西哥位于北美洲南部，其数字经济基础端治理水平在 19 个经济体中处于较后的位置，治理水平指数在 0.3 左右波动，与同地区的美国相差悬殊，存在严重的差异。

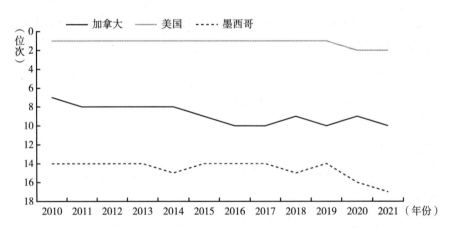

图 7　2010~2021 年北美地区各经济体数字经济基础端治理水平排序变化趋势

资料来源：课题组整理数据。

从排序及指数的时间序列变化情况来看，2010~2021 年北美地区整体数字经济基础端治理水平存在下降趋势。其中，美国虽始终处于领先地位，但自 2020 年起，美国的数字经济基础端治理水平排序从第 1 位下降至第 2 位，被东北亚地区的中国赶超；加拿大和墨西哥更是呈现了明显的下降趋势，加拿大从 2010 年的第 7 位下降至 2021 年的第 10 位，墨西哥从 2010 年的第 14

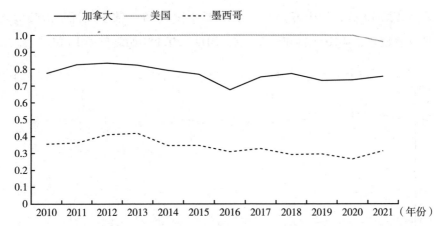

图8　2010~2021年北美地区各经济体数字经济基础端治理水平指数变化趋势

资料来源：课题组整理数据。

位下降至2021年的第17位，出现了明显的下滑。

5. 南太平洋地区：两极分化显著，南美两国治理水平处于弱势地位

图9和图10分别报告了南太平洋地区各经济体数字经济基础端治理水平排序的变化趋势和治理水平指数的变化趋势。2010~2021年，澳大利亚和新西兰的数字经济基础端治理水平指数均在0.8左右，排序处于中等偏上；智利的数字经济基础端治理水平指数在0.4~0.5间波动，2010~2018年排

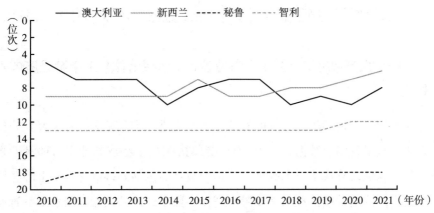

图9　2010~2021年南太平洋地区各经济体数字经济基础端治理水平排序变化趋势

资料来源：课题组整理数据。

名稳定在第 13 位，2019 年后，升至第 12 位；秘鲁的数字经济基础端治理水平发展较差，2010 年排在第 19 位，2011~2021 年始终排第 18 位。

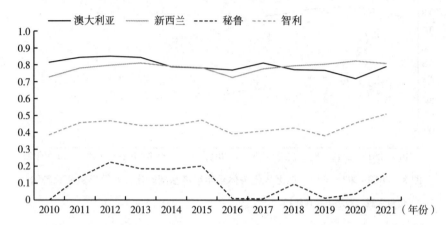

图 10　2010~2021 年南太平洋地区各经济体数字经济基础端治理水平指数变化趋势

资料来源：课题组整理数据。

整体来看，南太平洋地区各经济体的数字经济基础端治理水平存在较为显著的地区差异，其中以澳大利亚和新西兰为代表的大洋洲地区水平相对较高，而以智利、秘鲁为代表的南美洲地区则水平较低。

二　数字经济基础端治理水平层级动态演化及合作潜力分析

（一）大多数经济体处于上游位置，下游经济体与上中游经济体差距较大

在利用表 1 指标体系测算的基础上，本文进一步利用 K-means 聚类分析的方法，基于各年份数据，将 19 个经济体按照数字经济基础端治理水平指数得分的高低，分成了三个等级，分别为数字经济基础端治理水平上游经济体、数字经济基础端治理水平中游经济体、数字经济基础端治理水平下游经济体，表 4 报告了 2021 年亚太经合组织数字经济基础端治理水平的层级分布。

表4 2021年亚太经合组织数字经济基础端治理水平的层级分布

层级	指数均值	经济体数量(个)	变异系数	包含经济体
基础端治理水平上游	0.844	10	0.096	中国香港、日本、中国、中国台湾、美国、新西兰、新加坡、韩国、加拿大、澳大利亚
基础端治理水平中游	0.553	3	0.163	马来西亚、智利、俄罗斯
基础端治理水平下游	0.260	6	0.578	墨西哥、菲律宾、泰国、印度尼西亚、越南、秘鲁

资料来源：课题组整理数据。

可以看出，2021年亚太经合组织数字经济基础端治理水平处于上游的经济体包括中国香港、日本、中国、中国台湾、美国、新西兰、新加坡、韩国、加拿大、澳大利亚这10个经济体，主要分布在东北亚、北美和大洋洲地区，占样本经济体的52.6%，说明大多数经济体目前的数字经济基础端治理水平都处于上游位置，且上游经济体数字经济基础端治理水平指数均值为0.844，可见亚太地区整体数字经济基础端治理水平较高。

2021年亚太经合组织数字经济基础端治理水平处于中游的经济体包括马来西亚、智利、俄罗斯这3个经济体，占全部经济体的15.8%，其数字经济基础端治理水平指数均值为0.553，比上游经济体低34.5%。

2021年亚太经合组织数字经济基础端治理水平处于下游的经济体包括墨西哥、菲律宾、泰国、印度尼西亚、越南和秘鲁，大多数分布在东南亚，也说明了目前东南亚的数字经济基础端治理水平总体较差。下游经济体的治理水平指数均值为0.260，与中上游地区均有较大差距。下游经济体数字经济基础端治理水平的变异系数为0.578，说明下游经济体间数字经济基础端治理水平存在一定的差异。

表5报告了2010～2021年全样本时间内亚太经合组织数字经济基础端治理水平分层级指数均值，其中上游经济体数字经济基础端治理水平的指数均值为0.855，中游经济体数字经济基础端治理水平的指数均值为0.499，下游经济体数字经济基础端治理水平的指数均值为0.213。其中，

上游经济体的治理水平指数均值约为下游的 4 倍，中游经济体的治理水平指数均值约为下游的 2.3 倍，因此，上游经济体和中游经济体均与下游经济体存在较大差距；上游经济体的治理水平指数均值约为中游经济体的 1.7 倍，差距相对来说较小，中游经济体努力追赶仍有较大可能达到上级经济体的治理水平。

表 5　2010~2021 年亚太经合组织数字经济基础端治理水平分层级指数均值

层级	上游	中游	下游
治理水平分层级指数均值	0.855	0.499	0.213

资料来源：课题组整理数据。

图 11 是 2010~2021 年亚太经合组织数字经济基础端治理水平指数分层级变化雷达图。其中，上游经济体与中游经济体的治理水平差距在 2017 年后开始明显拉大，在 2020 年差距又有所减小；中游经济体与下游经济体差距呈现先缩小、后拉大、再缩小的阶段性趋势。

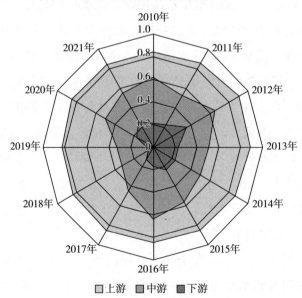

图 11　2010~2021 年亚太经合组织数字经济基础端治理水平指数分层级变化

资料来源：课题组整理数据。

（二）中上游经济体存在阶段性集聚现象，2019年前集聚现象明显

为进一步比较时间序列下，各经济体数字经济基础端治理水平分层级变化情况，表6报告了2010年亚太经合组织数字经济基础端治理水平的层级分布，与表4进行对比分析；图12是2010~2021年亚太经合组织数字经济基础端治理水平分层级经济体数量变化情况。2010年数字经济基础端治理水平上游经济体包括中国、加拿大、韩国、澳大利亚、中国台湾、新加坡、日本、美国8个经济体；2021年的上游经济体比2010年多了2个，主要是2010年处于中游位置的中国香港和新西兰上升至了上游层级，中国香港从2010年的第10位上升至2021年的第5位，新西兰从2010年的第9位上升至2021年的第6位。除此之外，智利的数字经济基础端治理水平指数从2010年的0.386上升至2021年的0.511，导致智利从下游层级上升至中游层级。

表6　2010年亚太经合组织数字经济基础端治理水平的层级分布

层级	指数均值	经济体数量（个）	变异系数	包含经济体
基础端治理水平上游	0.842	8	0.096	中国、加拿大、韩国、澳大利亚、中国台湾、新加坡、日本、美国
基础端治理水平中游	0.619	4	0.158	马来西亚、俄罗斯、中国香港、新西兰
基础端治理水平下游	0.211	7	0.745	秘鲁、菲律宾、越南、印度尼西亚、泰国、墨西哥、智利

资料来源：课题组整理数据。

图12展示了2010~2021年亚太经合组织数字经济基础端治理水平分层级经济体数量变化情况，其中，上游经济体数量相对保持稳定，中上游经济体在2018年前呈现集聚趋势，下游经济体向中上游经济体转变；但在2019年后，下游经济体数量又出现反弹增多。从具体经济体来看，美国、中国、韩国、日本、新加坡、中国台湾、澳大利亚始终属于上游经济体，中国香港

自 2016 年后也稳定处于上游经济体行列，加拿大除 2016 年外也均处于上游经济体，以上经济体均有较高的数字经济基础端治理水平。新西兰在 2016 年后进入上游经济体，马来西亚也有向上游经济体进军的情况；以上两个经济体的数字经济基础端治理水平在未来可能会有较好的提升和发展；智利在 2017 年前主要位于中下游层级，但在 2017 年后开始稳定在中游，数字经济基础端治理水平开始好转。

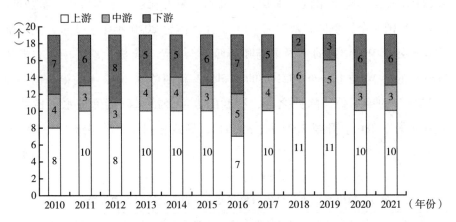

图 12　2010~2021 年亚太经合组织数字经济基础端治理水平分层级经济体数量变化情况

资料来源：课题组整理数据。

（三）数字基础设施覆盖度整体水平较低，中国的数字基础设施覆盖度与其他经济体有显著差异

表 7 报告了数字经济基础端治理水平二级指标分层级指数均值。其中，上游经济体数字基础设施覆盖度指数均值为 0.367，中游经济体数字基础设施覆盖度指数均值为 0.184，下游经济体的数字基础设施覆盖度指数均值为 0.062，排第一的中国数字基础设施覆盖度指数为 1.000，排第二的美国其覆盖度指数仅为 0.517；整体来看，各层级数字基础设施覆盖度指数均值均相对较低。从层级差距来看，上游经济体数字基础设施覆盖度指数均值约为中游经济体的 2 倍，上、中游层级差距明显；上游经济体的数字基础设施覆

盖度指数均值约为下游经济体的 6 倍，中游经济体的数字基础设施覆盖度指数均值约为下游经济体的 3 倍，下游经济体数字基础设施覆盖度指数均值极低，与中上游经济体均有较大差距。

上游经济体的数字基础设施普惠度指数均值为 0.901，与中游经济体的 0.733 差距较小，中游经济体指数均值比上游经济体的低 14%；下游经济体的数字基础设施普惠度指数均值为 0.456，比上游经济体数字基础设施普惠度指数均值低 49%，比中游经济体低 41%，下游经济体的数字基础设施普惠度与中上游地区仍存在较大差距。

上游经济体的数字技术发展潜力指数均值为 0.807，中游经济体的数字技术发展潜力指数均值为 0.379，上游经济体指数均值约为中游经济体的 2 倍；下游经济体的数字技术发展潜力指数均值为 0.200，上游经济体约为其 4 倍，上、中、下游经济体的数字技术发展潜力差距明显。

表 7　数字经济基础端治理水平二级指标分层级指数均值

层级	数字基础设施覆盖度	数字基础设施普惠度	数字技术发展潜力
上游	0.367	0.901	0.807
中游	0.184	0.773	0.379
下游	0.062	0.456	0.200

资料来源：课题组整理数据。

（四）中国在数字基础设施覆盖度上具有明显优势，新加坡具有较强数字技术发展潜力

亚太经合组织数字经济基础端治理水平指标体系中包括固定宽带订阅量、固定电话订阅量、移动蜂窝订阅量、互联网普及率（占总人口比重）、固定宽带套餐价格／人均 GDP、纯数据移动宽带套餐价格／人均 GDP、数学以及科学教育质量、R&D 研发支出占 GDP 比重、企业的技术吸收能力、知识产权保护 10 个三级指标。从这 10 个指标的得分情况和动态变化情况来

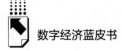

看，中国的固定宽带订阅量、固定电话订阅量、移动蜂窝订阅量水平均很高，2010～2021 年均排第一；中国的固定宽带套餐价格/人均 GDP 在 2010～2017 年均较高，2017 年在 19 个样本经济体中排第 13 位，2018 年上升至第 3 位，快速提高了 10 个位次；纯数据移动宽带套餐价格/人均 GDP 也在 2020 年快速从第 13 位上升至第 7 位，上升了 6 个位次。以上变化与中国的相关支持政策紧密相关：2016 年《中华人民共和国国民经济和社会发展第十三个五年规划纲要》指出，未来五年移动宽带和固定宽带的普及率是中国经济发展的重要指标之一，而移动宽带和固定宽带普及率的提高依赖于套餐价格的下降，中国要求三大运营商必须下调移动和固定宽带套餐价格，在政策颁布之后，移动流量和固定宽带价格平均下降 95%。新加坡的数字技术发展潜力较大，尤其表现在知识产权保护和数学以及科学教育质量上，新加坡的知识产权保护水平和数字以及科学教育质量在 2010～2021 年均排第一。

日本的互联网普及率（占人口比重）在 2021 年以前均排序很高，其中 8 年排第一，其余年份排序也比较靠前，但 2021 年日本的互联网普及率排序下滑至第 13 位，互联网普及率为 82.91%，与上一年的 93.18% 形成明显反差。美国作为数字经济基础端治理水平一直较高的经济体，大多数指标排序均相对靠前，但数字基础设施普惠度以及互联网普及率排序较低，2021年，固定宽带套餐价格/人均 GDP 排第 7，纯数据移动套餐宽带价格排第 6，互联网普及率排第 7。

综合来看，不同经济体的指标优势具有差异化，如中国在数字基础设施覆盖度上具有明显优势，这可能与中国人口基数大也存在相关关系；新加坡在数字技术发展潜力上有明显优势，而其他指标则相对较弱；但对于较多数字经济基础端治理水平总体较低的经济体，其各项指标的排序均相对较低。

（五）亚太经济体数字经济基础端合作潜力分析

1. 中国与亚太新兴经济体在数字基础设施建设上有较大合作潜力

当前，随着数字技术向城市建设、民生等领域不断渗透，亚太新兴经济体有着极为迫切的数字基础设施建设与转型升级需求，较多亚太新兴经济体也加大了对数字基础设施建设的投资力度。① 亚太新兴经济体包括中国、俄罗斯、墨西哥、韩国、智利、马来西亚、印度尼西亚、菲律宾、越南、泰国、秘鲁等经济体。中国的数字基础设施覆盖度高，数字经济基础端治理存在显著优势，在 2010～2021 年间数字基础设施覆盖度均排第一，具备丰富的经验和技术优势，而大多数亚太新兴经济体数字经济基础端治理水平较低，如智利 2021 年的数字基础设施覆盖度指数为 0.221，印度尼西亚的仅为 0.107，有较大的发展和提升空间，中国有望与亚太新兴经济体开展合作，共同推动数字基础设施建设，实现双赢的合作机会。

中国数字型企业在国内市场已经获得了广泛认可，拥有较为雄厚的资源和技术支持。与此同时，亚太新兴经济体作为经济增长的引擎，亟须进行数字基础设施的升级和改造，以应对数字化时代的挑战。这种互补性使得中国的数字型企业与亚太新兴经济体在数字基础设施建设合作方面具备巨大的潜力。但目前中国与大多数亚太新兴经济体的数字经济合作仍存在较大阻力。在亚太新兴经济体中，除俄罗斯外，印度尼西亚、菲律宾、马来西亚、越南、泰国、智利、墨西哥、秘鲁等均不同程度地加入了代表美式数字贸易规则的数字贸易协定和数字经济合作框架中，而中国与其他亚太新兴经济体尚未签订专门的数字贸易协定。因此，中国亟待加强发掘与其他亚太新兴经济体的合作潜能，推动亚太地区数字经济基础设施建设的合作与发展。

2. 东盟经济体推进数字基础设施"互联互通"，共同实现数字经济基础端治理水平提升

2021 年 1 月，首次东盟数字部长系列会议通过了《东盟数字总体规划2025》，提出将东盟建设成一个由安全和变革性的数字服务、技术和生态系统所驱动的领先数字社区和经济体。从目前发展水平来看，东南亚地区的数字经济基础端治理发展存在"单极化"现象：新加坡依托"智慧国家 2025计划"在数字经济基础端建设方面遥遥领先于东南亚各国，数字经济基础

---

① 孙玉琴、任燕：《我国与亚太新兴经济体数字贸易合作的思考》，《国际贸易》2023 年第 6期，第 25～35 页。

端治理水平排亚太经合组织前 3 位，数字技术发展潜力表现优秀。虽然马来西亚、泰国等经济体已经启动了"国家工业 4.0 政策框架""泰国 4.0 战略"等数字基础设施战略，但仍与新加坡存在较大差距，且与其他东南亚经济体存在较大差距。东南亚各经济体地理位置相邻，然而，数字经济基础设施建设水平存在差异，并且标准不一致，这导致区域间各经济体的互联互通成本较高，阻碍了区域一体化建设和区域共同体的有机发展。

因此，东盟经济体需要实现数字基础设施"互联互通"，加快数字经济基础端建设，便利数字沟通、交流与协同发展，共同提升数字经济基础端治理水平。在新加坡、马来西亚、泰国等国已经积极推进数字经济建设的背景下，越南、菲律宾等国有必要积极响应《东盟数字总体规划 2025》，并充分结合各自经济情况以及东盟整体发展目标，制定相应的数字经济发展战略。这将有助于东盟在数字化浪潮中抓住机遇，推动国家经济实现更加可持续的增长。

东盟作为一个紧密合作的地区组织，可以在数字经济发展领域发挥更大的合作优势。特别是对于那些发展相对滞后的经济体，东盟可以采取强对弱的帮助方式，通过技术转让、资源共享等方式，实现区域内数字基础设施的全覆盖，并将成本降到最低。在此基础上，加强地区间数字经济基础设施的治理，各经济体可以充分借鉴对方的经验，相互学习，共同制定标准化的治理手段，同时要适应不同经济体的特点和需求，通过合作，实现各国优势互补，进一步促进整个地区数字经济的健康发展。

3. 美国修复与盟友的合作伙伴关系，"强强联合"提升数字经济基础端治理水平

美国数字经济基础端治理水平始终位于前列，数字基础设施覆盖度和数字技术发展潜力水平均较高，2021 年美国数字基础设施覆盖度排第 2，数字技术发展潜力水平排第 3，有很强的数字经济基础端治理水平和发展潜力。从国际关系视角来看，亚太地区具有强大的经济潜力，美国政府或将加强与亚太地区经济体的数字经济合作关系，尤其是数字经济基础端治理的相关合作：美国的盟国如日本、韩国、澳大利亚等，数字经济基础端治理水平较高，均在前 10 位，美国政府可以与其展开"强强联合"，提升美国对海外

数字基础设施建设的影响力，并加强对亚太地区数字技术市场的影响力。除与盟国合作外，美国还可以与新加坡等数字经济基础端治理水平较高经济体合作，加强数字经济基础端治理的国际影响力，同时扩大海外市场。美国与其盟友"强强联合"发展数字经济基础端治理水平建设，既有利于美国扩大数字经济国际影响力，扩展海外市场，也有利于日本、韩国、澳大利亚、新加坡等较强经济体共享优势资源，持续提升自身数字经济基础端治理水平。

三 中国数字经济基础端治理水平动态分析

（一）中国数字经济基础端治理水平快速爬坡跃升至首位

2021 年中国数字经济基础端治理水平在亚太经合组织 19 个经济体中的总体排序位居第 1，与 2010 年排序第 8 相比有了极大提高。具体来看，中国于 2011 年实现了对加拿大、泰国和韩国三个经济体的超越位列第 5；2012 年实现了对中国台湾的超越位列第 4；2013 年实现了对新加坡的超越位列第 3；2016 年实现了对日本的超越，但被新加坡重新追赶反超仍位列第 3；2017 年重新超越新加坡位列第 2；2020 年实现了对美国的超越位列第 1（见图 13）。

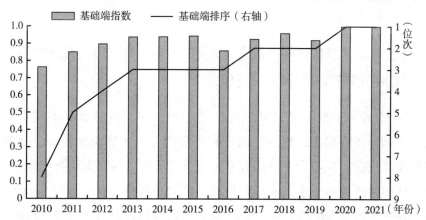

图 13　2010~2021 年中国数字经济基础端治理水平指数及其排序变动

资料来源：课题组整理数据。

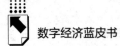
此外，中国数字经济基础端治理水平指数在2010~2021年的12年间始终大于亚太经合组织19个经济体的指数均值，且中国数字经济基础端治理水平指数领先亚太经合组织19个经济体指数均值的水平呈现缓慢扩大趋势，说明中国数字经济基础端治理水平的提升幅度领先于亚太地区整体平均水平（见图14）。总的来看，2010~2021年中国数字经济基础端治理水平实现了较大的增长，排位快速爬坡跃升至首位。

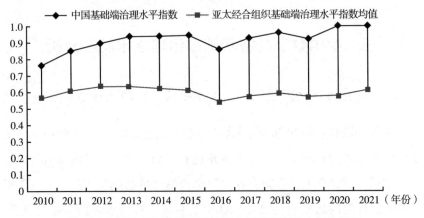

图14　中国数字经济基础端治理水平指数及亚太经合组织经济体基础端治理水平指数均值比较

资料来源：课题组整理数据。

（二）数字基础设施普惠度显著提升，数字基础设施覆盖度遥遥领先，数字技术发展潜力提升空间较大

图15进一步报告了2010~2021年中国数字经济基础端治理水平中数字基础设施覆盖度、数字基础设施普惠度、数字技术发展潜力分项排序的变化情况。其中，中国的数字基础设施覆盖度在亚太经合组织19个经济体中始终排第1位，而中国的数字技术发展潜力在亚太经合组织19个经济体中始终排第11位，中国数字基础设施普惠度在亚太经合组织19个经济体的排序增长迅速，由2010年的第16位提高至2021年的第4位。

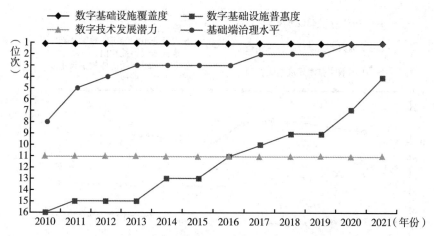

图15　2010～2021年中国数字经济基础端治理水平的总体分项排序及变动

资料来源：课题组整理数据。

　　具体来看，2021年所有亚太经合组织经济体数字基础设施覆盖度、数字基础设施普惠度、数字技术发展潜力的指数均值分别为0.27、0.77与0.55，同期中国数字基础设施覆盖度、数字基础设施普惠度、数字技术发展潜力的指数分别为1.00、0.93和0.46，分别比亚太各经济体平均水平高270%、高21%、低16%；2010年，所有亚太经合组织经济体数字基础设施覆盖度、数字基础设施普惠度、数字技术发展潜力的指数均值分别为0.24、0.71与0.56，中国数字基础设施覆盖度、数字基础设施普惠度、数字技术发展潜力的指数分别为1.00、0.43和0.55，分别比亚太经合组织各经济体平均水平高317%、低39%、低1.7%；中国数字基础设施覆盖度、数字基础设施普惠度度、数字技术发展潜力与所有经合组织经济体平均水平的领先程度分别降低了47个百分点，提高了60个百分点，降低了14.3个百分点（见图16）。因此，可以看出中国在数字基础设施覆盖度的整体建设上处于领先水平，但领先程度逐渐缩小；对数字技术发展潜力发展应该更加重视，有较大的提升空间；在数字基础设施普惠度上发展迅速，中国数字经济基础端治理水平的提升主要依赖于数字基础设施普惠度的提高。

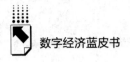
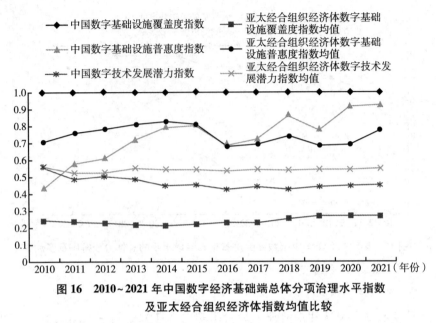

图16 2010~2021年中国数字经济基础端总体分项治理水平指数及亚太经合组织经济体指数均值比较

资料来源：课题组整理数据。

（三）中国在宽带、电话、蜂窝订阅量排序上占据优势，互联网普及率是主要短板

表8报告了2010~2021年中国在数字基础设施覆盖度所包括的固定宽带订阅量、固定电话订阅量、移动蜂窝订阅量及互联网普及率4个分项指标的排序及其动态变化情况。2021年中国固定数字基础设施覆盖度排第1位，相比2010年的第8位提升了7个位次，且历年位次都没有下降，其中，中国的固定宽带订阅量、固定电话订阅量、移动蜂窝订阅量在亚太经合组织19个经济体中始终排第1位，而中国互联网普及率在亚太经合组织19个经济体中排序由2010年的第14位下降至2021年的16位。

从图17来看，2010年亚太经合组织19个经济体固定宽带订阅量和移动蜂窝订阅量的指数均值分别为0.13、0.14，到2021年指数均值降低至0.08、0.11，分别下降了38%、21%；2010年固定电话订阅量和互联网普及率指数均值分别为0.12、0.59，到2021年指数均值提升至0.14，0.70，

分别提高了 17%、19%。中国固定宽带订阅量和移动蜂窝订阅量指数一直为
1.00，亚太经合组织 19 个经济体指数均值呈现下降趋势，主要是因为中国
在这 12 年间固定宽带订阅量和移动蜂窝订阅量的实际数值大幅提高拉大了
与其他经济体的差距；中国固定电话订阅量指数虽然一直为 1.00，但是与
亚太经合组织 19 个经济体固定电话订阅量指数均值的差距在逐渐缩小；而
互联网普及率排序由 2010 年的第 14 位降至 2021 年的第 16 位，这主要是因
为泰国和越南两个经济体互联网普及率的提高，从而导致中国的排位相对下
降。总体而言，中国数字基础设施覆盖度的各分项指标大多位列首位且相对
稳定；互联网普及率的排序位次下降趋势较为明显，制约着中国数字基础设
施覆盖度的提升。

表 8　2010~2021 年中国数字基础设施覆盖度分项指标的排序动态变化

分项指标	2010年	2011年	2012年	2013年	2014年	2015年	2016年	2017年	2018年	2019年	2020年	2021年
固定宽带订阅量排序	1	1	1	1	1	1	1	1	1	1	1	1
固定电话订阅量排序	1	1	1	1	1	1	1	1	1	1	1	1
移动蜂窝订阅量排序	1	1	1	1	1	1	1	1	1	1	1	1
互联网普及率排序	14	13	13	13	12	14	14	14	14	16	16	16

资料来源：课题组整理数据。

（四）中国在纯数据移动宽带套餐价格优惠度上的提升态势更为明显

图 18 报告了 2010~2021 年中国数字基础设施普惠度中固定宽带套餐价
格/人均 GDP 和纯数据移动宽带套餐价格/人均 GDP 两个分项指标的排序及
其动态变化情况。具体来看，2021 年中国数字基础设施普惠度排第 4，超越
了泰国、印度尼西亚、墨西哥、日本、马来西亚、美国、智利、越南、俄罗
斯、加拿大、中国台湾、韩国、新西兰 13 个经济体。2021 年中国固定宽带
套餐价格/人均 GDP 排第 7 位，在此期间中国超越了泰国、日本、墨西哥、
马来西亚、印度尼西亚、中国台湾、俄罗斯、美国、加拿大、韩国 10 个经

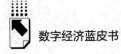

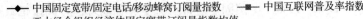

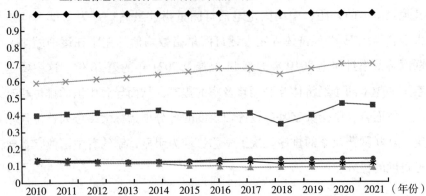

图17 2010～2021年中国数字经济基础端基础设施覆盖度分项治理水平指数及亚太经合组织经济体指数均值比较

资料来源：课题组整理数据。

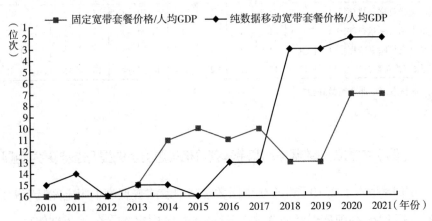

图18 2010～2021年中国数字基础设施普惠度治理水平分项排序动态变动

资料来源：课题组整理数据。

济体，但该项指标被越南超过，这是因为越南在固定宽带套餐价格/人均GDP方面的提高速度过快。2021年中国纯数据移动宽带套餐价格/人均GDP排序由2010年的第15位提高到了2021年的第2位，在此期间中国超越了泰国、越南、马来西亚、智利、墨西哥、澳大利亚、新西兰、日本、韩国、加拿大、新加坡、中国香港、俄罗斯 13 个经济体，位于第 1 的中国台湾至今还未被超越。因此，总体而言，中国数字基础设施普惠度各分项指标主要以提高为主，其中在纯数据移动宽带套餐价格优惠度上的提升幅度要更大，所超越的经济体也要更多。

（五）数学以及科学质量、企业的技术吸收能力、知识产权保护指标劣势突出

图 19 报告了 2010～2021 年中国数字技术发展潜力中数学以及科学质量、R&D 研发支出占 GDP 比重、企业的技术吸收能力、知识产权保护 4 个分项指标的排序及其动态变化情况。具体来看，2021 年中国数字技术发展潜力排第 11 位，相比 2010 年位次没有变化，既没有超越任何经济体，也没有被任何经济体超越。2021 年中国数学以及科学质量排第 12 位，与 2010 年排第 9 位相比下降了 3 个位次，被美国、印度尼西亚、马来西亚三个经济体超越，被美国、印度尼西亚超越的主要原因是我国数学以及科学质量没有上升甚至呈现下降的趋势，被马来西亚超越的主要原因是其增长较快。2021 年中国 R&D 研发支出占 GDP 比重排第 5 位，与 2010 年排第 8 位相比提升了 3 个位次，超越了新加坡、澳大利亚、加拿大三个经济体。2021 年中国的企业技术吸收能力排第 10 位，与 2010 年第 11 位相比提升了 1 个位次，但由于并列位次的原因，实际上 2021 年中国的企业技术吸收能力仅超过了越南、俄罗斯、秘鲁、墨西哥四个国家，实际当排第 15 位。主要原因在于中国的企业吸收技术能力逐渐下降。2021 年中国知识产权保护排第 12 位（由于并列位次的原因当排第 13 位），与 2010 年第 11 位相比下降了 2 个位次，被智利和印度尼西亚超越，主要原因在于中国的知识产权保护提升速度相对较慢。总体而言，中国数字技术发展潜力各分项指标除了 R&D 研发支出占 GDP 比重排序提升以外，整体都呈现下降的趋势，但指标加总之后数字技术发展潜力总体排序并未变化，说明 R&D 研发支出占 GDP 比重的正面影响抵消了数学以及科学质量、企业的技术吸收能力、知识产权保护的负面影响。

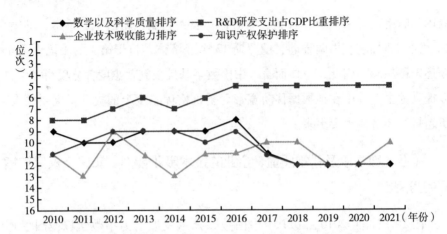

图 19　2010~2021 年中国数字数字技术发展潜力治理水平分项排序动态变动

资料来源：课题组整理数据。

四　数字经济基础端治理的经济体对标分析

（一）借鉴经济体：中国和日本在数字技术发展潜力上差距较大

日本早在 2000 年便提出电子日本战略，逐步推进包括基础设施发展、ICT 利用、数据利用等数字化发展国家战略。在数字经济发展初期，日本就十分重视数字知识产权的保护，在 2003 年设立《个人信息保护法》后数次修订推进实施；除此以外，日本的企业从工业经济开始便大量引进国外的技术成果，吸收并转化为本国技术，所以虽然日本在数字经济基础端治理水平仅位列第四，但数字技术发展潜力位列亚太地区第一。反观中国，党的十八大以来，以市场规模庞大、政策支持力度大、科研基础雄厚和产业链齐全等优势，在数字基础设施的发展上取得重大突破，数字经济基础端治理水平指数超越美国、日本、新加坡，在亚太地区所有经济体中排第一位，但在数字技术发展潜力上与日本差距较大，仅列第 11 位。图 20 分别报告了中国与日本 2021 年数字经济基础端治理二级指标（a）与数字技术发展潜力三级指标（b）排序的对标分析。

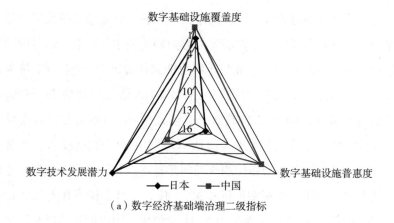

（a）数字经济基础端治理二级指标

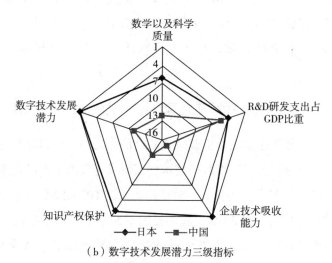

（b）数字技术发展潜力三级指标

图20　中国与日本2021年数字经济基础端治理水平二级、三级指标排序的对标分析

资料来源：课题组整理数据。

从数字经济基础端治理水平二级指标来看，日本虽在数字基础设施覆盖度与普惠度方面优势并不算突出，但其数字技术发展潜力优势大，在亚太地区排第一位，是中国在完善数字经济基础端治理值得借鉴的经济体。从三项二级指标的排序上来看，2021年中国在数字基础设施普惠度水平上远超日本，位列第4；在数字基础设施覆盖度水平上稍优于日本，位列第1；但在数字技术发展潜力上与日本存在较大差距，位列第11。

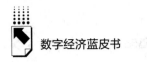

从数字技术发展潜力及其四项三级指标来看，企业技术吸收能力与知识产权保护成为日本在数字技术发展潜力方面领先的主要因素，也是中国最值得借鉴的方面。2021年日本企业技术吸收能力排位第1，企业数字技术发展潜力巨大；日本知识产权保护优势突出，在亚太地区位列第2；日本R&D研发支出占GDP比重也处于较高水平，位列第4；日本的数学以及科学质量排第6位，处于中等偏上水平。而从2021年中国在数字技术发展潜力的排序上看，二级指标与三级指标均全面弱于日本。具体来看，中国企业的技术吸收能力明显偏弱，在亚太地区排第15位，与日本排序相差较大；中国知识产权保护仅列第13位，落后日本11个位次；中国的数学以及科学质量也不容乐观，排第12位，与日本相差6个位次；唯一发展较好的是中国R&D研发支出占GDP比重，在亚太地区排第5位，与日本差距仅1个名次。

（二）追赶经济体：中国应在数字技术发展潜力方面追赶韩国

韩国是全球数字化基础设施最完善的经济体之一。韩国政府在数字化基础设施建设上投入巨大，注重数字技术创新研发，致力于提供高速、稳定的互联网。2019年，韩国成为世界上首个推出5G服务的国家，互联网覆盖了全韩96%以上的居民。自2020年起，韩国不断推出"数字新政"计划，重点打造"数据大坝"项目，即在韩国政府的主导下加强大数据基础设施，推动韩国企业和工厂数字化改造。韩国在2021年亚太经合组织数字经济基础端治理水平指数总排序为第7，其二级指标数字技术发展潜力也位列第7，略胜于中国的第11位。图21分别报告了中国与韩国2021年数字经济基础端治理二级指标（a）与数字技术发展潜力三级指标（b）排序的对标分析。

从数字经济基础端治理水平二级指标来看，中国与韩国排序差距不大，各有优劣。从2021年指数排序可以发现，韩国在数字基础设施覆盖度、数字基础设施普惠度与数字技术发展潜力三方面较为均衡，分别排第4、第6、第7位，虽各方面发展均未达到亚太经合组织中的最优水平，但是没有出现"跛脚"发展现象。相较而言，中国基础端发展优势突出，但也存在明显的

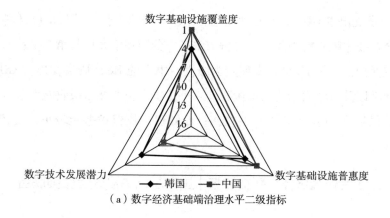

（a）数字经济基础端治理水平二级指标

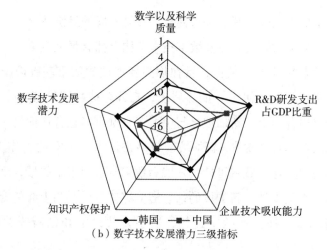

（b）数字技术发展潜力三级指标

图 21 中国与韩国 2021 年数字经济基础端治理水平二级、三级指标排序的对标分析

资料来源：课题组整理数据。

"短板"。中国 2021 年数字基础设施覆盖度排第 1 位，超越韩国 3 个位次；数字基础设施普惠度排第 4 位，超越韩国 2 个位次；而数字技术发展潜力排第 11 位，低于韩国 4 个位次。也就是说，中国目前需要在数字基础设施覆盖度与普惠度方面保持发展、拉大优势，更需要在数字技术发展潜力治理方面努力进步、追赶韩国。

从数字技术发展潜力及其三级指标来看，韩国各项指标发展均略优于中国，除企业技术吸收能力外，其余方面差距不太大，有望实现赶超。韩国的

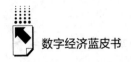

R&D 研发支出占 GDP 比重在亚太经合组织中排第 1 位；其数学以及科学质量与企业技术吸收能力属于中等偏上水平，分别列第 8 位与第 9 位；而其知识产权保护仅列第 12 位，发展较为缓慢。中国的 R&D 研发支出占 GDP 比重与数学以及科学质量均与韩国相差 4 个位次；企业技术吸收能力落后韩国较大，仅列第 15 位，差距 6 个位次；而知识产权保护差距较小，仅相差 1 个位次。

（三）合作经济体：新加坡与中国在基础端治理上强强联合、优势互补

新加坡是世界上较早开始并重视数字贸易发展的经济体之一，在数字技术人才培养、数字监管模式以及数字技术架构上拥有强大竞争力。目前，新加坡推出了"数字连接"蓝图，旨在加强新加坡的数字基础设施建设，并在《数字经济伙伴关系协定》的签署上，打开全球数字经济合作"窗口"。在与中国的双边合作上，新加坡已与中国多个城市确立合作项目，如信息通信技术方面的合作是"深圳-新加坡智慧城市计划"的重要合作支柱之一，涉及数字贸易便利化、数字可持续发展和数字身份等多个领域，已启动数十个重点项目；除此以外，新加坡的信息通信媒体发展局与上海的合作伙伴签署了谅解备忘录，加强在数字连接、数字公共设施和创新等关键领域的合作。

从 2021 年数字经济基础端治理水平指数总排序来看，新加坡位列第 3，其在数字基础设施覆盖度方面排序远落后于中国，仅列第 12 位，而其数字基础设施普惠度与数字技术发展潜力排序又领先于中国，均列单项指标第 2，能与中国形成优势互补、互利共赢的合作关系。图 22 分别报告了中国与新加坡 2021 年数字经济基础端治理数字基础设施覆盖度与普惠度的三级指标（a）与数字技术发展潜力的三级指标（b）排序的对标分析。

从数字经济基础端治理水平的三级指标总体来看，中国的优势在基础设施的建设与覆盖上，新加坡的优势在数字技术发展潜力上。在数字基础设施覆盖度与普惠度三级指标中可以看出，新加坡存在明显的畸形发展。受人口

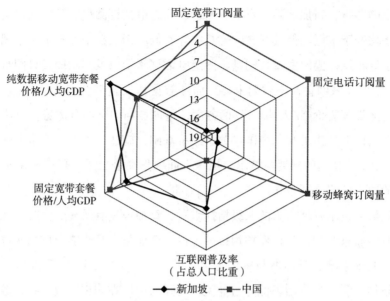

（a）数字基础设施覆盖度与普惠度三级指标对比

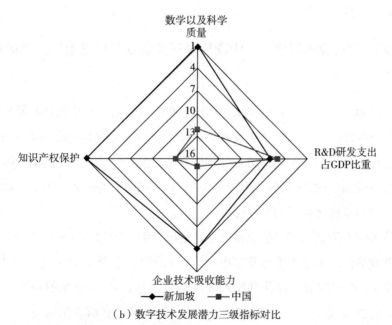

（b）数字技术发展潜力三级指标对比

图 22　中国与新加坡 2021 年数字经济基础端治理水平三级指标的排序对标分析

资料来源：课题组整理数据。

规模小的影响，新加坡固定宽带订阅量、固定电话订阅量以及移动蜂窝订阅量排序均处于末尾，但其互联网普及率并不低，仍处在中等水平。中国与新加坡正好相反，固定宽带订阅量、固定电话订阅量以及移动蜂窝订阅量均位列第1，但互联网普及率暂列末尾。而纯数据移动宽带套餐价格/人均GDP与固定宽带套餐价格/人均GDP两方面，新加坡与中国各有优势，排序相差不大。由以上分析可知，中国在数字经济基础设施建设方面具有很大的领先优势，在5G基站的部署与技术应用等方面取得显著成果，可以与新加坡下一步的数字基建展开合作。

从数字技术发展潜力的三级指标来看，新加坡具有明显的优势，在数学以及科学质量与知识产权保护均排第1位，企业技术吸收能力排第4位，大幅度领先于中国。新加坡与中国在R&D研发支出占GDP比重方面差距很小。新加坡利用自身治理优势与经验，增强与中国在知识产权保护、数学及科学质量以及企业的技术吸收能力方面的合作，提高中国数字技术发展潜力，实现双赢。

（四）潜在竞争经济体：中国相对于美国在基础端治理上优势地位不稳固

美国数字经济发展较早，从20世纪90年代开始，克林顿政府便高度重视并大力推动信息基础设施建设和数字技术发展。目前美国数字经济规模最大，近年来也在不断探索推进数字基础设施的可持续性发展，其治理体系与治理能力较强，图23报告了中国与美国2010~2021年数字经济基础端治理水平指数与总排序情况的对标分析。

从基础端治理水平指数总排序变化情况来看，2010~2019年美国在数字经济基础端治理水平指数总排序中一直位列第1，直至2020年被中国超越，位列第2；而中国数字经济基础端发展势头迅猛，从2010年的第8位上升至第3位仅花费了三年时间，2013~2016年均保持在第3位的位置，直至2017年超越新加坡跃居第2位，2020年超越美国位列第1。尽管中国基础端治理水平指数后来居上已领先美国，但从指数值来看并非大幅超越，美国

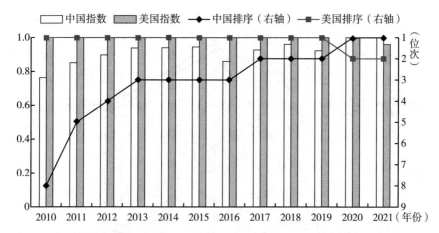

图 23　2010～2021 年中国与美国数字经济基础端治理水平指数与总排序情况的对标分析

资料来源：课题组整理数据。

有机会再实现反超。

除指数 12 年的总排序变化外，从 2021 年数字经济基础端治理水平的二级指标与三级指标中，也能看出中国与美国的竞争态势。在二级指标中，中美发展各有优劣，总体差距较小。在数字基础设施覆盖度方面，美国排第 2 位，仅与中国相差 1 位；在数字基础设施普惠度方面，美国与中国相差较大，仅排第 12 位，落后中国 8 个位次；而在数字技术发展潜力方面，美国大幅领先中国 7 个位次，排第 3 位。图 24 分别报告了中国与美国 2021 年数字经济基础端治理数字基础设施覆盖度与普惠度的三级指标（a）与数字技术发展潜力的三级指标（b）排序的对标分析。

从数字经济基础端治理水平的各项三级指标来看，2021 年中美大部分指标排序差距较小，美国的优势主要集中在数字技术发展潜力的四项三级指标方面，中国虽在数基础设施覆盖度与普惠度上略优于美国，但差距并没有很大。美国固定宽带订阅量与固定电话订阅量均位列第 2，只与中国相差 1 个位次；移动蜂窝订阅量位列第 3，差距 2 个位次；纯数据移动宽带套餐价格／人均 GDP 与固定宽带套餐价格／人均 GDP 两项指标分别与中国相差 3 个位次、4 个位次；但美国互联网普及率排序要比中国高 8 个位次。除此以

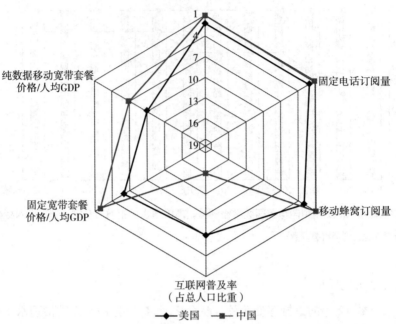

（a）数字基础设施覆盖度与普惠度三级指标对比

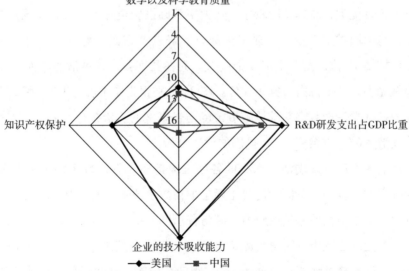

（b）数字技术发展潜力三级指标对比

图24 中国与美国2021年基础端治理水平三级指标的排序对标分析

资料来源：课题组整理数据。

外，在数学以及科学质量、R&D 研发支出占 GDP 比重、企业技术吸收能力与知识产权保护四个方面均优于中国的发展，前两者略优于中国，后两者则拉开较大差距，尤其是美国企业技术吸收能力在亚太经合组织中排第 1 位，有绝对的优势，此项指标中国仅位列第 15，落后美国 14 个位次。

综上所述，中美双方各有优势，基础端治理水平旗鼓相当。美国近年来在数字经济的基础端上向着绿色化、可持续方向进一步发展，也制定了不少竞争性法案以确保自身的领先地位，换言之中国相对于美国的优势地位不稳固，尤其是在数字技术发展潜力方面最不稳固，可能会拉高数字经济基础端指标水平超越中国。

五　结论与政策建议

本文的研究表明，2021 年亚太经合组织各经济体的数字经济基础端治理水平不平衡现象比较突出，两极分化也较为明显。在数字经济基础端治理发展层面来看，美国、新加坡位居前列，中国后来居上，东南亚各国排序靠后；从时间维度分析，中国从 2010 年以来进步显著，而澳大利亚、加拿大、墨西哥、俄罗斯呈现退步趋势；从经济体整体发展情况来看，亚太经合组织头部经济体竞争激烈，尾部经济体排序稳定，无较大变动。分区域来看，总体而言，东北亚地区优势领先，而东南亚地区"单极化"现象明显。在东北亚地区中，除俄罗斯外，其他经济体整体排序靠前，尤其是中国排位在持续稳定增长；在东南亚地区中，各经济体虽整体排序靠后，但新加坡一枝独秀，处于领先位置；在北美地区中，美国领先优势明显，但区域整体呈现下降趋势；在南太平洋地区中，排序两极分化显著，南美两国治理水平均处于弱势地位。从数字经济基础端治理水平层级动态演化视角来看，大多数经济体处于上游位置，下游经济体与上、中游经济体差距较大，其中，上、中游经济体存在阶段性集聚现象，在 2019 年前集聚现象明显。从分项指标来看，亚太经合组织数字基础设施覆盖度整体水平较低，但中国的数字基础设施覆盖度具有明显领先优势，与其他经济体有显著差异；除此以外，新加坡在数

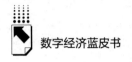

字技术发展潜力方面具有较强优势。

从中国数字经济基础端治理发展层面来看，中国近年来发展趋势良好，从 2010 年至 2021 年中国数字经济基础端治理水平从第 8 位快速爬坡跃升至首位。从分项指标来看，数字基础设施覆盖度遥遥领先，其中在固定宽带、固定电话、移动蜂窝订阅量排序占据优势，但互联网普及率是主要短板；中国数字基础设施普惠度显著提升，尤其在纯数据移动宽带套餐价格优惠度上的提升态势更为明显；数字技术发展潜力提升空间较大，特别在数学以及科学质量、企业技术吸收能力、知识产权保护指标上劣势突出，亟待发展提升以巩固数字经济基础端的发展优势。基于以上对亚太经合组织及中国数字经济基础端治理水平发展情况的分析，本文具体提出以下对策建议。

（一）亚太经合组织数字经济基础端治理政策建议与措施

1. 在数字基础设施普惠度上继续发力，进一步放大自身优势

2021 年亚太经合组织数字基础设施普惠度的指数均值为 0.772，上、中、下游经济体的指数均值分别为 0.901、0.773、0.456，在亚太数字经济基础端治理中发展总体较好。因此，亚太地区应当继续加快数字基础设施普惠度建设，优化固定宽带与纯数据移动宽带服务，重视服务质量与服务水平的提高，降低数字经济设施享受门槛，不断提升相关政策的普惠度和惠及面。与此同时，亚太地区要充分发挥上游经济体领先示范作用，带动中游经济体继续提升数字基础设施普惠度，缩小下游经济体发展差距，在提高人均GDP 的同时实现"提速降费"，即提高宽带流量速度、降低宽带流量费用，针对不同需求的消费者扩展不同层级的套餐业务，以人工智能、云计算、区块链和大数据在内的信息和通信技术稳步推进数字经济基础设施的普惠率提升。

2. 亚太地区亟须提升数字基础设施覆盖度，改善数字经济基础端治理的薄弱环节

作为数字经济发展的重要支撑，数字基础设施的关键作用不可忽视。但亚太经合组织 2021 年数字基础设施覆盖度整体水平较低，指数均值仅有

0.273，尤其是东南亚地区数字基础设施覆盖度很低，互联网普及率也十分低，光纤连接和宽带网络等关键基础设施建设仍然滞后。亚太经合组织中仅有中国一个经济体基础设施覆盖度大幅领先，连排第二位的美国此项指数也仅有 0.517。因此，数字基础设施覆盖度成为目前亚太经合组织数字经济基础端发展中首要攻克的难关。亚太经合组织各经济体要加大对数字基础设施建设的投资，研发或引进新的数字技术投入基础设施的建设中，扩大数字经济网络覆盖面。同时，需要加强亚太经合组织各经济体的交流与联系，定期开展企业、协会、城市等交流会议，分享自身经验，签订合作协议，促成数字经济基础设施建设合作发展，对重点困难经济体实施定向投资援助，加快各国数字基础设施建设。

3. 抓住亚太经合组织数字经济基础端治理痛点难点，借鉴中国、韩国模式提升基础设施覆盖度

亚太经合组织数字经济基础端治理发展的关键在于维持数字基础设施普惠度与数字技术发展潜力的同时，全面提升亚太经合组织各经济体数字经济基础设施覆盖度，从根本上拉动数字经济的发展。近年来，中国在数字基础设施覆盖度提升方面取得亮眼的成绩，中国也充分发挥自身优势，为亚太经合组织各经济体带来了基础设施发展良好范式。亚太经合组织各经济体可以与中国建立良好的伙伴关系，加强在数字基础设施建设与研发等方面的合作，扩大网络覆盖面积。不仅如此，中国也提出了基于合作共赢的发展战略，如"数字丝绸之路"，其在建设过程中致力于加强与合作经济体的网络基础设施互联互通，投入资金与优秀数字技术科研人员，助力数字基础设施建设。而在互联网普及率方面，各经济体要向韩国看齐，加强政府规划与社会推广，提升人民数字经济敏感度与数字基础设施使用率，将数字基础设施建设到更多经济欠发达地区，利用数字技术改善人民生活方式，促进经济的增长与人民幸福感的提升。

4. 加大固定宽带、固定电话、移动蜂窝等的订阅量，完善5G 互联网覆盖

亚太经合组织各经济体要重视数字基础设施的部署建设与互联网普及率的提升，加大 5G 互联网、大数据、人工智能等的研发与建设，渗透

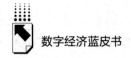

各国经济欠发达地区，完善5G基站等数字基础设施的部署，将互联网普及扩大到更多地区，普及推广并增加固定宽带、固定电话、移动蜂窝等的订阅量，造福更多人民，释放潜在经济活力。除此以外，亚太经合组织各经济体各地还可以通过合作实现共赢，如发展困难的东南亚地区部分经济体在本土的移动网络覆盖与升级、固定宽带连接仍存在大量的通信建设需求，那么可以考虑在定向投资的同时优先对其输出先进电信运营实践模式，助力东南亚经济体数字基础设施进一步完善，拓展了数字经济发展空间，同时也为亚太经合组织各经济体间进一步数字贸易的开拓做出良好铺垫。

（二）中国数字经济基础端治理政策建议与措施提出

1. 充分发挥中国数字基础设施覆盖度与普惠度优势，巩固领先地位

中国在数字基础设施覆盖度与数字基础设施普惠度方面具有领先优势，尤其在数字基础设施覆盖度上大幅超越亚太其他经济体，在固定宽带、固定电话、移动蜂窝订阅量上遥遥领先。因此，中国应当继续加快新型数字基础设施的建设，以数字技术赋能各项数字基础设施与服务发展，加快建设高速泛在、天地一体、云网融合、智能敏捷、绿色低碳、安全可控的智能化综合性数字信息基础设施，打通经济社会发展的信息"大动脉"。同时，中国还要继续提升宽带服务质量，以更低的价格、更好的网络以及更优质的服务促进数字经济基础端的治理与发展。不仅如此，中国还可以抓住机会，利用先进的数字技术与自身经验，与其他亚太经济体达成战略合作，在巩固领先地位的同时还能带动亚太地区数字基础设施的整体向好发展。

2. 积极吸纳其他经济体成功的治理经验，弥补中国数字技术发展潜力的短板

中国的数字技术发展潜力还有较大的上升空间，也是数字经济基础端中较为明显的一个短板所在。中国应当加强与新加坡、美国、日本等数字技术发展潜力较高的经济体的交流，学习其在提升数学以及科学教育质量上对人民数字素养的基础培养，学习其在企业的技术吸收能力上对企业技术发展的相关制度理论以及激励机制，学习其在知识产权保护方面的技术要求以及政策优势，取

长补短，去粗取精，细化中国相关政策制度部署，弥补中国数字技术发展潜力的短板。除借鉴其他经济体成功经验外，中国还应该加强自身数字技术创新研发。中国目前仍面临以美国为首的经济体核心技术的封锁，自主研发、突破当前数字技术发展瓶颈是提升中国数字技术发展潜力最行之有效的方式。

3. 打好农村及偏远地区互联网普及基础，扩大数字经济市场

虽然中国数字基础设施覆盖度遥遥领先，但其中互联网普及率始终是数字经济发展基础的短板所在。中国互联网络信息中心发布的报告显示，截至2022年6月，中国互联网普及率达74.4%，较2021年12月提升1.4个百分点；农村地区互联网普及率仅为58.8%，较2021年12月提升1.2个百分点。虽然中国互联网普及率在逐年增长，但相对于马来西亚、澳大利亚、美国等经济体仍存在明显差距，由于人口数量庞大以及地理环境限制，很多农村地区及偏远地区互联网普及存在困难，限制了中国整体互联网普及率的提升。中国应当借鉴美国等，以广泛的专利和技术推动中国互联网的发展普及，继续落实"村村通宽带""县县通5G"的农村互联网基础设施建设全面覆盖规划；中国亦可以借鉴马来西亚等，以新媒体与电子商务撬动互联网普及，促进农村电商快速发展，打通城乡消费循环，扩大数字经济市场。

4. 重点狠抓企业的技术吸收能力，促进中国传统企业数字化转型升级

中国数字经济基础端治理中最关键、最紧要的发展方面是提升中国企业的技术吸收能力。从日本、韩国等经济体的成功研发经验中可以发现，其选择的技术引进再创新可以实现技术发展与赶超。然而中国目前在从引进技术到消化技术的过程中未能形成统一的管理制度，造成技术研发效率出现的极大损失，同时中国的技术市场对企业消化吸收数字创新技术的外在激励机制也不足，能够自主完成企业数字技术研发创新的企业也不在多数，严重阻碍了中国数字技术发展潜力的进步。中国应当主动寻求合作，打破技术壁垒，大力支持企业提升数字技术吸收能力，在消化其他经济体先进数字技术的基础上掌握新技术知识，有效改进中国企业技术和创造新技术的动态能力，帮助更多企业实现数字技术突破以及数字化转型升级。

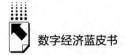

5. 完善中国知识产权保护制度，推动中国数学以及科学教育高质量发展

中国要想进一步提升数字经济基础端治理水平更上一个台阶，需要在知识产权保护与数学以及科学教育上持续发力，为数字技术发展营造良好环境、培养得力人才。《2023 年国际知识产权指数》报告显示，中国与美国、日本、新加坡等经济体之间还存在较大差异，尤其体现在版权保护、外观设计保护、商业秘密保护以及知识产权资产商业化保护与知识产权执法等方面。中国要加大知识产权保护的力度，探索并完善符合当前国情的知识产权保护制度，加大法律对知识创新侵权的处罚力度，全力支持并鼓励企业的创新活动，通过定期宣传与典型案例宣传结合等方式，树立起全民知识产权保护意识。除此以外，中国还要培养一批优秀数字技术人才，提高全民数学与科学教育素养。中国可以借鉴新加坡、中国香港与新西兰等经济体对于人才的培养经验，将数学以及科学教育体系逐渐从工具型的应用向数学与科学素养的培养转型，将"以知识为中心"的培养模式逐步过渡为"以探索为中心"的培养模式，弘扬创新精神，推动中国数学以及科学教育高质量发展，从而促进中国数字技术的创新发展。

B.3
亚太经合组织数字经济应用端
治理体系报告

曹清峰 *

摘　要： 　数字经济应用端治理包括对数字产业渗透度和数字产业开放度的测度。2021年亚太经合组织数字经济应用端治理水平指数排序靠前的经济体为新加坡、中国香港、菲律宾、美国、中国、泰国、马来西亚、日本、越南、新西兰。从2010~2021年变化趋势来看，亚太经合组织经济体数字经济应用端治理水平的层级分化态势在加剧，东南亚经济体的应用端治理水平稳步提升，新加坡稳居前列；南太平洋经济体水平普遍较低；北美整体发展不平衡，美国引领北美数字经济应用端治理发展。东北亚经济体数字服务出口表现趋势向好。聚类结果显示，上、中、下游经济体数量分布呈现出"纺锤形"的结构，中游经济体的数量最多，下游经济体之间的差距较大。数字服务进口是制约中国数字产业开放度水平提升的长期短板，但中国ICT行业市场空间广阔，发展潜力巨大。从合作潜力的视角来看，中国与北美地区经济体在数字产业渗透度方面可以加强合作；上游经济体之间可在数字产业渗透度上进行强强联合；东南亚地区经济体在数字产业开放度上可以进行强弱互补。

关键词： 　数字经济应用端治理水平指数　数字产业渗透度　数字产业开放度

　　数字经济是世界各经济体的重点发展方向，也是重组全球要素资源、重塑全球经济结构，改变全球竞争格局的关键力量。与数字经济相关的行业成

---

　* 曹清峰，中国社科院财经战略研究院博士后，主要研究方向为区域经济。

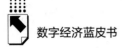

为许多经济体促进经济增长的有力主体,世界数字经济发展进程,正在改变世界经济结构。目前全球数字经济发展形成以中、美、欧为主的三极格局,中、美与欧洲等国的数字经济渗透率均超过全球平均水平,全球各个经济体正高度重视数字产业的发展,积极制定数字经济的发展战略,加大对数字产业研发的投入,提升数字产业渗透度与开放度逐渐成为全球共识。例如,美国推出系列数字经济政策,维护其在全球数字产业链中的领先位置,2019 年颁布了《美国将主导未来产业》战略规划,以加强政府在推动产业发展方面的主导权;2021 年 6 月通过《2021 年美国创新与竞争法案》,重点聚焦数字技术、数字安全、数字规则等关键领域。新加坡、新西兰和智利共同发起《数字经济伙伴关系协定》。俄罗斯在 2020 年将"数字化转型"确定为国家目标。菲律宾提出"电子政务总体规划 2022"。越南也提出"数字经济发展战略"。

亚太经合组织经济体在数字经济应用端治理水平上形成较为明显的层级分化,且分化态势加剧。亚太经合组织经济体按数字经济应用端治理水平可分为上游、中游和下游,经济体数量分别为 7 个、9 个和 3 个,分布呈现出"纺锤形"的结构。亚太不同地区的数字经济应用端治理呈现以下特点:北美地区整体发展不平衡,美国引领北美数字经济应用端治理发展;东北亚各经济体数字经济应用端治理水平呈现明显层级分化;东南亚数字经济应用端治理水平的整体稳步上升;南太平洋经济体数字经济应用端治理水平普遍较低。从数字产业渗透度与开放度来看,发达经济体在数字产业渗透度上增长乏力,新兴经济体涨势强劲;同时发达经济体数字产业开放度整体下滑,新兴经济体数字产业开放水平实现对发达经济体的反超。当前,亚太经合组织经济体应当把握数字经济这一新的经济增长动力,继续发展数字产业、数字服务,尤其是应重视由数字技术带动的新兴经济部门,数字经济具有规模经济效应、范围经济效应以及网络经济效应,提高数字产业的渗透度与开放度,有助于提升数字经济应用端的治理水平。

中国数字经济应用端治理水平处于亚太经合组织上游经济体,属于数字经济应用端先行经济体,但在数字产业开放度上,尤其是在数字服务能力等方面仍有进步空间。近十年,中国的 ICT 市场规模不断扩大,且市场需求持续增长，是数字产业渗透度发展的主要动力。但中国数字产业开放度在波动中不断下降，数字服务进口成为中国数字产业开放度提升的长期短板，为进一步提高中国数字经济应用端治理整体水平，有必要采取措施提升中国数字服务能力。中国可依托共建"一带一路"，推动建设"数字丝绸之路"，加强与沿线东南亚经济体的合作，与之开展电子政府、智慧城市、数字教育等应用场景的务实合作，充分激发数字产业活力，在产业升级、数字技术进步等方面加强合作，共同促进产业数字化发展，增强共建"一带一路"数字产业国际市场竞争力、打造具有国际竞争力的数字经济产业集群。

一 数字经济应用端治理水平总体分析

（一）数字经济应用端治理水平指标体系构建

付争江等认为数字经济指标体系应该综合考虑数字产业的创新发展水平与数字产业的开放水平[1]；Kotarba 则聚焦 ICT 市场，认为数字经济应是包含 ICT 的经济系统[2]。马述忠等结合数字经济与数字贸易的内涵，认为数字贸易是以数字化平台为载体，实现货物、数字化产品与服务等的精准交换，数字经济指标体系应当综合考虑数字贸易的规模与数字产业的发展水平。ICT 进出口占比与数字服务进出口占比属于数字贸易范畴，ICT 硬件、软件支出与 ICT 行业市场需求能衡量数字产业的发展水平。[3] 冯宗宪和段丁允也将 ICT 产品进出口占产品进出口的比例与数字服务形式出口占服务出口比例作为衡量数字贸易规模的重要指标。[4] 2022 年中国信通院发布《中国数字经济

---

[1] 付争江、郑之琦、屈小娥：《数字经济高质量发展指标体系构建及实证分析——来自陕西省的经验证据》，《统计与决策》2023 年第 13 期，第 28~32 页。

[2] Kotarba M., "Measuring Digitalization Key Metrics", *Foundations of Management*, 2017（1）.

[3] 马述忠、房超、梁银锋：《数字贸易及其时代价值与研究展望》，《国际贸易问题》2018 年第 10 期，第 16~30 页。

[4] 冯宗宪、段丁允：《中国数字贸易发展水平、区域差异及分布动态演进》，《现代经济探讨》2022 年第 12 期，第 49~63 页。

发展白皮书（2022）》提出数字经济发展框架。以数字产业化和产业数字化为核心塑造生产力，从数字产业化内部细分行业来看，IT硬件软件、ICT行业市场需求与信息技术服务业的增速较快，其中ICT服务部分在数字产业化增加值中占主要地位。

表1报告了亚太经合组织数字经济应用端治理水平的指标体系，并选择2010~2021年为数据样本期。其中数字产业渗透度的指标主要包括：①IT硬件支出占GDP比重，IT硬件主要指数据存储、处理和传输的设备。②IT软件支出占GDP比重，IT软件包括可用来搜集、存储、检索、分析、应用、评估信息的各种软件。③ICT行业市场需求（百万美元），ICT产品是数字经济的重要内容，经合组织统计政策委员会也将ICT产品纳入数字经济核算范畴。新兴的ICT产品也在改变着原有的生产模式，产生了新的ICT行业需求，包括：大数据领域的发展、人工智能领域的发展与云计算领域的发展。

表1 亚太经合组织数字经济应用端治理水平指标体系

一级指标	二级指标	三级指标	数据来源
数字经济应用端	数字产业渗透度	IT硬件支出占GDP比重	经济学人智库（Economist Intelligence Unit）
		IT软件支出占GDP比重	经济学人智库（Economist Intelligence Unit）
		ICT行业市场需求（百万美元）	经济学人智库（Economist Intelligence Unit）
	数字产业开放度	数字服务出口占GDP比重	联合国贸易与发展会议数据库（United Nations Conference on Trade and Development Database）
		数字服务进口占GDP比重	联合国贸易与发展会议数据库（United Nations Conference on Trade and Development Database）
		ICT产品进口占产品进口总量百分比	世界银行（World Bank）
		ICT产品出口占产品出口总量百分比	世界银行（World Bank）

资料来源：课题组整理数据。

数字产业开放度的主要指标包括：①数字服务出口占 GDP 比重。②数字服务进口占 GDP 比重，服务贸易部门包括信息服务、金融保险服务、教育服务和其他商业服务四个部门。③ICT 产品进口占产品进口总量百分比，过去一年 ICT 产品进口占产品进口总量的百分比。④ICT 产品出口占产品出口总量百分比，过去一年 ICT 产品出口占产品出口总量的百分比。

（二）亚太经合组织数字经济应用端治理水平总体特征分析

表 2 报告了 2010~2021 年亚太经合组织经济体的数字经济应用端治理水平的排序及其 2010 年与 2021 年的位次变化。在 2021 年亚太经合组织数字经济应用端治理水平的排序中，新加坡、中国香港与菲律宾位居前三。在排序靠前的经济体中，东亚经济体占据 4 席，北美经济体中仅美国排第 4 位；在排序前十的经济体中，东亚经济体占据 8 席，北美经济体中仅美国位列其中，南太平洋经济体中仅新西兰位居第 10。2010~2021 年期间，新加坡和中国香港始终位列前两位，2012 年，新加坡超过中国香港，之后稳居第一。

从排序变化趋势来看，东南亚数字经济应用端治理水平的整体上升幅度较大。越南是排序上升幅度最大的经济体，从 2010 年的第 13 位上升到 2021 年的第 9 位，其次是加拿大、日本、菲律宾与泰国，排序都上升 3 个位次，值得一提的是菲律宾从第 6 位跃居第 3 位。排序下降幅度最大的经济体是韩国与中国台湾，分别下降 5 个位次和 4 个位次，韩国从 2010 年的第 7 位下降至 2021 年的第 12 位，中国台湾则从第 10 位下降至第 14 位。此外，智利和秘鲁的排序均有小幅度提升，美国、马来西亚、新西兰与澳大利亚的排序下降。排序比较稳定的是中国和印度尼西亚，中国排序虽有小的波动，但一直稳定在前五位，印度尼西亚则处于落后地位。

从具体经济体来看，新加坡与中国香港稳居前列，南太平洋经济体整体排序较后。新加坡、新西兰和智利都是《数字经济伙伴关系协定》发起国，从数字经济应用端治理水平排序来看，新加坡的数字经济竞争力显著优于新西兰和智利，在《数字经济伙伴关系协定》中也发挥引领作用。新加坡政府制定了打造"数字中心"的中长期发展战略，陆续与澳大利亚、中国、

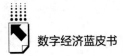

韩国等国构建双边或多边数字经济框架。中国香港作为领先的国际金融中心，是众多金融科技公司的所在地，具有发展数字经济的良好基础和独特优势。南太平洋经济体中，新西兰、澳大利亚、智利和秘鲁数字经济应用端治理水平较落后且排序持续下降。

表2 2010~2021年亚太经合组织经济体数字经济应用端治理水平指数排序及其2010年与2021年的位次变化

经济体	2021年	2020年	2019年	2018年	2017年	2016年	2015年	2014年	2013年	2012年	2011年	2010年	上升位次
新加坡	1	1	1	1	1	1	1	1	1	2	1	1	0
中国香港	2	2	2	2	2	2	2	2	2	1	2	2	0
菲律宾	3	3	4	5	8	6	6	6	6	6	11	6	3
美国	4	6	5	4	4	4	3	3	3	3	3	3	-1
中国	5	4	3	3	3	3	4	4	4	4	5	5	0
泰国	6	7	8	7	6	7	7	9	9	11	8	9	3
马来西亚	7	5	6	6	5	5	5	5	5	5	4	4	-3
日本	8	8	9	9	11	11	9	8	8	10	10	11	3
越南	9	9	7	8	7	8	11	11	6	14	13	13	4
新西兰	10	12	13	12	10	10	10	10	10	9	10	8	-2
加拿大	11	11	12	13	13	13	13	14	15	13	14	14	3
韩国	12	13	10	11	14	15	14	12	13	8	6	7	-5
澳大利亚	13	14	14	14	12	12	12	13	14	12	12	12	-1
中国台湾	14	10	11	10	9	9	8	7	7	7	7	10	-4
智利	15	15	16	15	15	14	15	15	14	16	16	16	1
秘鲁	16	16	15	16	17	16	17	17	11	17	17	18	2
墨西哥	17	17	17	17	16	17	16	16	16	17	15	15	-2
俄罗斯	18	18	18	18	18	18	18	18	18	18	18	17	-1
印度尼西亚	19	19	19	19	19	19	19	19	19	19	19	19	0

注：上升位次为负表示排序下降。

资料来源：课题组整理数据。

（三）亚太经合组织数字经济应用端治理水平区域特征分析

1. 北美整体发展不平衡，美国引领北美数字经济应用端治理发展

在北美经济体中，美国排序虽有小幅波动，但几乎在2010~2021年都

稳居前五，加拿大排序略有上升，从 2010 年的第 14 位上升至 2021 年的第 11 位，墨西哥的排序有小幅度的下降，从第 15 位下降至第 17 位。从具体应用端治理水平指数来看，美国远远领先加拿大和墨西哥，墨西哥应用端治理水平指数一直处于下降趋势，与北美其他经济体的差距越来越大。目前美国的数字经济应用端治理水平指数约为加拿大的 2 倍，为墨西哥的 6 倍。总体来说，美国以其领先的互联网技术优势成为数字经济大国，引领北美的数字经济应用端治理发展。美国在 ICT 与计算机领域一直处于领先地位，加之先进的互联网管理能力，其在数据产业拓展和商业应用领域影响较大。加拿大的 ICT 行业是其数字经济中规模最大的行业，但相比在线零售和金融保险等数字产业，ICT 行业的规模虽大但增速最慢，与美国的差距逐步拉大，目前加拿大国内数字经济发展正面临转型的挑战。

2. 东北亚各国数字经济应用端治理水平呈现等级分化

在东北亚经济体中，中国、日本位于第一梯队，韩国和中国台湾退至第二梯队，俄罗斯处于第三梯队，明显落后于其他经济体。中国香港和中国稳居第 2 位和第 5 位，日本的排序稳中有升，从第 11 位上升至第 8 位，韩国和中国台湾的排序则有一定程度的下降，均跌出前十，分别暂列第 12 位和第 14 位，俄罗斯的排序一直在第 17~18 位波动，处于落后水平。从东北亚各国的具体指数来看，中国香港处于强势领先地位，中国和日本紧随其后，领先于韩国、中国台湾和俄罗斯。中国香港的数字经济应用端治理水平指数约为韩国和中国台湾的 2.5 倍，是俄罗斯的 70 倍。中国香港因其独特的优势成为粤港澳大湾区的金融数据枢纽，一直是资本发展区块链和数字资产行业的最佳地区之一。近十年，中国不断推动数字基础设施与数字产业的融合，日本加大研发投入、ICT 投资力度等促进数字贸易积极发展。而韩国与中国台湾跌出亚太地区上游层级，韩国的数字经济产业依赖半导体产业，近几年韩国的半导体与其他 ICT 产品需求下滑对韩国数字经济应用端治理水平的指数排序下降具有一定影响，中国台湾也面临相同问题，其数字产业过于依赖芯片行业。

3. 东南亚发展潜力大，数字经济产业的市场规模不断扩大

以新加坡、菲律宾为首的东南亚经济体的数字经济应用端治理水平较

高，排序位于亚太地区上游层级。从指数排序的动态变化来看，新加坡稳居第一，菲律宾、泰国和越南的排序处于稳步上升的趋势，均提高3~4个位次，目前分别位于第3位、第6位和第9位，而马来西亚排序出现下降，从第4位下降至第7位，印度尼西亚排序一直位于第19位，处于落后地位。从数字经济应用端治理水平的具体指数来看，东南亚各经济体存在较大差异。新加坡的数字经济应用端治理水平指数远高于东南亚其他经济体，除了菲律宾和泰国指数超过0.5，其他东南亚经济体指数都低于0.5。东南亚经济体人口基数大，互联网普及率高，人口结构具有年轻化特征，这使其数字经济下沉市场不断扩大。目前东南亚经济体有超过一半的互联网新增用户来自非都市圈，这部分用户蜂拥至数字经济相关领域，推动数字产业发展，新兴行业和未渗透市场的增长空间潜力较大。

4. 南太平洋经济体数字经济应用端治理水平普遍较低

在南太平洋经济体中，数字经济应用端治理水平最高的是新西兰，排第10位，居于亚太地区中游位置，作为发达经济体的澳大利亚暂列第13位，智利和秘鲁分别居第15位、第16位，以上四个经济体在2010~2021年的数字经济应用端治理水平的指数排序都存在不同幅度的升降，新西兰下降2个位次，智利上升1个位次。从具体指数来看，南太平洋经济体普遍较低，都处于亚太地区的中下游位置，数字经济应用端治理水平整体落后于其他区域。从各区域数字经济占GDP比重情况来看，北美地区位列第1，东亚地区位列第2，南太平洋地区数字经济占GDP的比重相对较低，同时南太平洋地区在数字经济规模、数字贸易规模等方面占全球相关领域的比重较小，数字产业渗透度偏低。

二　数字经济应用端治理层级动态演化及合作潜力分析

（一）亚太经合组织经济体数字经济应用端治理水平的层级分化态势在加剧

在利用表1指标体系测算的基础上，本文进一步利用聚类分析的方法，将亚太经合组织 19 个经济体按照数字经济应用端治理水平指数的高低，分成了上游经济体、中游经济体和下游经济体三个层级，如表 3 所报告的相应结果。可以发现，新加坡作为亚太经合组织中数字经济应用端治理水平指数最高的经济体的地位较为稳固，其得分领先紧随其后的中国香港约 31.8%，上游 7 个经济体的指数均值是中游经济体、下游经济体指数均值的 2.247 倍与 15.256 倍。2010 年的上游经济体仅包括新加坡、中国香港以及美国，其指数均值为 2010 年中游经济体、下游经济体指数均值的 2.547 倍与 10.622 倍，这表明亚太地区数字经济应用端治理水平的层级分化程度总体上呈现出加剧态势（见表 4）。同时，上、中、下游经济体数量分布呈现出 "纺锤形" 的结构，中游经济体的数量最多。此外，从上、中、下游经济体的内部差距来看，下游经济体间的变异系数最大，为 1.495，表明其经济体之间的差距较大；其次是上游经济体与中游经济体，其内部差距相对较小。

表 3　2021 年亚太经合组织数字经济应用端治理水平的层级分布

层级	指数均值	经济体数量(个)	变异系数	包含经济体
上游经济体	0.656	7	0.260	新加坡、中国香港、菲律宾、美国、中国、泰国、马来西亚
中游经济体	0.292	9	0.253	日本、越南、新西兰、加拿大、韩国、澳大利亚、中国台湾、智利、秘鲁
下游经济体	0.043	3	1.495	墨西哥、俄罗斯、印度尼西亚

资料来源：课题组整理数据。

表 4　2010 年亚太经合组织数字经济应用端治理水平的层级分布

层级	指数均值	经济体数量(个)	变异系数	包含经济体
上游经济体	0.871	3	0.188	新加坡、中国香港、美国
中游经济体	0.342	11	0.298	马来西亚、中国、菲律宾、韩国、新西兰、泰国、中国台湾、日本、澳大利亚、越南、加拿大
下游经济体	0.082	5	0.887	墨西哥、智利、俄罗斯、秘鲁、印度尼西亚

资料来源：课题组整理数据。

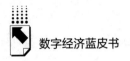

（二）多个新兴经济体数字经济应用端治理晋升上游经济体层级，中游经济体之间竞争较为激烈，下游经济体数量在变动中减少

表5报告了2021年亚太经合组织19个经济体数字经济应用端治理水平的指数排序及其相对于2010年排序的动态变化。根据表3与表4的结果，从上、中、下游经济体的分布变化来看，相对于2010年上游的三个经济体：新加坡、中国香港和美国，2021年上游经济体有7个，包括新加坡、中国香港、菲律宾、美国、中国、泰国以及马来西亚。新增的4个经济体均为新兴经济体，可见新兴经济体的数字经济应用端治理水平有大幅提升，整体涨势迅猛。其中，上升幅度最大的是菲律宾与泰国，分别上升3个名次。菲律宾实现了对中国、美国和马来西亚3个经济体的反超；泰国实现了对马来西亚、新西兰与韩国的反超。

表5　2021年与2010年亚太经合组织数字经济应用端治理水平排序及其动态变化

经济体	2021年排序	2010年排序	上升位次（个）
新加坡	1	1	0
中国香港	2	2	0
菲律宾	3	6	3
美国	4	3	-1
中国	5	5	0
泰国	6	9	3
马来西亚	7	4	-3
日本	8	11	3
越南	9	13	4
新西兰	10	8	-2
加拿大	11	14	3
韩国	12	7	-5
澳大利亚	13	12	-1
中国台湾	14	10	-4

经济体	2021 年排序	2010 年排序	上升位次（个）
智利	15	16	1
秘鲁	16	18	2
墨西哥	17	15	−2
俄罗斯	18	17	−1
印度尼西亚	19	19	0

注：上升位次为负表示排序下降。
资料来源：课题组整理数据。

中游经济体之间竞争较为激烈。2010 年中游的 11 个经济体，到 2010 年其中有 4 个新兴经济体上升为上游经济体，有 2 个下游经济体进入中游。因此，在 2021 年中游有 9 个经济体。其中，上升最明显的是越南，由 2010 年的第 13 位分别上升为 2021 年的第 9 位，提高了 4 个位次，反超新西兰、韩国以及澳大利亚等 4 个经济体；其次是日本与加拿大，上升了 3 个位次，分别由 2010 年的第 11 位、第 14 位上升为 2021 年的第 8 位、第 11 位。日本实现了对新西兰、韩国与中国台湾的反超，加拿大则实现了对韩国等 3 个经济体的反超。下降趋势最明显的则是韩国，其指数排序由 2010 年的第 7 位下降至 2021 年的第 12 位。

下游经济体数量在变动中减少。2010 年下游经济体包括 5 个经济体，2016 年增加至 9 个，随后在不断的变动中减少，在 2021 年仅剩下墨西哥、俄罗斯与印度尼西亚这 3 个经济体。其中，墨西哥下降 2 个位次，由 2010 年的第 15 位下降至 2021 年的第 17 位；俄罗斯下降了 1 个位次，由 2010 年的第 17 位下降至 2021 年的第 18 位。

（三）发达经济体数字产业渗透度增长乏力，新兴经济体涨势强劲

表 6 报告了 2021 年与 2010 年亚太经合组织经济体数字产业渗透度排序及其动态变化，表 7 报告了 2021 年与 2010 年亚太经合组织发达经济体与新兴经济体数字产业渗透度指数均值及变化情况。从表 7 中我们可以看出，以

美国为首的发达经济体的数字产业渗透度指数均值由 2010 年的 0.54 上涨到 2021 年的 0.63,有 17% 的上升幅度。但具体到每一个发达经济体个体上,作为世界上最大的经济体和技术领导者,美国在数字产业渗透度方面的排序非常稳定,在 2010 年与 2021 年均位居第 1。作为数字经济应用端治理上游经济体之一的新加坡,在渗透度方面的排序也较为稳定,在 2010 年与 2021 年始终位居第 2。2010 年排第 7 位的日本有 2 个位次的提升,在 2021 年跃居第 5 位,超越新西兰与澳大利亚。加拿大的排序靠后,但也有 1 个位次的上升。其他发达经济体新西兰、澳大利亚与韩国的数字产业渗透度排序大幅下降,均有 5 个位次的下滑,分别由 2010 年的第 4 位、第 6 位与第 9 位,下降为 2021 年的第 9 位、第 11 位与第 14 位。

表 6　2021 年与 2010 年亚太经合组织经济体数字产业渗透度排序及其动态变化

经济体	2021 年排序	2010 年排序	上升位次(个)
美国	1	1	0
新加坡	2	2	0
泰国	3	12	9
中国	4	5	1
日本	5	7	2
菲律宾	6	14	8
中国香港	7	3	-4
马来西亚	8	8	0
新西兰	9	4	-5
加拿大	10	11	1
澳大利亚	11	6	-5
智利	12	13	1
秘鲁	13	16	3
韩国	14	9	-5
越南	15	10	-5
墨西哥	16	17	1
中国台湾	17	15	-2
俄罗斯	18	18	0
印度尼西亚	19	19	0

注:上升位次为负表示排序下降。
资料来源:课题组整理数据。

表7　2021 年与 2010 年亚太经合组织不同类型经济体数字产业渗透度
指数均值及变化情况

类型	2021 年指数均值	2010 年指数均值	增幅
发达经济体	0.63	0.54	17%
新兴经济体	0.40	0.26	54%

资料来源：课题组整理数据。

新兴经济体整体排序涨势强劲。以中国为首的新兴经济体多数排序大幅上升，其中泰国的提升幅度最大，相对于 2010 年提升了 9 个位次，由 2010 年的第 12 位提升为 2021 年的第 3 位。其次是菲律宾，相对于 2010 年提升了 8 个位次，由 2010 年的第 14 位提升为 2021 年的第 6 位。秘鲁相对于 2010 年提升了 3 个位次，由 2010 年的第 16 位提升为 2021 年的第 13 位。中国、智利与墨西哥均上升 1 个位次，分别由 2010 年的第 5 位、第 13 位和第 17 位提升为 2021 年的第 4 位、第 12 位和第 16 位。新兴经济体指数均值由 2010 年的 0.26 上升至 2021 年的 0.40，涨幅达 54%，与发达经济体之间的差距也大幅缩小。

（四）发达经济体数字产业开放水平整体下滑，新兴经济体数字产业开放水平实现对发达经济体的反超

表 8 报告了 2021 年与 2010 年亚太经合组织发达经济体与新兴经济体数字产业开放度指数均值及变化情况，表 9 报告了 2021 年与 2010 年亚太经合组织经济体数字产业开放度排序及其动态变化。从发达经济体指数均值情况来看，亚太经合组织发达经济体 2021 年的数字产业开放度指数均值较 2010 年有一定程度下降，由 2010 年的 0.24 下降至 2021 年的 0.21，降幅达 13%。具体到每一个发达经济体，新加坡、美国与澳大利亚排序较为稳定，2021 年排序较 2010 年未发生变化，分别稳定在第 1 位、第 10 位与第 16 位。韩国的排序较 2010 年有 1 个位次的上升。排序下降最多的是新西兰，下降 2 个位次，由 2010 年的第 13 位下降至 2021 年的第 15 位。日本与加拿大各有

1 个位次的下滑，分别由第 11 位与第 12 位下降至第 12 位与第 13 位，波动不大，基本保持稳定。

表 8　2021 年与 2010 年亚太经合组织不同类型经济体数字产业开放度指数均值及变化情况

类型	2021 年指数均值	2010 年指数均值	增幅
发达经济体	0.21	0.24	-13%
新兴经济体	0.24	0.11	118%

资料来源：课题组整理数据。

表 9　2021 年与 2010 年亚太经合组织经济体数字产业开放度排序及其动态变化

经济体	2021 年排序	2010 年排序	上升位次（个）
新加坡	1	1	0
中国香港	2	2	0
中国台湾	3	5	2
菲律宾	4	4	0
越南	5	14	9
马来西亚	6	3	-3
韩国	7	8	1
中国	8	6	-2
泰国	9	7	-2
美国	10	10	0
墨西哥	11	9	-2
日本	12	11	-1
加拿大	13	12	-1
俄罗斯	14	17	3
新西兰	15	13	-2
澳大利亚	16	16	0
印度尼西亚	17	15	-2
智利	18	18	0
秘鲁	19	19	0

注：上升位次为负表示排序下降。
资料来源：课题组整理数据。

2010~2021 年新兴经济体数字产业开放水平显著提高,实现了对发达经济体的反超。2010 年新兴经济体数字产业开放度指数均值仅有 0.11,这一均值在 2021 年达到了 0.24,翻了一番,超越了发达经济体 2021 年的指数均值。具体来看,提升幅度最明显的是越南,大幅提升了 9 个位次,由 2010 年的第 14 位提升为 2021 年的第 5 位;其次是俄罗斯,相对于 2010 年提升了 3 个位次,由 2010 年第 17 位提升为 2021 年第 14 位;但是,2021 年中国、泰国、墨西哥、印度尼西亚与马来西亚 5 个经济体的数字产业开放度排序相对于 2010 年也出现了不同幅度的下降,其中下降幅度最大的是马来西亚,下降了 3 个位次,由 2010 年的第 3 位下降为 2021 年的第 6 位,中国、泰国、墨西哥与印度尼西亚分别有 2 个位次的下降,分别由 2010 年的第 6 位、第 7 位、第 9 位和第 15 位下降为 2021 年的第 8 位、第 9 位、第 11 位和第 17 位,智利、秘鲁与菲律宾的排序保持不变。

(五)东北亚地区经济体数字服务出口表现趋势向好,数字服务进口是制约中国数字产业开放度水平提升的长期短板

1.东北亚地区经济体在数字服务出口上的表现趋势向好

东北亚地区经济体在数字服务出口这一指标上的排序普遍上涨。其中排序上涨幅度最大的是中国台湾,由 2010 年的第 9 位上升至 2021 年的第 5 位,反超马来西亚、泰国、美国以及新西兰;其次是韩国,上升 3 个位次,由 2010 年的第 10 位上升至 2021 年的第 7 位,反超泰国、美国与新西兰 3 个经济体;日本上升 2 个位次,由 2010 年的第 12 位上升至 2021 年的第 10 位;中国、俄罗斯各升 1 个位次。具体到各经济体数字服务出口占 GDP 比重上,2010 年中国台湾数字服务出口占 GDP 比重仅为 1.70%,这一数据在 2019 年达到最高点 3.42%,在 2021 年为 3.24%;韩国数字服务出口占 GDP 比重在 2010 年为 1.595%,2021 年这一指标达到 2.994%;日本数字服务出口在 2021 年占其 GDP 比重达 2.44%,为 2010 年该指标的 2 倍多;中国该指标在 2010 年为 0.95%,在 2021 年为 1.09%,上涨幅度不大;2010 年俄罗斯数字服务出口占 GDP 比重为 1.13%,这一指标在 2021 年上涨为

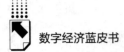

1.32%；中国香港数字服务出口占比在 2010 年至 2021 年间有小幅下降。

2. 数字服务进口是制约中国数字产业开放度水平提升的长期短板

亚太经合组织数字经济应用端治理水平指标体系中的数字产业开放度指标包括数字服务出口占 GDP 比重、数字服务进口占 GDP 比重、ICT 产品进口占产品进口总量百分比以及 ICT 产品出口占产品出口总量百分比 4 个分项指标。2021 年中国数字产业开放度在亚太经合组织中排第 8 位，与 2010 年相比下降了 2 个位次，其数字服务出口虽然在排位上有 1 个位次的下降，但其在 GDP 中的占比在 2010~2021 年间整体呈现波动上升的趋势；ICT 产品进口与 ICT 产品出口也分别有 2 个位次与 3 个位次的下降，但其排序仍处于中等偏上水平。而中国数字服务进口占 GDP 比重的排序已经触底，在亚太地区排第 19 位。具体来说，中国数字服务进口占 GDP 比重在 2010 年为1.133%，排第 17 位；在 2011 年达到最高点 1.190%，随后就在波动中下降至 2021 年的 0.092%，在 2012 年被越南反超排第 18 位，2017 年被墨西哥反超后一直排第 19 位。

（六）数字经济应用端治理合作潜力分析

1. 北美地区经济体在数字产业渗透度方面可以加强合作

2010~2021 年美国数字产业渗透度仅在 2017 年与 2020 年在亚太经合组织中位列第 2，其他年份均位列第一。而加拿大与墨西哥则分别在第 10 位与第 16 位间上下浮动，加拿大在 2015 年达到其最高排第 7 位，墨西哥则最高仅有第 16 位。具体来看，美国在 3 个三级指标上的表现都远超墨西哥与加拿大。尤其是在 IT 软件支出占 GDP 比重与 ICT 行业市场需求上，2021 年美国 IT 软件支出占 GDP 比重在亚太经合组织中排第 2 位，加拿大排第 7 位，而墨西哥排第 14 位；2021 年美国 ICT 行业市场需求在亚太经合组织中排第 2 位，加拿大排第 4 位，而墨西哥排第 9 位。可见，北美地区，尤其是美国与墨西哥之间在数字产业渗透度方面有很大的合作空间。美国是墨西哥的第一贸易伙伴国，也是墨西哥最大的外国直接投资来源国；美国大型半导体企业，包括英特尔、德州仪器以及思佳讯等，在墨西哥均有业务布局。墨西哥可以借助其与美国的地缘关系以及已有合作基础，加强与美国在数字产业渗透度方面的合作，吸取经验弥补其在渗透度上的短板，加快其自身数字化转型，进而改善其在数字经济应用端治理上的表现。

2. 上游经济体之间可在数字产业渗透度上进行强强联合

2021年亚太经合组织数字经济应用端治理水平处于上游的经济体包括：新加坡、中国香港、菲律宾、美国、中国、泰国以及马来西亚7个经济体。7个上游经济体在数字产业渗透度上均表现优异，其中美国数字产业渗透度水平在亚太经合组织中排第1位；其次是新加坡、泰国、中国、菲律宾、中国香港以及马来西亚，在亚太经合组织中排序分别为第2位、第3位、第4位、第6位、第7位以及第8位。可以看出，上游经济体在渗透度上的排序较为接近且水平较高，因此上游经济体在渗透度上可以进行强强联合。考虑到美国与中国在数字技术方面竞争，中国和美国可分别与其他上游经济体展开合作。当前，中国积极推动建设"数字丝绸之路"、建立"丝路电商"双边多层次多领域合作机制，与新加坡、菲律宾、泰国以及马来西亚等东盟经济体在电子商务、智慧城市、人工智能、数字转型等领域的合作日益深化；美国也通过构建"印太经济框架"，不断在数字经济领域中的基础设施建设、区域内数字连接等方面加深与新加坡、菲律宾等国的双边、多边数字经济合作。由此可见，上游经济体之间可在当前合作基础上进一步加强数字产业渗透度方面的合作，提升亚太地区数字产业渗透度水平。

3. 东南亚地区经济体在数字产业开放度上可以进行强弱互补

除印度尼西亚数字产业开放度在亚太经合组织中排第17位外，其他几个经济体新加坡、菲律宾、越南、马来西亚以及泰国的开放度在亚太经合组织中的排序分别为第1位、第4位、第5位、第6位以及第9位，均为中等偏上水平。因此对于东南亚地区经济体来说，新加坡在开放度各方面的指标都表现突出，但其ICT产品出口占产品出口总量百分比仅有34.714%，低于菲律宾与越南的48.478%与42.513%，且菲律宾与越南的ICT产品出口占产品出口总量百分比均呈现稳步上升趋势。因此，新加坡与东南亚其他经济体在开放度上具有强弱互补的合作空间，东南亚各国可以在当前《东盟数字一体化框架》合作基础上，以《东盟数字总体规划 2025》与《〈东盟数字一体化框架〉行动计划（2019—2025）》为指导，凝聚东盟各国力量整合资源、进一步加强合作，提高数字服务能力与信息通信技术水平。此外，印度尼西亚可以加强与其他经济体的数字经济合作，借鉴其他经济体发展经验不断提升自身数字经济发展水平、提高其在数字经济应用端治理各方面的表现。

三 中国数字经济应用端治理水平动态分析

（一）中国数字经济应用端治理水平基本维持在上游层级，数字产业渗透度发展成效显著、数字产业开放度还需进一步提升

中国数字经济应用端治理水平基本处于上游层级，2010~2021 年排序在第 3 位至第 5 位之间波动。图 1 分析了 2010~2021 年中国数字经济应用端治理水平排序变动。从中国数字经济应用端治理水平在样本经济体中的排序变动来看，中国数字经济应用端治理水平在 2010~2019 年期间排序逐步攀升，从 2010 年的第 5 位上升至 2012 年的第 4 位再上升至 2016 年的第 3 位。2019~2021 年期间排序有所下降，2021 年中国数字经济应用端治理水平排第 5 位，与 2010 年持平。

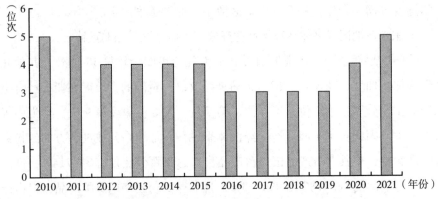

图 1 2010~2021 年中国数字经济应用端治理水平排序变动

资料来源：课题组整理数据。

中国数字经济应用端治理水平与亚太经合组织经济体平均水平差距在缩小。图2分析了2010~2021年中国数字经济应用端治理水平指数与亚太经合组织经济体数字经济应用端治理指数均值的对比,尽管中国在数字经济应用端治理方面排序一直处于前两个层级,位次变化较小,但在2019年之后,中国与样本经济体数字经济应用端治理的平均水平在缩小,这表明各个经济体间竞争正在加剧,中国的优势地位受到威胁。

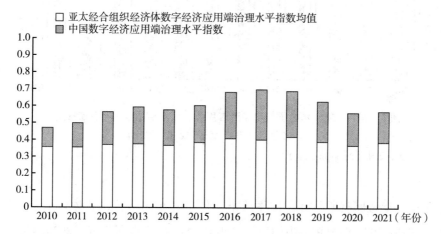

图2　2010~2021年中国与亚太经合组织经济体数字经济应用端治理水平对比

资料来源:课题组整理数据。

在一级指标的基础上,数字经济应用端治理水平分为数字产业渗透度以及数字产业开放度2个二级指标,数字产业渗透度、开放度对数字经济应用端治理整体水平发展的影响有所区别。图3进一步说明了2010~2021年中国数字经济应用端治理水平、数字产业渗透度以及数字产业开放度的指数及排序变动。

中国数字产业渗透度指数与排序发展总体呈现上升趋势,成为应用端治理水平提升的主要动力。具体来看,2010~2021年中国数字产业渗透度指数与排序呈现先增后降的发展态势。具体而言,在2010~2015年期间中国数字产业渗透度发展平稳,2015~2017年期间发展迅速,数字产业渗透度排序上升,排序从2010年的第5位上升至2017年的第1位。2017~2018年中国

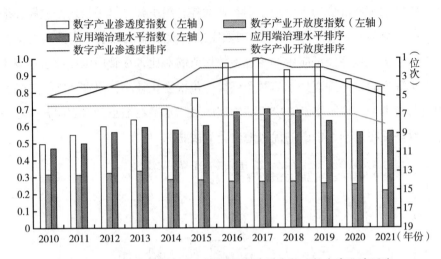

**图3　2010～2021年中国数字经济应用端治理水平、数字产业渗透度、
数字产业开放度指数及排序变动**

资料来源：课题组整理数据。

数字产业渗透度有所下降，排序从第1位下降至第2位，总体处于上游层
级。2018～2020年期间，中国数字产业渗透度排序有所下降，2020年回落
至第3位。值得警惕的是，2020～2021年期间中国数字产业渗透度排序再次
出现下降，从第3位下降至第4位。

中国数字产业开放度在波动中回落，制约了数字经济应用端治理水平
的提升。中国数字产业开放度总体排序相对靠后，数字产业开放度指数总
体经历逐步下降的发展过程，上升空间充足。在2010～2014年期间中国数
字产业开放度排序始终维持在第6位；2015～2020年期间，中国数字产业
开放度排序由第6位下降至第7位；2020～2021年期间排序由第7位下降
至第8位，但中国数字产业开放度仍处于中游水平。总体而言，中国数字
产业渗透度排序在经历提升后出现上下浮动，整体趋势与中国数字经济应
用端治理水平排序变动相似，成为促进应用端治理水平的主要因素；数字
产业开放度排序整体呈下降趋势，对中国数字经济应用端治理水平发展产
生制约影响。

（二）中国 ICT 行业市场需求位居前列，助力数字产业渗透度提档加速

在二级指标的基础上，数字产业渗透度分为 IT 硬件支出占 GDP 比重、IT 软件支出占 GDP 比重以及 ICT 行业市场需求 3 个三级指标。图 4 报告了 2010~2021 年中国数字产业渗透度、IT 硬件支出占 GDP 比重、IT 软件支出占 GDP 比重以及 ICT 行业市场需求的指数与排序变动。

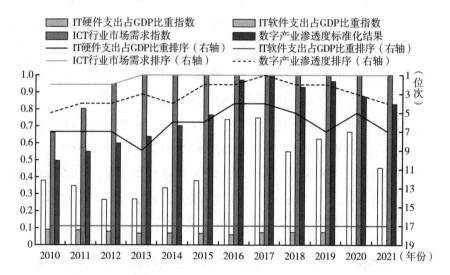

图 4　2010~2021 年中国数字产业渗透度、IT 硬件支出占 GDP 比重、IT 软件支出占 GDP 比重以及 ICT 行业市场需求的指数与排序变动

资料来源：课题组整理数据。

中国 IT 硬件支出占 GDP 比重指数总体呈现先增后降的趋势。具体而言，2010~2017 年期间中国 IT 硬件支出占 GDP 比重由 1.522% 上升至 1.8%；2017~2019 年中国 IT 硬件支出占 GDP 比重逐渐减少，由 1.8% 下降至 1.5%；2019~2020 年期间中国 IT 硬件支出占 GDP 比重有所回升，从 1.5% 上涨至 1.6%；2020~2021 年期间中国 IT 硬件支出占 GDP 比重再次呈现下降趋势，由 1.6% 回落至 1.5%。2010~2012 年期间，中国 IT 硬件支出

占 GDP 比重排序维持在第 7 位；2012～2013 年期间，排序由第 7 位下降至第 9 位；2013～2017 年期间，中国 IT 硬件支出占 GDP 比重排序出现大幅上升，由第 9 位上升至第 4 位。2017～2019 年中国 IT 硬件支出排序开始出现下降趋势，由第 4 位下降至第 7 位；2019～2020 年中国 IT 硬件支出占 GDP 比重排序短暂回升，由第 7 位回升至第 5 位；2020～2021 年中国 IT 硬件支出占 GDP 比重排序再次下滑，由第 5 位回落至第 7 位。

中国 IT 软件支出占 GDP 比重指数在小范围内有所波动，排序始终处于较低水平。具体而言，2010～2013 年期间，中国 IT 软件支出占 GDP 比重逐年减少，由 0.214% 减少至 0.194%；2014～2016 年期间呈现微弱增长态势，由 0.194% 增加至 0.202%；2017～2021 年期间维持在稳定水平，IT 软件支出占 GDP 比重约为 0.2%。排序方面，中国 IT 软件支出占 GDP 比重始终处于较低水平，在样本经济体中排第 17 位，没有变动。

中国 ICT 行业市场需求持续扩大，是数字产业渗透度发展的主要动力。2010～2021 年期间中国 ICT 行业市场需求指数持续增长，中国 ICT 行业市场需求排序始终处于头部地位，2010～2012 年期间排第 2 位，2013 年跃升至第 1 位。截至 2021 年，中国 ICT 行业市场需求在样本经济体中处于第 1 位，说明中国 ICT 行业市场空间广阔，发展潜力巨大。

（三）中国 ICT 产品进出口优势明显，延缓数字产业开放度下降趋势

在二级指标的基础上，数字产业开放度分为数字服务出口占 GDP 比重、数字服务进口占 GDP 比重、ICT 产品进口占产品进口总量百分比、ICT 产品出口占产品出口总量百分比 4 个三级指标。图 5 报告了 2010～2021 年中国数字产业开放度、数字服务进/出口占 GDP 比重、ICT 产品进/出口占进/出口总量百分比排序与指数变动情况。

中国数字服务出口占 GDP 比重排序在波动中有所上升，但在亚太经合组织经济体中始终处于中下游水平。具体而言，2010～2011 年期间中国数字服务出口占 GDP 比重排序上升，由第 15 位上升至第 14 位；2011～2012 年排序下降，由第 14 位下降至第 16 位；2012～2014 年排序由第 16 位上升至

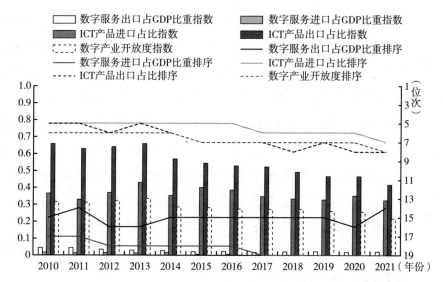

图 5　2010～2021 年中国数字产业开放度、数字服务进/出口占 GDP 比重、ICT 产品进/出口占进出口总量百分比的排序与指数变动

资料来源：课题组整理数据。

第 15 位；2014～2019 年期间排序维持在第 15 位；2019～2020 年排序下降至第 16 位；2020～2021 年回升至第 14 位。

中国数字服务进口占 GDP 比重排序始终在中下游水平，排序逐年递减。2010～2012 年期间中国数字服务进口占 GDP 比重排序由第 17 位下降至第 18 位；2012～2016 年排序维持在第 18 位；2016～2017 年排序下降至第 19 位；2017～2019 年数字服务进口占 GDP 比重排序一直维持在第 19 位。

中国 ICT 产品进口占产品进口总量百分比指数整体来看平稳波动，但排序有所下降。具体而言，2010～2011 年期间中国 ICT 产品进口占产品进口总量百分比指数短暂减少；2011～2016 年期间 ICT 产品进口占产品进口总量百分比指数波动升降；2017～2019 年期间逐年下降；2019～2020 年期间恢复增长；2020～2021 年期间出现小幅下降。排序方面，2010～2016 年期间中国 ICT 产品进口占产品进口总量百分比排序维持在第 5 位；2017～2020 年期间排序下降至第 7 位。

中国 ICT 产品出口占产品出口总量百分比指数与排序各年份波动较大，

总体呈现下降趋势。具体而言，2010～2011 年以及 2013～2014 年期间 ICT 产品出口占比均下降，幅度相对较大；2011～2013 年以及 2014～2018 年期间 ICT 产品出口占比经历两次增幅均在 2% 以内的波动，但总体水平仍呈现减少趋势；2018～2019 年 ICT 产品出口占产品出口总量百分比小幅下降约 1%；2019～2020 年期间增长 0.6%；2020～2021 年期间 ICT 产品出口占产品出口总量百分比再次减少约 1.5%。排序方面，与 ICT 产品进口占产品进口总量百分比变化相似，均呈现在波动中下降的趋势。2010～2013 年期间，ICT 产品出口占产品出口总量百分比排序在第 5 位和第 6 位之间波动；2013～2018 年期间 ICT 产品出口占产品出口总量百分比排序持续下降，由第 5 位下降至第 8 位；2018～2019 年期间排序回升至第 7 位；2019～2021 年期间排序再次回落至第 8 位。

四 中国数字经济应用端治理水平的对标分析

（一）借鉴经济体：中国与新加坡在数字服务进出口、IT 软件支出方面差距明显，中国主要在数字产业开放度、IT 软件支出与数字服务出口方面借鉴新加坡经验

2021 年新加坡在亚太经合组织经济体中处于数字经济应用端治理水平的上游层级，一级指标排第 1 位，数字经济应用端治理实力强劲，是中国数字经济应用端治理长期发展的主要借鉴对象。图 6 分析了中国与新加坡 2021 年数字经济应用端治理水平各项指标的对比。

在数字产业渗透度方面，中国在 2021 年排第 4 位，新加坡排第 2 位。中国在数字产业渗透度方面与新加坡排序接近，两国实力差距较小。中国在 IT 软件支出占 GDP 比重与 IT 硬件支出占 GDP 比重这两方面与新加坡存在较大差距，其中 IT 软件支出占 GDP 比重的差距较为突出。具体而言，中国 2021 年 IT 软件支出占 GDP 比重排第 17 位，新加坡排第 2 位；IT 硬件支出占 GDP 比重差距较小，中国排第 7 位，新加坡排第 4 位。ICT

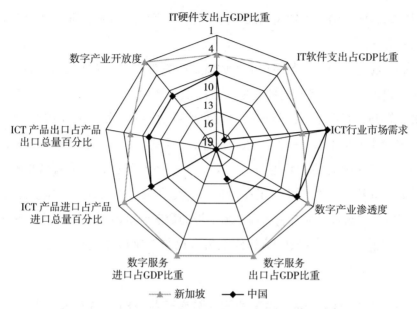

图 6 中国与新加坡 2021 年数字经济应用端治理水平各项指标对比

资料来源：课题组整理数据。

行业市场行业需求是中国唯一排序高于新加坡的指标，2021 年中国在亚太经合组织经济体中 ICT 行业市场需求排第 1 位，处于优势地位，新加坡排第 5 位。

数字产业开放度方面，中国与新加坡排序差距明显，2021 年中国数字产业开放度排第 8 位，新加坡排第 1 位。这一差距主要是由中国与新加坡数字服务进口占 GDP 比重、数字服务出口占 GDP 比重相差较大造成的，其中数字服务进口占 GDP 比重为主要因素。具体而言，2021 年中国数字服务出口占 GDP 比重排第 14 位，新加坡排第 1 位；数字服务进口占 GDP 比重方面，中国排第 19 位，新加坡排第 1 位，差距最为显著；ICT 产品进口占产品进口总量百分比方面，2021 年新加坡排第 2 位，中国排第 7 位；ICT 产品出口占产品出口总量百分比方面，中国排第 8 位，新加坡排第 5 位，差距相对较小。总体而言，中国与新加坡在数字经济应用端治理差距主要体现在 IT 软件支出占 GDP 比重与数字服务进口占 GDP 比重两方面，而在 ICT 行业市场需求方面中国处于领先地位，新加坡数字经济应用端治理经验具有很强的借鉴意义。

综上所述，中国在数字产业开放度、IT软件支出占GDP比重与数字服务进出口占GDP比重方面借鉴新加坡的发展经验。2020年6月12日，新加坡、智利、新西兰三国签署了《数字经济伙伴关系协定》（DEPA），其中新加坡作为东南亚唯一的发达经济体，能够通过其领先的数字经济治理能力以及较为中立的国际地位对亚太数字经济资源进行更为有效的整合。中国是全球第二大经济体，正在加快数字化发展，建设数字中国。通过加入DEPA，中国将更加有利于借鉴新加坡的数字经济治理经验，促进各方数字经济发展，弥补自身在IT软件支出占比与数字服务进出口占比方面的差距。

（二）追赶经济体：中美两国在数字产业开放度方面排序接近，在IT硬件支出占比方面有望超越美国

中美两国在数字经济应用端治理上整体实力接近，中国应聚焦到IT硬件支出占GDP比重方面，尽快实现对美国的反超。2021年中国与美国同处于数字经济应用端治理水平的上游层级，中国排第5位、美国排第4位，整体实力接近。图7分析了中国与美国2021年数字经济应用端治理水平各项指标的对比。

在数字产业渗透度方面，中国与美国存在一定差距。具体而言，2021年中国在数字产业渗透度方面排第4位，美国排第1位，这一差距主要由美国IT软件支出占GDP比重相差过大造成。2021年中国IT软件支出占GDP比重在亚太经合组织经济体中排第17位，美国排第1位，差距明显。IT硬件支出占比方面，中美两国并列第7位。ICT行业市场需求方面中国处于领先地位，排第1位，美国紧随其后，排第2位。在数字产业开放度方面，中国与美国排序接近，中国排第8位，美国排第10位，中美两国差距较小，中国仍需扩大领先优势。具体而言，中国主要在数字服务出口占GDP比重、数字服务进口占GDP比重两方面与美国存在差距，2021年

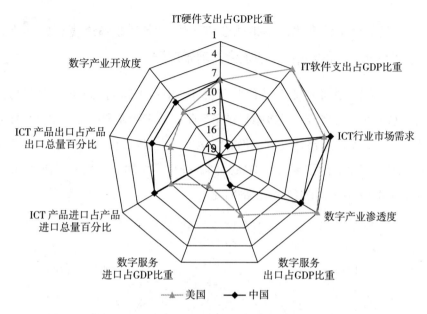

图7　中国与美国2021年数字经济应用端治理水平各项指标对比

资料来源：课题组整理数据。

中国数字服务出口占比排第14位，美国排第9位；2021年中国数字服务进口占GDP比重排第19位，美国排第14位。中国在ICT产品进口占产品进口总量百分比与ICT产品出口占产品出口总量百分比两方面领先于美国，2021年中国ICT产品进口占产品进口总量百分比排第7位，美国排第10位；2021年中国ICT产品出口占产品出口总量百分比排第8位，美国排第11位。

综上所述，中美两国在数字经济应用端治理整体水平接近，中国应该聚焦到IT硬件支出占GDP比重方面，尽快实现对美国的反超。一方面，中国应继续响应WTO改革要求，利用CPTPP等多边合作框架继续融入全球多边合作体系，打造更加有利的国际合作环境。另一方面，在共建"一带一路"框架中，中国应将自身数字经济治理经验与东南亚、南太平洋等地区发展中经济体的现实需求相结合，扩大数字经济合作广度和深度，并在IT硬件支出占比方面加强发展，实现对美国的反超。

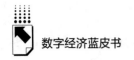

（三）合作经济体：马来西亚与中国数字产业渗透度实力接近，数字产业开放度优势互补，两国合作前景广阔

2021 年马来西亚在亚太经合组织经济体中与中国同处于数字经济应用端治理水平的上游层级，一级指标排第 7 位，数字产业开放度与中国形成互补式发展，数字产业渗透度方面仍需借鉴中国发展经验，是中国数字经济应用端治理长期发展的主要合作对象。图 8 分析了中国与马来西亚 2021 年数字经济应用端治理水平各项指标的对比。

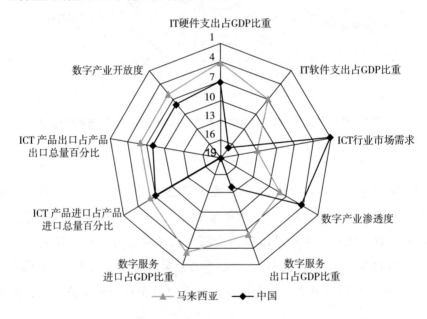

图 8　中国与马来西亚 2021 年数字经济应用端治理水平各项指标对比

资料来源：课题组整理数据。

在数字产业渗透度方面，2021 年中国数字产业渗透度排第 4 位，马来西亚排第 8 位，两国在此方面实力接近，成为两国推进数字经济应用端治理水平方面合作的基础条件。马来西亚 IT 硬件支出占 GDP 比重与 IT 软件支出占 GDP 比重均处于优势地位，2021 年马来西亚 IT 硬件支出占 GDP 比重排第 4 位，中国排第 7 位；2021 年马来西亚 IT 软件支出占 GDP 比重排第 7

位，中国排第 17 位。中国在 ICT 行业市场需求方面领先马来西亚，2021
年，中国排第 1 位，马来西亚排第 13 位。在数字产业开放度方面，马来西
亚处于领先地位，数字服务进口成为其领先的主要因素，中国与马来西亚在
数字服务方面合作潜力巨大。近年来，在中国与马来西亚两国政府努力下，
两国在电子商务、数字服务进出口等领域取得了丰厚的合作成果。2021 年
马来西亚数字服务进口占 GDP 比重排第 3 位，中国排第 19 位。2021 年中国
数字服务出口占 GDP 比重排第 14 位，马来西亚排第 6 位。在 ICT 产品进出
口占比方面，中国与马来西亚两国实力接近，有较强的合作基础。具体而言，
2021 年中国 ICT 产品进口占产品进口总量百分比排第 7 位，马来西亚排第 6
位；2021 年中国 ICT 产品出口占产品出口总量百分比排第 8 位，马来西亚排
第 6 位。总体而言，马来西亚与中国数字服务进出口、ICT 产品进出口以及 IT
硬件方面联系紧密，两国在数字经济应用端治理合作前景十分明朗。

综上所述，中国与马来西亚两国在数字产业渗透度方面合作基础深厚，
数字产业开放度形成互补式发展，两国合作契合中国"数字丝绸之路"倡
议与马来西亚实现数字化转型的需求。2022 年 4 月首届中国—东盟网络空
间论坛上，中国与马来西亚等东盟 10 国达成了共建"中国—东盟信息港"
的倡议，这将更加有利于亚太区域内各经济体多边发展与合作。马来西亚和
中国将建立更密切的合作关系，充分发挥各自数字经济治理能力的优势之处
并利用框架内的贸易和投资机会，在数字产业渗透度与数字产业开放度领域
加强合作，互利共赢。

（四）潜在竞争经济体：中国相较于日本 ICT 行业市场需求、ICT
产品进出口以及 IT 硬件支出占比方面的优势地位不稳固

2021 年日本在亚太经合组织经济体中处于数字经济应用端治理水平的
中游层级，一级指标排第 8 位，日本在数字经济治理方面的发展尽管起步较
晚，但增长势头迅猛。日本在 ICT 行业市场需求、ICT 产品进出口以及 IT
硬件支出占比方面正在缩小与中国的差距。图 9 分析了中国与日本 2021 年
数字经济应用端治理水平各项指标的对比。

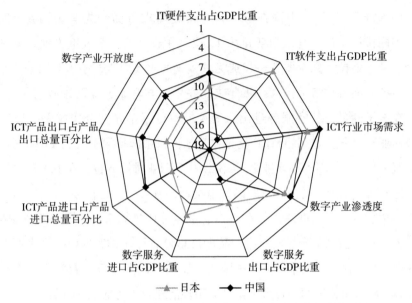
图 9　中国与日本 2021 年数字经济应用端治理水平各项指标对比

资料来源：课题组整理数据。

在数字产业渗透度方面，2021 年日本排第 5 位，中国排第 4 位，中国领先于日本。具体而言，中国在 IT 硬件支出占 GDP 比重以及 ICT 行业市场需求指标上领先于日本，但中国在这两项指标上的优势并不十分突出，领先地位不稳固。IT 硬件支出占 GDP 比重与 ICT 市场行业需求中日两国排序接近，均相差两位，2021 年中国 IT 硬件支出占 GDP 比重排第 7 位，日本排第 9 位；2021 年中国 ICT 行业市场需求排第 1 位，日本排第 3 位。IT 软件支出占 GDP 比重方面日本优势明显，2021 年日本 IT 软件支出占 GDP 比重排第 3 位，中国排第 17 位。在数字产业开放度方面，中日两国均处于中游位置，中国领先于日本，日本数字产业开放度方面的话语权有所增长。2021 年日本数字产业开放度排第 12 位，中国排第 8 位。具体而言，中国在 ICT 产品进口占产品进口总量百分比以及 ICT 产品出口占产品出口总量百分比方面均领先于日本，但在数字服务出口占 GDP 比重、数字服务进口占 GDP 比重两方面落后于日本，其中数字服务进口占 GDP 比重差距最为明显。2021 年中国 ICT 产品进口占产品进口总量百分比排第 7 位，日本排第 12 位；中国 ICT 产品出口占产品出口总量百分比排第 8 位，日本排第 12 位，领先优势并不十分显著；2021 年中国数字服务出口占 GDP 比重排第 14 位，日本排第 10 位；中国数字服务进口占 GDP 比重排第 19 位，日本排第 8 位，差距最为显著。总体而言，中国相较于日本在 ICT 行业市场需求、ICT 产品进出口以及 IT 硬件支出占比方面领先程度并不突出，在数字服务出口占 GDP 比重、数字服务进口占 GDP 比重以及 IT 软件支出占 GDP 比重三项指标排序落后于日本。总体来看，中国领先地位并不稳固，日本是强有力的潜在威胁经济体。

综上所述，中国应警惕日本在 ICT 行业市场需求、ICT 产品进出口以及 IT 硬件支出占比方面的增长。2021 年日本处于数字经济应用端治理的中游层级，排第 8 位。2021 年 6 月，日本宣布了国家数据战略（NDS），这是日本第一个全面的数据战略，旨在为建立数字社会奠定基础，并于 2021 年 9 月成立了数字厅。除此之外，日本主导了《全面与进步跨太平洋伙伴关系协定》（CPTPP）的谈判，涉及消费者保护、跨境数据流动、数据本地化、软件源代码等复杂的数字贸易规则，数字产业开放度增长势头迅猛。

五　结论与政策建议

近年来，亚太地区数字经济蓬勃发展。2012～2021 年间，亚太经合组织 ICT 货物出口占世界 ICT 货物出口总量的比重超过 80%，在 2021 年达到最高 84.386%；其间，ICT 货物进口占世界 ICT 货物进口总量的比重也在 2012 年超过 70%，并稳步提升，在 2021 年达到最高 73.816%；亚太地区可数字化交付服务出口占世界可数字化交付出口总量的比重，从 2015 年开始超过 36%；2011 年亚太地区 ICT 服务出口占世界 ICT 服务出口总量的比重就已达到 20.064%，2021 年该比重达到 24.981%。

本文研究表明，2010～2021 年，新加坡与中国香港稳居亚太地区数字经

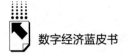

济应用端治理水平排序前列。分区域来看，亚太地区四个分区域数字经济应用端治理水平整体呈现出以下特点：东南亚数字经济应用端治理水平的整体上升幅度较大；北美整体发展不平衡，美国引领北美数字经济应用端治理发展；东北亚各经济体数字经济应用端治理水平呈现层级分化；南太平洋经济体数字经济应用端治理水平普遍较低。

东南亚新兴经济体数字经济应用端治理水平稳步提升是亚太经合组织数字经济应用端治理发展的一个突出特点。随着亚太地区数字经济的蓬勃发展，数字基础设施相对滞后的东南亚新兴经济体都在加大对该地区的物联网、5G、人工智能、数据中心、工业互联网、智慧城市等新型基础设施的投资力度，不断加速数字化转型步伐，日益成为数字驱动型的经济增长经济体。从指标体系数据来看，以菲律宾为代表的东南亚新兴经济体，在数字产业开放度、渗透度等方面的表现超过了墨西哥、新西兰等发达经济体；其数字经济应用端治理水平指数呈上涨趋势，超越了作为数字经济先发国家的加拿大与澳大利亚进入上游经济体行列。

对于中国来说，从分析当中我们可以看出，2021年中国数字经济应用端治理水平与其他6个经济体同属上游经济体，2010~2021年间在中国数字经济应用端治理水平在亚太经合组织的排序整体在第3与第5之间波动，基本维持在上游层级。具体到数字产业渗透度与开放度水平上，2010~2021年间，中国数字产业渗透度发展总体呈现上升趋势，在亚太地区的排序由2010年的第5位上升至2021年的第4位，发展成效显著，是数字经济应用端治理水平提升的主要动力。而数字产业开放度则在波动中回落，整体呈下降趋势，由2010年的第6位下滑至2021年的第8位，制约了中国数字经济应用端治理水平的提高。2022年中国数字经济规模突破了50万亿元，占GDP比重达41.5%，总量稳居世界第二仅次于美国。总体来看，作为数字经济先行国家之一，中国当前数字经济稳步发展，但在数字经济开放度上，尤其是在数字服务能力等方面仍有进步空间。基于以上对于亚太经合组织及中国数字经济应用端治理水平发展情况的分析，本文提出以下对策建议。

（一）亚太经合组织数字经济应用端治理政策建议与措施提出

1. 在数字产业渗透度上继续发力，进一步放大自身优势

2021 年亚太经合组织数字产业渗透度指数均值为 0.436，上游与中游经济体指数均值分别为 0.772 与 0.405，在亚太经合组织数字经济应用端治理中发展总体较好。因此，亚太经合组织应当在数字产业渗透度方面继续发力，提升数字产业渗透度，进一步提高 IT 硬件与软件支出占 GDP 的比重，优化 ICT 行业市场需求。同时，亚太经合组织上游经济体应当积极发挥带头作用，带动中游经济体稳步提升数字产业渗透度。下游经济体也应当向中游与上游经济体看齐，找差距、补短板，缩小与中上游经济体在渗透度上的差距，为提高自身在数字经济应用端治理水平打下良好基础。

2. 以菲律宾为首的亚太地区新兴经济体应继续保持稳健增长态势

当前，亚太地区是世界上最主要的 ICT 货物进出口地区和主要的数字服务贸易进出口地区。从上文分析中可以看出，近年来亚太新兴经济体数字经济发展成效显著，东南亚新兴经济体以菲律宾、泰国、越南为首，在各方面的表现都有很大的提升，呈现良好的增长态势，在一些方面甚至赶超加拿大等数字经济先行经济体。特别是，菲律宾、越南、马来西亚近年来在数字服务贸易出口、ICT 产品出口等方面都表现良好，甚至超越美国与中国。因此，亚太新兴经济体应当把握数字经济这一新的经济增长动力，继续保持良好增长态势，发展数字产业、数字服务。

3. 俄罗斯等经济体应当着力提高数字经济应用端治理水平，缩小与其他经济体的差距

俄罗斯与中国同属新兴经济体第一梯队，为"金砖国家"之一，但 2010~2021 年间俄罗斯的数字经济应用端治理水平始终位于亚太地区下游层级，数字产业开放度和渗透度均在波动中下降；类似地，同为新兴经济体第二梯队"新钻国家"的印度尼西亚和墨西哥，在多个方面的表现已经常年落后于其他"新钻国家"如马来西亚、菲律宾，在亚太地区数字经济应用端治理中处于下游水平。由数字技术带动的新兴经济部门同样有典型的规模

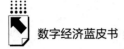
经济效应、范围经济效应以及网络经济效应，并且会带来数字经济所特有的"边际效益和规模报酬递增"的先发优势，若不能及时给予足够的重视，想要缩小与其他经济体的差距的难度可能会更大。因此，以俄罗斯、墨西哥、印度尼西亚为代表的新兴经济体可以加深与其他经济体在数字产业方面的合作，着力提高自身在数字产业渗透度与开放度，不断提升自身在亚太地区数字经济应用端治理水平地位。

（二）中国数字经济应用端治理政策建议与措施提出

1. 在共建"一带一路"框架下加深与东南亚经济体的新兴数字产业合作，进一步提高数字产业渗透度

正如前文所分析的那样，2010～2021年间中国数字产业渗透度稳中有升，但与美国相比仍有提升空间。近年来，随着亚太地区数字经济的蓬勃发展，数字基础设施相对滞后的东南亚新兴经济体都在加大对该地区的物联网、5G、人工智能、数据中心、工业互联网、智慧城市等新型基础设施的投资力度。例如，马来西亚在2022年重启"数字计划"；菲律宾提出"电子政务总体规划2022"；越南也提出"数字经济发展战略"。从数字产业渗透度水平来看，以泰国、菲律宾等为首的新兴经济体在IT硬件、IT软件占比以及ICT行业市场需求方面都有大幅提升。新加坡、菲律宾、泰国以及马来西亚等国家与中国同属数字经济应用端治理上游经济体且数字产业渗透度水平较为接近，均为中等偏上水平。中国可依托共建"一带一路"框架，推动建设"数字丝绸之路"，加强与沿线东南亚经济体的合作，开展电子政府、智慧城市、数字教育等应用场景的务实合作，充分激发数字产业活力，在产业升级、数字技术进步等方面加强合作，共同促进产业数字化发展，增强"一带一路"数字产业国际市场竞争力、打造具有国际竞争力的数字经济产业集群；同时，加快融入区域化、本地化的全球产业分工新格局，也有利于加大美国及其盟国与中国脱钩、构建"去中国化"数字经济阵营的难度。

2.深化数字服务贸易发展战略，激发数字产业活性，提高数字产业开放水平

2010~2021年间中国数字产业开放水平在波动中不断下降，数字服务进口日益成为中国数字产业开放水平提升的长期短板。为进一步提高中国整体数字经济应用端治理水平，有必要采取措施提升中国数字服务能力。东南亚地区新兴经济体，如菲律宾、越南以及马来西亚，在开放度上的表现较为突出，在亚太地区处于中等偏上水平。因此，中国首先要不断加强自身互联网基础设施建设，促进数字技术与服务贸易的融合，不断提升中国数字服务贸易行业的比较优势；同时，要不断加强与亚太地区新兴经济体在数字服务贸易上的合作，积极推进多边数字服务贸易往来，持续扩大中国数字服务贸易"朋友圈"，逐步打开区域合作的新格局。

3.提升数字核心技术原始创新能力，加快攻关"卡脖子"问题

当前亚太地区已是数字经济的领跑者，但联合国贸发会议发布的《数字经济报告2021》表明，2021年全球前100家数字平台当中有41家属于美国，45家属于亚太其他经济体；其中美国占有67%的市值，亚太地区其他经济体占29%。可见，亚太地区其他经济体数字平台虽然多却并不够强。数字经济时代，技术跨国垄断形式更加多样，西方技术民族主义也有新的表现，数字保护主义正日益泛滥，种种因素使得中国在部分关键环节面临着"卡脖子"困境。因此中国应当基于《区域全面经济伙伴关系协定》（RCEP）等制度框架开展数字创新合作，加速突破人工智能、区块链等底层技术，积极推动"卡脖子"技术联合攻关；推动设立关键应用软件联合实验室，鼓励企业与欧盟发达经济体联合进行软件创新，强化关键应用软件核心技术创新能力。在各个方面逐步突破技术困境，攻克一个又一个"卡脖子"问题。

B.4
亚太经合组织数字经济保障端治理体系报告

曹清峰*

摘 要： 数字经济保障端治理包括对数字经济发展环境和数字经济相关规则与制度的测度。2021年亚太经合组织数字经济保障端治理水平排序靠前的经济体为新加坡、美国、中国香港、中国、日本、马来西亚、新西兰、澳大利亚、加拿大、韩国。从12年变化趋势来看，新加坡、美国等发达经济体稳居前列，东南亚与南太平洋经济体普遍落后。聚类结果显示：各经济体数字经济保障端治理水平整体提升明显，多个经济体近年来完成层级跃升，全球网络安全指数（GCI）与信息和通信行业就业人数整体快速增长，营商环境和法律争端解决效率稳步改善提升，目前数字经济保障端治理上、中、下游三个层级之间已形成"倒金字塔"形的结构布局。中国的数字经济保障端治理水平在不断提升，发展趋势向好。数字经济发展环境、数字经济相关规则与制度的发展均推动了中国数字经济保障端治理水平的总体上升。从合作潜力的视角来看，东北亚与东南亚经济体的规模优势明显且地理位置较近，在信息和通信行业方面具有较大合作潜力；中俄在网络信息安全领域方面可以加强合作；亚太经合组织各经济体数字经济相关规则与制度领域合作拓展空间较大。

关键词： 数字经济保障端治理水平指数 数字经济发展环境

---

* 曹清峰，中国社科院财经战略研究院博士后，主要研究方向为区域经济。

数字经济将成为未来国际合作的新领域和新竞争赛道，创建良好的数字发展环境与构建数字经济新规则成为共识。《全球数字经济白皮书（2022 年）》指出，世界范围内正在进行一场全方面、深层次的数字技术变革和生产变革，大数据、区块链、云计算以及人工智能等数字技术得到了突破性发展，使得各个经济体的经济利益关系更紧密地联系在一起，这对现有国际规则体系与数字经济发展环境带来新的挑战。各国在各自主权与发展利益的基础上营造开放、非歧视的数字经济发展环境，加强数字产业化、产业数字化方面的国际合作，有助于释放更多全球经济增长的潜力。许多国家陆续出台了国家级别的数字经济发展战略，并在数字经济的细分领域推出各种支持政策与相关规则。美国先后出台"网络空间国际战略""国家网络战略"，并于 2018 年成立网络安全和基础设施安全局（CISA），以保护国家的网络和关键基础设施安全；2020 年发布"数字战略 2020—2024"，提升数字生态系统的开放性、包容性和安全性。英国早在 2009 年即推出了"数字大不列颠"行动计划，近年来再次出台了《数字经济战略（2015—2018）》和《英国数字战略》。新加坡政府出台了《个人数据保护法》，成为个人数据保护的立法开端。日本通过"e-Japan""u-Japan""i-Japan"等战略指引不断推动信息和通信行业向信息化、网络化与智能化方向发展。俄罗斯联邦政府 2017 年正式批准了《俄联邦数字经济规划》。

亚太经合组织经济体在数字经济保障端治理水平层级间存在差距，各层级经济体数量波动较大，但整体上呈现出向上聚集的发展趋势。2021 年亚太经合组织经济体的数字经济保障端治理水平呈现"倒金字塔"形结构，上、中、下游经济体数量依次为 10 个、7 个和 2 个，多个经济体在数年内完成了数字经济保障端治理水平的层级跃升。其中，北美和东南亚地区数字经济保障端治理水平整体发展不平衡，分别形成以美国、新加坡为引领的单极格局；东北亚地区整体治理水平较高；南太平洋地区治理水平整体落后。具体到数字经济保障端治理水平的具体指标，亚太地区的全球网络安全指数（GCI）整体提升较大，营商环境整体稳步改善，亚太经合组织各经济体数字经济相关规则与制度的发展水平差距趋于缩小，其中亚洲经济体在法律解决争端效率的排序整体上升。为进一步建立亚太数字经济规则区域协调机制提供良好基础，未来亚太各经济体可以加强技术合作与人才交流，进一步提高网络安全水平，扩大信息与通信行业人才储备，建立亚太经合组织各经济体投资保护和争端解决机制，改善整体数字经济相关规则与制度环境。

中国数字经济保障端治理水平处于亚太经合组织中的上游位置，总体排序靠前。中国在数字经济发展环境上的改善更为明显，这在一定程度上得益于全球网络安全指数（GCI）的提升，同时中国营商环境的改善对数字经济相关规则与制度的位次上升有较大贡献度；但是在法律争端解决效率上还有较大上升空间，为提升数字经济保障端治理水平，中国可以在全球网络安全发展方面借鉴美国，从基础设施安全性上发力，利用政府采购机制来强化问责制度，加快网络安全研发，构建良好的网络安全体系。未来中国可以继续发挥数字经济发展环境优势，提高网络安全水平与信息通信行业人才的数量和质量，为我国信息与通信行业培养出更多的人才；进一步完善网络安全治理政策与法律法规，明确相应的法律责任和惩罚措施，加强对网络犯罪的打击和预防；积极学习其他地区经济体的先进经验，补足中国数字经济保障端治理短板，适当加强与新加坡、新西兰和加拿大等数字经济相关规则和制度水平较高的经济体的交流，积极学习借鉴先进的数字经济相关规则和制度经验，进一步改善营商环境并提高法律争端解决的效率。

一　数字经济保障端治理水平总体分析

（一）数字经济保障端治理水平指标体系构建

巫景飞和汪晓月在构建数字经济指标时综合考虑数字产品制造业、数字产品服务业等产业，其中信息和通信行业就业人数能反映数字经济在技术应用上的发展。① 王军等认为数字经济指标建构需要涵盖其发展基础、深度融合及发展环境，信息和通信行业就业人数在一定程度上可反映一国数字经济发展的创新环境②。孙黎和常添惠从数字基础设施建设、数字制度环境与创新环境以及数字经济竞争力三个维度考虑，将法律争端解决效率纳入衡量数字经济制度保障环境与创新环境的指标体系。③ 世界经济论坛（WEF）从2002 年开始发布网络准备度指数（NRI），综合考虑数字经济环境、准备度、应用端与其经济社会影响，其中，营商环境能作为衡量一国数字经济保障端治理水平的重要指标之一。全球网络安全指数（GCI）在 2014 年首次推出，成为衡量数字经济发展环境的重要指标。张明哲认为数字经济新模式需要适配的数字经济相关法律及制度性配套措施，安全稳定的政治制度环境和自由的营商环境是重要因素，营商环境能作为衡量数字经济相关规则和制度的重要指标。④

表 1 报告了亚太经合组织数字经济保障端治理水平的指标体系，该体系选择 2010~2021 年为数据样本期，其中数字经济发展环境相关的指标包括：①全球网络安全指数（GCI），根据国际电联的全球网络安全议程（GCA）框架，GCI 确定了以下五大支柱：法律、技术、组织、能力建设、合作措施，并用 25 个指标来衡量经济体在这 5 大领域的网络安全发展情况。②信息和通信行业就业人数，各经济体在 5G、6G、人工智能、云技术等前沿领域加大人才、费用、基础设施建设。本文选取全球网络安全指数（GCI）与信息和通信行业就业人数衡量经济体数字经济发展环境。

数字经济相关规则与制度指标包括：①营商环境，该指标指政务环境、

---

① 巫景飞、汪晓月：《基于最新统计分类标准的数字经济发展水平测度》，《统计与决策》2022 年第 3 期，第 16~21 页。

② 王军、朱杰、罗茜：《中国数字经济发展水平及演变测度》，《数量经济技术经济研究》2021 年第 7 期，第 26~42 页。

③ 孙黎、常添惠：《东道国数字经济发展能否促进中国企业对外直接投资——基于微观企业的实证研究》，《国际商务》（对外经济贸易大学学报）2023 年第 3 期，第 61~79 页。

④ 张明哲：《"一带一路"数字经济对中国对外直接投资区位选择的影响研究》，《当代财经》2022 年第 6 期，第 111~122 页。

市场环境、法治环境、人文环境等有关数字经济外部因素和条件的总和。在数字经济背景下，经济体改善政治制度环境与营商环境有助于加快提升数字经济保障端治理水平。②法律争端解决效率，法律争端解决机制包括正式行政裁决、法院诉讼、替代性争议解决机制等。较高的制度质量意味着经济体具有更加完备的法治制度，可以提供相对优良的法律争端解决的机制与严格的数据隐私保护机制，有助于持续强化数字经济保障端治理水平。

表1 亚太经合组织数字经济保障端治理水平指标体系

一级指标	二级指标	三级指标	数据来源
数字经济保障端	数字经济发展环境	全球网络安全指数（GCI）	全球网络安全指数报告（Global Cybersecurity Index）
		信息和通信行业就业人数（千人）	司尔亚司数据信息有限公司数据库（CEIC Data）
	数字经济相关规则与制度	营商环境	司尔亚司数据信息有限公司数据库（CEIC Data）
		法律争端解决效率	世界经济论坛（World Economic Forum）

资料来源：课题组整理数据。

（二）数字经济保障端治理水平总体特征分析

表2报告了2010~2021年亚太经合组织经济体数字经济保障端治理水平排序及2010年与2021年的动态变化对比。在2021年亚太经合组织数字经济保障端治理水平的排序中，美国、新加坡与中国香港位居前三，其中美国稳居第一。在排序前五的经济体中，东亚经济体占据4席，北美经济体占据1席；在排序前十的经济体中，东亚经济体占据6席，北美经济体占据2席，南太平洋经济体占据2席，新西兰与澳大利亚分别位居第7与第9。从数字经济保障端治理水平的排序变动来看，中国是排序上升幅度最大的经济

体，从 2010 年的第 12 位上升到 2021 年的第 4 位，上升 8 个位次，其次是新加坡，上升 5 个位次，从第 7 位上升到第 2 位。2010~2021 年，数字经济保障端治理水平排序下降幅度最大的经济体是新西兰、加拿大、澳大利亚与智利，均下降 5 个位次，其中新西兰、加拿大与澳大利亚均跌出前五位，2021 年分别位居第 7 位、第 8 位、第 9 位。此外，中国香港、马来西亚、俄罗斯、泰国、印度尼西亚、越南、墨西哥和菲律宾 8 个经济体的排序上升，韩国、中国台湾和秘鲁 3 个经济体的排序有小幅度的下降。

表 2　2010~2021 年亚太经合组织数字经济保障端治理水平排序
及 2010 年与 2021 年排序变化

经济体	2021年	2020年	2019年	2018年	2017年	2016年	2015年	2014年	2013年	2012年	2011年	2010年	上升位次(个)
美国	1	1	1	1	1	1	1	1	1	1	1	1	0
新加坡	2	2	2	3	2	2	2	3	4	5	6	7	5
中国香港	3	3	3	4	3	4	5	6	7	7	7	6	3
中国	4	5	8	9	11	11	11	11	11	12	12	12	8
日本	5	4	4	2	4	3	4	5	5	4	4	5	0
马来西亚	6	7	6	6	6	7	7	7	8	8	8	8	2
新西兰	7	6	5	5	5	5	3	2	2	2	2	2	-5
加拿大	8	8	7	8	7	6	6	4	3	3	3	3	-5
澳大利亚	9	9	9	7	8	8	8	8	6	6	5	4	-5
韩国	10	10	10	10	10	9	10	10	10	10	10	9	-1
俄罗斯	11	12	12	13	12	12	12	13	13	13	13	13	2
中国台湾	12	11	11	11	9	10	9	9	9	9	9	10	-2
泰国	13	13	13	12	13	13	13	14	14	14	14	14	1
印度尼西亚	14	14	14	15	16	16	15	15	15	15	15	15	1
越南	15	15	15	14	14	14	19	19	17	17	16	16	1
智利	16	17	17	17	15	15	14	12	12	11	11	11	-5
墨西哥	17	16	16	16	14	14	16	16	16	16	18	18	1
菲律宾	18	18	18	18	17	17	17	18	18	18	19	19	1
秘鲁	19	19	19	19	19	19	18	17	17	18	17	17	-2

注：上升位次为负表示排序下降。

资料来源：课题组整理数据。

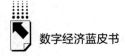

美国、新加坡等发达经济体稳居前列，东南亚与南太平洋经济体排序普遍靠后。美国数字战略布局涉及数字经济、数字政府、数字国防，以其强大的技术优势与世界各地竞争，并将人工智能、量子信息科学、5G、先进制造等科技应用列为重点领域。同样，新加坡与中国香港也具有发展数字经济的良好环境与基础，中国香港拥有 22 个经济体级科研平台，科研实力与人才储备均全球领先，良好的营商环境为其数字经济发展提供了较好的平台。新加坡作为《数字经济伙伴关系协定》主要发起国，拥有较强的数字经济竞争力、较高的数字治理影响力和数字话语权。中国数字经济正处于高速发展阶段，数字经济政策密集出台，已基本形成了较为完善的数字经济顶层设计与细化的地方推进举措相结合的政策体系。

（三）数字经济保障端治理水平区域特征分析

1.北美整体发展不平衡，美国遥遥领先

美国的数字经济保障端治理水平在亚太经合组织中长年稳居第一，2010～2021 年加拿大退步 5 个位次，从 2010 年的第 3 位下降至 2021 年的第 8 位，墨西哥排序始终处于落后位置。从具体指数来看，北美经济体发展极其不平衡，美国的数字经济保障端治理水平指数远超加拿大和墨西哥，约为加拿大的 1.5 倍、是墨西哥的 3.4 倍，且加拿大、墨西哥与美国在此方面的差距正不断拉大。美国是北美拥有绝对优势的经济体，其经济总量和经济增速远超其他两个经济体，数字经济占比超过 GDP 总值的 60%，这得益于其雄厚的技术水平与相关法规制度的支持，美国政府在促进 ICT 产业发展中一直发挥着主导和引领作用，拥有优良的数字经济发展环境。

2.东北亚整体治理水平较高，中日稳居前列

在东北亚数字经济保障端治理水平排序中，中国香港排序最高且在 2010～2021 年排序持续上升，从 2010 年的第 6 位上升至 2021 年的第 3 位，其次是中国与日本，2021 年分别位于第 4 位和第 5 位。韩国、俄罗斯和中国台湾的排序处于中游位置。从排序的动态变化来看，中国的排序上升幅度最大，从 2010 年的第 12 位上升至 2021 年的第 4 位，俄罗斯上升 2 个位次，居第 11 位，日本稳定在第 5 位，韩国和中国台湾的排序有小幅度的下降。从具体指数来看，东北亚经济体可分为两个梯队，中国香港、中国和日本处于第一梯队，三者治理水平较高且指数相近，而韩国、中国台湾和俄罗斯同处于第二梯队。总的来说，东北亚经济体在亚太经合组织数字经济保障端治理水平的排序情况整体较好。其中，中国香港拥有完善的信息科技基础设施、先进的通信网络、可靠的法律制度等，数字经济治理水平处于领先地位。随着数字经济规模扩大，数字安全与网络安全得到重视，中国在数字经济保障端治理水平上有较大进步。日本在 21 世纪初确立"IT 立国"战略，发布一系列战略性的政策指引，对网络安全与数据保护等方面较为重视，这为数字经济发展提供良好的环境。

3. 东南亚内部分化明显，形成以新加坡为引领的单极格局

东南亚经济体中表现最好的是新加坡与马来西亚，分别居于第 2 位与第 6 位，泰国、印度尼西亚、越南和菲律宾排序普遍靠后，内部分化明显。从排序的动态变化来看，东南亚各经济体排序均上升，其中，新加坡排序上升幅度最大，从 2010 年的第 7 位上升至 2021 年的第 2 位，马来西亚上升 2 个位次，其他经济体上升幅度较小，排序仍处于中下游位置。从具体指数来看，新加坡的指数远超东南亚其他经济体，新加坡的指数约为泰国、越南和印度尼西亚的 2 倍，是菲律宾的 5 倍，东南亚地区在数字经济保障端治理水平上逐步形成以新加坡为引领的单极格局。通常数字经济发展环境与某一经济体的经济发展有一定关系，新加坡作为东南亚唯一的发达经济体，强劲的经济实力以及较为中立的国际地位有助于其维护良好的数字经济发展环境，通过与南太平洋地区的智利和新西兰签署《数字经济伙伴关系协定》，形成数字地理的"金三角"。

4. 南太平洋经济体治理水平整体较为落后，数字经济保障端治理水平的排序持续下降

南太平洋经济体中数字经济保障端治理水平排序较高的是新西兰和澳大利亚，分别为第 7 位和第 9 位，智利和秘鲁较为落后，分别为第 16 位和第 19 位，处于亚太经合组织的下游位置。从排序的动态变化来看，南太平洋经济

体的排序普遍呈下降趋势，如新西兰、澳大利亚和智利 3 个经济体的排序下降幅度较大，均退步 5 个位次，新西兰和澳大利亚跌出了前五位。在数字经济发展环境和相关规则与制度方面，北美与东北亚经济体的表现明显优于南太平洋的经济体，南太平洋经济体数字经济发展速度也远低于其他地区。尤其是智利和秘鲁整体营商环境较差、ICT 产业发展速度缓慢，缺乏相关专业的高端人才，数字经济以及数据中心发展一定程度上受限于政治、经济以及网络、电力等基础设施，导致数字经济保障端治理水平始终处于较低水平。

二 数字经济保障端治理层级动态演化及合作潜力分析

（一）数字经济保障端治理层级间差距略有扩大，呈现出向上游集聚的趋势

在利用指标体系测算的基础上，本文进一步利用聚类分析的方法，将亚太经合组织 19 个经济体按照数字经济保障端治理水平指数均值的高低，分成了三个层级，分别为上游经济体、中游经济体和下游经济体（见表3）。

表3　2021年亚太经济体的数字经济保障端治理水平层级分布

层级	指数均值	经济体数量(个)	变异系数	包含经济体
上游经济体	0.758	10	0.155	美国、新加坡、中国香港、中国、日本、马来西亚、加拿大、新西兰、澳大利亚、韩国
中游经济体	0.426	7	0.227	中国台湾、俄罗斯、越南、泰国、智利、印度尼西亚、墨西哥
下游经济体	0.081	2	1.414	菲律宾、秘鲁

资料来源：课题组整理数据。

由图 1 可以看到，2021 年亚太经合组织经济体数字经济保障端治理水平呈现"倒金字塔"形结构，上、中、下游经济体数量依次为 10 个、7 个和 2 个。对比近年来数据可以发现，亚太经合组织经济体数字经济保障端治

理水平不同层级之间的差距在逐渐扩大。上游经济体数字经济保障端治理水平指数均值是中游经济体的1.779倍，是下游经济体的9.358倍，而在2010年对应数值是1.469倍和3.761倍。可见数字经济保障端治理不同层级经济体之间的差距趋于扩大。

亚太经合组织数字经济保障端治理各层级中的经济体数量波动较大，但整体上呈现出向上聚集的发展趋势。多个经济体近年来发展较快，已完成层级跃升。由图1可见，2010年时亚太经济体数字经济治理保障端上游经济体数量为7个，下游经济体则有8个。到2016年时虽然上游经济体数量上升到了11个，但是下游经济体数量仍有7个。2021年下游经济体则只剩下了2个。由此可见多个经济体在近年内完成了数字经济保障端治理水平的层级跃升，逐渐形成了"倒金字塔"形的分布格局。

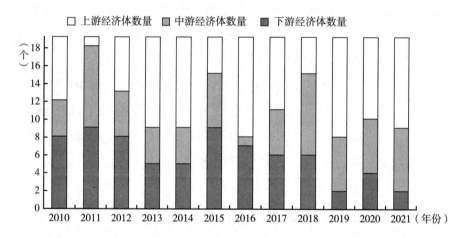

图1 2010~2021年亚太经济体数字经济保障端治理水平层级演变

资料来源：课题组整理数据。

从数字经济保障端治理水平不同层级的内部差异来看，下游经济体的变异系数为1.414，远大于其他两个层级。可见，下游经济体之间的数字经济保障端治理水平内部差异更为显著，而上、中游经济体内部差异较小。

亚太经合组织数字经济保障端治理水平的上游层级的内部差距呈现缩小态势，而中游和下游经济体间的内部差距有所扩大。在上游经济体中，美国的优势较为明显。在统计的 12 个年份中美国的排序均为第 1，且与第 2 位经济体之间有不小差距。从具体指数来看，2021 年美国领先第 2 位的新加坡约 16%，而该年新加坡与第 3 位中国香港之间的差距已经不足 1%。在 2016 年，排第 2 位的新加坡与第 3 位的日本之间的差距约为 4%，2010 年第 2 位、第 3 位之间的差距约为 9%。可见除美国仍然保持较大优势之外，上游经济体之间的内部差距趋于缩小。2010 年中、下游经济体的变异系数分别为 0.138 和 0.471，到了 2021 年则上涨到了 0.227 和 1.414，可见中、下游经济体间内部差距有所扩大。

（二）数字经济发展环境和数字经济相关规则与制度格局完成洗牌，部分经济体发展不协调

在统计的 12 个年份里，亚太经合组织中多数经济体的数字经济发展环境的排序变化十分明显，已完成格局上的洗牌。其中进步比较明显的有俄罗斯和中国等经济体，而新西兰、澳大利亚和加拿大等经济体的退步幅度较大。由表 4 可见，2010 年中国的数字经济发展环境排序为第 10 位，到了 2021 年则排在了第 2 位，进步十分明显。俄罗斯则从第 13 位上升到第 4 位。而在 2010 年排第 4 位的新西兰到了 2021 年则下滑到了第 16 位，加拿大和澳大利亚分别从第 3 位、第 5 位下降到了第 8 位、第 10 位。

表 4 2010 年和 2021 年亚太经合组织经济体数字经济发展环境排序及其动态变化

经济体	2010 年排序	2021 年排序	2021 年上升位次（个）
美国	1	1	0
中国	10	2	8
日本	2	3	−1
俄罗斯	13	4	9
韩国	6	5	1
越南	11	6	5
中国香港	12	7	5
加拿大	3	8	−5
印度尼西亚	8	9	−1

经济体	2010 年排序	2021 年排序	2021 年上升位次（个）
澳大利亚	5	10	−5
马来西亚	7	11	−4
新加坡	14	12	2
墨西哥	19	13	6
中国台湾	9	14	−5
泰国	17	15	2
新西兰	4	16	−12
菲律宾	18	17	1
智利	15	18	−3
秘鲁	16	19	−3

注：上升位次为负表示排序下降。

资料来源：课题组整理数据。

亚太经合组织经济体数字经济相关规则和制度的格局变化同样较大，亚洲经济体内部出现分化趋势。由表 5 可见，2021 年与 2010 年相比，新加坡与中国香港的排序上升幅度巨大，而亚洲其他经济体大多排序下滑，出现了分化态势。其中进步最大的是中国香港，从 2010 年的第 15 位上升到了 2021 年第 2 位，而新加坡则是从第 12 位一跃成为榜首。马来西亚、日本、韩国、印度尼西亚、越南和菲律宾排序则都有所下滑。退步最大的韩国和印度尼西亚都分别下降了 8 个位次。而中国、中国台湾与俄罗斯的排序波动则都在 1 个位次以内。

表 5　2010 年和 2021 年亚太经合组织经济体数字经济相关规则与
制度排序及其动态变化

经济体	2010 年排序	2021 年排序	2021 年上升位次（个）
新加坡	12	1	11
中国香港	15	2	13
新西兰	4	3	1
美国	6	4	2
马来西亚	2	5	−3
澳大利亚	8	6	2

续表

经济体	2010 年排序	2021 年排序	2021 年上升位次(个)
加拿大	5	7	-2
日本	1	8	-7
中国	9	9	0
中国台湾	11	10	1
韩国	3	11	-8
泰国	16	12	4
俄罗斯	14	13	1
智利	18	14	4
印度尼西亚	7	15	-8
越南	10	16	-6
墨西哥	19	17	2
菲律宾	13	18	-5
秘鲁	17	19	-2

注：上升位次为负表示排序下降。
资料来源：课题组整理数据。

此外，多个经济体在数字经济发展环境和数字经济相关规则与制度两方面的发展较不协调。比较典型的有新加坡、中国和俄罗斯等。由表6可见，2021年新加坡的数字经济相关规则与制度在亚太经合组织19个经济体中排第1位，但是其数字经济发展环境只排在了第12位。中国的情况则与之相反，中国在数字经济发展环境中排第2位，而在数字经济相关规则与制度方面则排在第9位。发展较为均衡的主要包括美国、加拿大、秘鲁和菲律宾等经济体。

（三）全球网络安全指数（GCI）与信息和通信行业就业人数整体快速增长，营商环境和法律争端解决效率稳步改善

1. 全球网络安全指数（GCI）整体提升较大，发展中经济体上升势头显著

2020 年亚太经合组织经济体的 GCI 均值为 89.77，2014 年这个数据为56.76，提升幅度约为58%。其中，中国、越南、菲律宾、泰国和墨西哥等发展中经济体的上升势头非常显著，GCI 增幅都超过了100%（见表7）。其中增幅最高的是越南，2014 年越南 GCI 为 32.35，到 2020 年则上升到了

94.59，增幅高达 192.40%。而增幅较小的经济体主要是美国、加拿大、韩国和澳大利亚等较发达的经济体。

表6 2021年亚太经济体数字经济保障端治理子指标排序及其差距

层级	经济体	数字经济发展环境排序	数字经济相关规则与制度排序	指标排序差距（个）
上游经济体	美国	1	4	-3
	新加坡	12	1	11
	中国香港	7	2	5
	中国	2	9	-7
	日本	3	8	-5
	马来西亚	11	5	6
	新西兰	16	3	13
	加拿大	8	7	1
	澳大利亚	10	6	4
	韩国	5	11	-6
中游经济体	俄罗斯	4	13	-9
	中国台湾	14	10	4
	泰国	15	12	3
	印度尼西亚	9	15	-6
	越南	6	16	-10
	智利	18	14	4
	墨西哥	13	17	-4
下游经济体	菲律宾	17	18	-1
	秘鲁	19	19	0

资料来源：课题组整理数据。

表7 2014年和2020年亚太经合组织经济体全球网络安全指数（GCI）与提升幅度

经济体	2014年GCI	2020年GCI	提升幅度（%）
美国	82.35	100.00	21.43
新加坡	67.65	98.52	45.63
韩国	70.59	98.52	39.57
马来西亚	76.47	98.06	28.23
俄罗斯	50.00	98.06	96.12

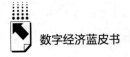

续表

经济体	2014 年 GCI	2020 年 GCI	提升幅度(%)
日本	70. 59	97. 82	38. 57
加拿大	79. 41	97. 67	22. 99
中国香港	61. 76	97. 58	58. 00
澳大利亚	76. 47	97. 47	27. 46
印度尼西亚	47. 06	94. 88	101. 61
越南	32. 35	94. 59	192. 40
中国	44. 12	92. 53	109. 72
泰国	41. 18	86. 50	110. 05
中国台湾	66. 67	86. 20	29. 29
新西兰	73. 53	84. 04	14. 29
墨西哥	32. 35	81. 68	152. 49
菲律宾	35. 29	77. 00	118. 19
智利	38. 24	68. 83	79. 99
秘鲁	32. 35	55. 67	72. 09

资料来源：课题组整理数据。

2. 信息和通信行业就业人数整体增加，大国规模优势更加突出

2021 年亚太经合组织经济体信息和通信行业就业人数总和约为 2194.85 万人，2010 年约为 1488.03 万人，增幅约 47.50%。由表 8 可见，2021 年信息和通信行业就业人数排序靠前的经济体主要是美国、中国和日本等人口较多、经济体量较大的经济体，可见大国的人口优势在信息和通信行业的就业人数排序上得到了一定的体现。同时大部分经济体的信息和通信行业就业人数都呈现上升态势，其中进步幅度最大的是中国，2010~2021 年中国信息和通信行业就业人数从约 185.8 万人上涨到了 519.2 万人，增幅约为 179.44%。2021 年美国的信息和通信行业就业人数仍居亚太经合组织经济体中的第 1 位，但是第 2 位与其差距正在缩小。2010 年日本的信息和通信行业就业人数是美国的 56.85%，到 2021 年中国的信息和通信行业就业人数已是美国的 79.29%。此外俄罗斯、印度尼西亚、越南、秘鲁和泰国的信息和通信行业就业人数呈现下降趋势。

表8　2010 年和 2021 年亚太经济体信息和通信行业就业人数及提升幅度

2021 年信息和通信行业就业人数排序	经济体	2010 年信息和通信行业就业人数(千人)	2021 年信息和通信行业就业人数(千人)	提升幅度(%)
1	美国	4426.92	6548.43	47.92
2	中国	1858.00	5192.00	179.44
3	日本	2516.51	3554.15	41.23
4	俄罗斯	1460.40	1310.40	-10.27
5	韩国	726.13	900.47	24.01
6	加拿大	445.80	717.59	60.97
7	墨西哥	454.99	536.77	17.97
8	澳大利亚	436.20	477.03	9.36
9	中国香港	340.11	430.21	26.49
10	菲律宾	325.20	404.78	24.47
11	印度尼西亚	462.86	300.74	-35.03
12	越南	316.71	284.64	-10.13
13	中国台湾	221.00	269.75	22.06
14	马来西亚	180.30	232.90	29.17
15	智利	120.06	202.17	68.39
16	泰国	243.14	201.11	-17.29
17	秘鲁	194.06	136.05	-29.89
18	新西兰	78.70	128.90	63.79
19	新加坡	73.20	120.41	64.49

资料来源：课题组整理数据。

3. 营商环境整体稳步改善，经济体间发展水平差距缩小

整体上亚太经合组织经济体的营商环境指数涨幅并不太大，但是部分中、下游经济体营商环境指数显著提高，缩小了经济体间的整体差距。2021年亚太经合组织经济体的营商环境指数均值为 79.34，相对于 2010 年的71.45 来说涨幅约为 11.04%。如表 9 所示，中国的营商环境指数从 2010 年的 54.70 上涨到了 85.25，涨幅高达 55.85%。除中国之外，印度尼西亚和越南的涨幅也超过了 46%。在印度尼西亚、越南和中国等经济体的营商环境指数大幅上涨后，亚太经合组织经济体的营商环境指数整体差距明显缩小。2010 年时，营商环境排第 1 位的新西兰与排最后一位的越南之间的指

数值差距为 37.80，2021 年排第 1 位的新加坡与排最后一位的菲律宾之间的差距则缩小到了 20.17。

表 9　2010 年和 2021 年亚太经济体营商环境指数与排序及提升幅度

2021 年营商环境排序	经济体	2010 年营商环境指数	2021 年营商环境指数	提升幅度（%）
1	新加坡	82.15	86.91	5.79
2	新西兰	86.98	86.28	-0.80
3	中国香港	82.13	85.77	4.43
4	中国台湾	81.00	85.59	5.67
5	中国	54.70	85.25	55.85
6	美国	83.61	84.84	1.47
7	韩国	78.71	84.08	6.82
8	澳大利亚	81.18	82.23	1.29
9	马来西亚	80.28	81.75	1.83
10	泰国	67.68	81.24	20.04
11	俄罗斯	68.28	79.69	16.71
12	加拿大	80.83	79.56	-1.57
13	日本	75.49	77.92	3.22
14	智利	69.14	73.10	5.73
15	墨西哥	68.00	72.45	6.54
16	印度尼西亚	49.37	72.37	46.59
17	越南	49.18	72.16	46.73
18	秘鲁	65.76	69.55	5.76
19	菲律宾	53.09	66.74	25.71

资料来源：课题组整理数据。

4. 亚洲经济体法律争端解决效率排序整体上升

亚太经合组织经济体的法律争端解决效率的整体排序格局较为稳定，亚洲经济体的排序整体明显上升。2010 年亚太经合组织经济体的法律争端解决效率的指数均值为 4.37，2021 年为 4.40，涨幅较小。由表 10 可知，亚太经合组织经济体的法律争端解决效率排序在 2010~2021 年期间也并未出现较大波动，其中变化最大的是澳大利亚，从第 4 位下降到第 8 位，其余经济体的法律争端解决效率排序变动均在 3 个位次以内。新加坡、中国香港、新西兰和加拿大的排序未曾变动。但是可以发现法律争端解决效率排序上升的经济体主要集中在东北亚和东南亚地区，日本、马来西亚、中国、中国台湾、印度尼西亚、韩国和菲律宾的排序均有上升。

表10　2010年和2021年亚太经合组织经济体法律解决争端效率排序及变化

经济体	2010年排序	2021年排序	2021年上升位次（个）
新加坡	1	1	0
中国香港	2	2	0
新西兰	3	3	0
日本	7	4	3
加拿大	5	5	0
马来西亚	9	6	3
美国	8	7	1
澳大利亚	4	8	-4
智利	6	9	-3
中国	11	10	1
中国台湾	12	11	1
印度尼西亚	14	12	2
泰国	10	13	-3
韩国	15	14	1
越南	13	15	-2
菲律宾	19	16	3
俄罗斯	18	17	1
墨西哥	16	18	-2
秘鲁	17	19	-2

注：上升位次为负表示排序下降。
资料来源：课题组整理数据。

（四）亚太经合组织经济体在数字经济保障端治理领域合作潜力分析

1. 东北亚与东南亚区域经济体间规模优势明显且地缘关系较近，信息和通信行业具有较大合作潜力

东北亚与东南亚区域的经济体拥有巨大的人口红利和高速扩大的数字

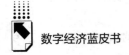

经济市场规模，且经济体间地理距离较近，并有着较为相似的文化环境，人力资源和技术知识交流较为方便。与北美与南太平洋区域相比，东北亚和东南亚地区的信息和通信行业具有规模大、增速快的特点。2010 年东北亚和东南亚区域信息和通信行业就业人数约为 712.215 万人和 160.141 万人，2021 年时则增长到了约 1165.698 万人和 154.458 万人。北美地区经济体的信息与通信行业人数从 532.771 万人增长到了 780.279 万人，涨幅约 46.46%。而南太平洋经济体的人数则仅从 82.902 万人增长到了 94.415 万人，涨幅为 13.89%。此外，东北亚和东南亚区域内部各经济体之间也有着规模差异。例如，中国和菲律宾 2021 年的信息和通信行业就业人数约为 519.2 万人和 40.48 万人，而与两国相邻的中国香港与新加坡的相关就业人数仅为 43.02 万人和 12.04 万人。因此中国与菲律宾可以通过岗位外包等方式为中国香港和新加坡提供较丰富的人力资源，而马来西亚和菲律宾等发展中经济体也可以承接来自较发达经济体的技术外溢，从而提升区域整体劳动力素质水平，反哺本国数字经济保障端治理发展。因此，东北亚和东南亚区域的经济体可以充分发挥自身在数字经济发展环境或者数字经济相关规则与制度领域的比较优势，使得区域内各经济体完成强弱互补，进一步提高区域整体数字经济保障端治理水平。

2. 中俄在网络信息安全领域方面可以加强合作

近年来俄罗斯的网络信息安全水平取得了极大进步，值得中国借鉴其发展经验，实现强弱互补。俄罗斯 2014 年的 GCI 为 50.00，到了 2020 年上升为 98.06，涨幅高达 96.12%，排序也从第 11 位上升到了第 5 位。与俄罗斯相比，中国的网络安全水平相对较低。虽然中国的 GCI 从 2014 年的 44.12 上升到了 2020 年的 92.53，但是排序仅从第 13 位提高到了第 12 位。2014 年时中国只落后俄罗斯 2 个位次，到了 2020 年两国排序差距则拉大到了 7 个位次。在这个基础上，中国可以进一步借鉴俄罗斯网络信息安全发展经验，进一步加强与俄罗斯的网络安全技术研发合作和信息共享，增进两国网络安全发展经验交流，合力推动网络安全前沿技术的快速进步，共同面对网络攻击、数据安全和隐私保护等挑战，使中俄两国的

GCI 进一步提高，共同打造安全的网络环境。俄罗斯与中国等国在 2011 年共同向联合国提交了《信息安全国际行为准则》，提出了关于网络安全和信息安全等领域的一系列基本原则。2015 年，中国与俄罗斯又签署了《中华人民共和国政府和俄罗斯联邦政府关于在保障国际信息安全领域合作协定》，这在两国的网络安全合作上具有标志性的意义。该协定突出强调了两点：承诺网络空间互不侵犯和提倡网络主权，这标志着中俄两国建立了网络安全领域合作伙伴关系，在该领域的合作水平达到了一个新的高度。因此，中俄可在目前已有的合作框架上进一步深化网络信息安全合作，携手改善网络安全环境。

3. 亚太经合组织各经济体间数字经济相关规则与制度领域合作拓展空间较大

亚太经合组织各经济体数字经济相关规则与制度水平差距趋于缩小，为进一步为亚太数字经济规则区域协调机制建立提供良好基础。近年来亚太经合组织各经济体间数字经济相关规则和制度水平差距趋于缩小，经济体间发展趋于均衡。2010 年亚太经合组织各经济体的营商环境与法律争端解决效率的变异系数为 0.172 和 0.278，到 2021 年则缩小到了 0.081 和 0.233。两项指标中排在首尾的经济体的指数值差距也分别从 37.8 和 3.61 缩小到了 20.17 与 3.43。这说明各经济体的制度和法规更加一致和透明，减少了企业进行跨境贸易和投资的阻碍。这有助于加强经济体间的经济联系，也使得各经济体间的数字经济相关规则和制度交流更为通畅，减少了可能导致制度摩擦的因素，为经济体之间进一步建立数字经济规则区域协调机制提供了良好的基础。

三 中国数字经济保障端治理水平动态分析

（一）中国属于上游经济体，数字经济保障端治理水平的总体排序上升

2021 年中国在亚太经合组织经济体数字经济保障端治理水平排序中位

居第 4，属于上游经济体。由表 11 可知，与 2010 年相比，2021 年中国的数字经济保障端治理水平排序呈现上升趋势，排序由 2010 年的第 12 位上升至 2021 年的第 4 位，上升 8 个位次，超越了 8 个经济体。具体来看，2010 年中国数字经济保障端治理水平排序为第 12 位，2011~2012 年中国数字经济保障端治理水平排序没有发生变化，一直位于第 12 位，没有实现对其他经济体的超越；2013 年中国数字经济保障端治理水平排序相对于 2012 年提升 1 个位次，居第 11 位，实现了对智利的超越；2014~2017 年，中国数字经济保障端治理水平排序没有发生变化，仍然居第 11 位；2018 年中国数字经济保障端治理水平排序相对于 2017 年提升 2 个位次，超越了韩国和中国台湾 2 个经济体，居第 9 位；2019 年中国数字经济保障端治理水平排序相对于 2018 年提升 1 个位次，超越了澳大利亚 1 个经济体，居第 8 位；2020 年中国数字经济保障端治理水平排序相对于 2019 年提升 3 个位次，超越了新西兰、马来西亚和加拿大 3 个经济体，居第 5 位；2021 年中国数字经济保障端治理水平排序相对于 2020 年提升 1 个位次，超越了日本 1 个经济体，居第 4 位。

表 11　2010~2021 年中国在亚太经济体数字经济保障端治理水平中的总体排名及动态变化

年份	数字经济保障端治理水平排序	与上一年相比上升位次(个)	超越经济体数量(个)	数字经济保障端治理水平指数	数字经济保障端治理水平指数增长率(%)
2010	12	–	–	0.304	–
2011	12	0	0	0.320	5.263
2012	12	0	0	0.329	2.813
2013	11	1	1	0.366	11.246
2014	11	0	0	0.345	−5.738
2015	11	0	0	0.364	5.507
2016	11	0	0	0.392	7.692
2017	11	0	0	0.420	7.143
2018	9	2	2	0.647	54.048

年份	数字经济保障端治理水平排序	与上一年相比上升位次(个)	超越经济体数量(个)	数字经济保障端治理水平指数	数字经济保障端治理水平指数增长率(%)
2019	8	1	1	0.689	6.491
2020	5	3	3	0.759	10.160
2021	4	1	1	0.821	8.169

资料来源：课题组整理数据。

由表11及图2可知，中国数字经济保障端治理水平指数在2010~2021年间，除2014年出现下降以外，基本呈现不断提升的趋势，从2010年的0.304上升为2021年的0.821，2021年指数增长速率约为8.169%。而中国也从2010年的下游经济体转变为2021年的上游经济体，表明中国数字经济保障端治理水平正在向好的形势发展。

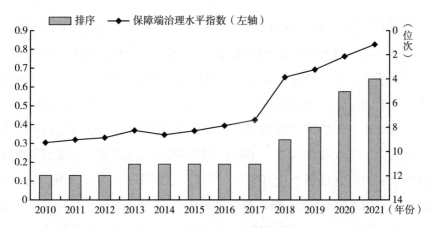

图2　2010~2021年中国数字经济保障端治理水平指数与排序

资料来源：课题组整理数据。

（二）中国在数字经济发展环境排序上的提升更为明显

表12进一步报告了2010年与2021年中国数字经济保障端治理水平二级

指标，即数字经济发展环境、数字经济相关规则与制度中的排序及动态变化。

具体来看，2021 年中国数字经济发展环境在亚太经合组织经济体中排第 2 位，相比 2010 年上升 8 个位次；超越了日本、加拿大、新西兰、澳大利亚、韩国、马来西亚、印度尼西亚及中国台湾 8 个经济体；数字经济相关规则与制度在亚太经济体中排第 9 位，相比 2010 年上升 6 个位次；超越了中国台湾、智利、韩国、泰国、墨西哥及俄罗斯 6 个经济体。

表 12　2020 年与 2021 年中国数字经济保障端治理水平二级指标排序及动态变化

数字经济保障端治理水平二级指标	2021 年排序	2010 年排序	2021 年上升位次(个)
数字经济发展环境	2	10	8
数字经济相关规则与制度	9	15	6

资料来源：课题组整理数据。

由表 13 可知，2021 年亚太经合组织经济体数字经济发展环境、数字经济相关规则与制度的指数均值分别为 0.467 和 0.516，而同期中国数字经济发展环境、数字经济相关规则与制度的指数分别为 0.813 和 0.616，分别高于亚太经合组织经济体指数均值 74.090% 和 19.380%。2010 年亚太经合组织经济体数字经济发展环境、数字经济相关规则与制度的平均水平分别为 0.338 和 0.532，同期中国数字经济发展环境、数字经济相关规则与制度的指数分别为 0.302 和 0.248，分别低于亚太经合组织经济体的指数均值约 10.651% 和 53.383%。2010 年中国数字经济发展环境、数字经济相关规则与制度水平均低于亚太经合组织经济体的平均水平，而 2021 年二者均高于亚太经合组织经济体的平均水平。其中，中国数字经济发展环境水平的提升更为明显。由此可以看出，数字经济发展环境、数字经济相关规则与制度的发展均推动了中国在亚太经济体数字经济保障端治理水平的总体排序的上升，但相对于数字经济相关规则与制度，数字经济发展环境的作用更为明显。

表 13　2021 年与 2010 年中国数字经济保障端治理水平二级指标与
亚太经济体平均水平的分析

数字经济保障端治理水平二级指标	2021 年			2010 年		
	中国指数	亚太经合组织经济体指数均值	高于平均水平(%)	中国指数	亚太经合组织经济体指数均值	高于平均水平(%)
数字经济发展环境	0.813	0.467	74.090	0.302	0.338	−10.651
数字经济相关规则与制度	0.616	0.516	19.380	0.248	0.532	−53.383

资料来源：课题组整理数据。

（三）全球网络安全指数（GCI）的提升对数字经济发展环境排序上升的贡献度更大

表 14 报告了 2021 年和 2010 年中国数字经济发展环境三级指标全球网络安全指数（GCI）与信息和通信行业就业人数的排序及动态变化。2021 年中国 GCI 在亚太经合组织经济体中排第 12 位，相比 2010 年上升 3 个位次，超越了新西兰、中国台湾及智利三个经济体。信息和通信行业就业人数在亚太经合组织经济体中排第 2 位，相比 2010 年上升 1 个位次，超越了日本。

表 14　2021 年和 2010 年中国数字经济发展环境三级指标排序及动态变化

数字经济发展环境三级指标	2021 年排序	2010 年排序	2021 年上升位次（个）
全球网络安全指数(GCI)	12	15	3
信息和通信行业就业人数	2	3	1

资料来源：课题组整理数据。

由表 15 可知，2021 年亚太经合组织经济体 GCI 与信息和通信行业就业人数的指数均值分别为 0.725 和 0.161，同期，中国 GCI 与信息和通信行业就业人数指数分别为 0.751 和 0.789，分别高于亚太经合组织经济体的指数均值约 3.586% 和 390.062%，2010 年亚太经合组织经济体 GCI 与信息和通信行业就业人数的指数均值分别为 0.544 和 0.163，同期，中国 GCI 与信息和通信行业就业人数指数分别为 0.230 和 0.410，分别低于和高于亚太经合组织经济体的指数均值约 57.721% 和 151.534%。相对于 2010 年，中国 GCI 和信息和通信行业就业人数水平均有明显提升。由此可以看出，中国 GCI 和信息和通信行业就业人数的提升均推动了中国在亚太经合组织经济体数字经济发展环境排序的上升，并且 GCI 的贡献作用更大。

表15　中国数字经济发展环境分项指标与亚太经济体平均水平的分析

数字经济发展环境三级指标	2021 年		高于平均水平（%）	2010 年		高于平均水平（%）
	中国指数	亚太经合组织经济体指数均值		中国指数	亚太经合组织经济体指数均值	
全球网络安全指数（GCI）	0.751	0.725	3.586	0.230	0.544	−57.721
信息和通信行业就业人数	0.789	0.161	390.062	0.410	0.163	151.534

资料来源：课题组整理数据。

（四）营商环境的改善对数字经济相关规则与制度排序上升的贡献度更大，但是法律争端解决效率还有较大上升空间

表16 报告了 2021 年和 2010 年中国数字经济相关规则与制度三级指标营商环境和法律争端解决效率的排序及动态变化。

2021 年中国营商环境在亚太经合组织经济体中排第 5 位，相比 2010 年上升 11 个位次，超越了美国、澳大利亚、加拿大、马来西亚、韩国、日本、智利、俄罗斯、墨西哥、泰国及秘鲁 11 个经济体。法律争端解决效率在亚太经合组织经济体中排第 10 位，相比 2010 年上升 1 个位次，超越了泰国。

表 16　2021 年和 2010 年中国数字经济相关规则与制度三级指标排序及动态变化

数字经济相关规则 与制度三级指标	2021 年排序	2010 年排序	2021 年上升位次(个)
营商环境	5	16	11
法律争端解决效率	10	11	1

资料来源：课题组整理数据。

由表 17 可知，2021 年亚太经合组织经济体营商环境与法律争端解决效率的指数均值分别为 0.625 和 0.474，同期，中国营商环境与法律争端解决效率的指数分别为 0.918 和 0.368，分别高于和低于亚太经合组织经济体指数均值 46.880% 和 22.363%。2010 年亚太经合组织经济体营商环境与法律争端解决效率的指数均值分别为 0.589 和 0.475，同期，中国营商环境与法律争端解决效率的指数分别为 0.146 和 0.405，分别低于亚太经济体的指数均值约 75.212% 和 14.737%。由此可以看出，营商环境的改善积极推动了中国数字经济相关规则与制度排序的上升。此外，虽然与 2010 年相比，中国法律争端解决效率排序上升 1 个名次，但法律争端解决效率仍与亚太经合组织经济体的平均水平有较大差距，因此，为了推动中国数字经济相关规则与制度排序的上升，法律解决效率争端需要进一步提高。

**表 17　2021 年和 2010 年中国数字经济相关规则与制度分项指标与
亚太经济体平均水平的分析**

数字经济相关规则 与制度三级指标	2021 年		高于平均 水平 (%)	2010 年		高于平均 水平 (%)
	中国指数	亚太经合 组织经济体 指数均值		中国指数	亚太经合 组织经济体 指数均值	
营商环境	0.918	0.625	46.880	0.146	0.589	−75.212
法律争端解决效率	0.368	0.474	−22.363	0.405	0.475	−14.737

资料来源：课题组整理数据。

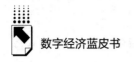

四 中国数字经济保障端治理的对标分析

（一）借鉴经济体：中国应主要在网络安全方面借鉴美国经验

美国作为亚太经合组织数字经济保障端治理水平的上游经济体，2021年其数字经济保障端治理水平在所有亚太经合组织经济体中排第1位，是中国长期发展中值得借鉴的经济体。美国高度重视对于国家网络以及关键基础设施安全的保护，于2018年成立了网络安全和基础设施安全局（CISA）。除此之外，美国国际开发署（USAID）于2020年发布了"数字战略2020—2024"，旨在加强国家级数字生态系统的开放性、包容性和安全性。表18、表19及表20分别报告了2021年和2010年中国数字经济保障端治理水平二级指标、数字经济发展环境三级指标及数字经济相关规则与制度三级指标与美国的对标分析。

从数字经济保障端治理水平二级指标来看，中国与美国在数字经济发展环境上的差距在不断地缩小，由2010年的9个位次缩小为2021年的1个位次，数字发展环境排序仅次于美国；同时，中国与美国在数字经济相关规则与制度上的差距也在不断地缩小，由2010年的9个位次缩小为2021年的5个位次。

表18 2021年和2010年中国数字经济保障端治理水平二级指标与美国的对标分析

数字经济保障端治理水平二级指标	2021年排序		2021年位次差距（个）	2010年排序		2010年位次差距（个）	差距动态变化趋势
	中国	美国		中国	美国		
数字经济发展环境	2	1	1	10	1	9	差距缩小
数字经济相关规则与制度	9	4	5	15	6	9	差距缩小

注：差距为正表明中国落后于对标经济体，差距为负表明中国领先于对标经济体。

资料来源：课题组整理数据。

表19 2021年和2010年中国数字经济发展环境三级指标与美国的对标分析

数字经济发展环境三级指标	2021年排序		2021年位次差距(个)	2010年排序		2010年位次差距(个)	差距动态变化趋势
	中国	美国		中国	美国		
全球网络安全指数(GCI)	12	6	6	15	3	12	差距缩小
信息和通信行业就业人数	2	1	1	3	1	2	差距缩小

注：差距为正表明中国落后于对标经济体，差距为负表明中国领先于对标经济体。
资料来源：课题组整理数据。

表20 2021年和2010年中国数字经济相关规则与制度三级指标与美国的对标分析

数字经济相关规则与制度三级指标	2021年排序		2021年位次差距(个)	2010年排序		2010年位次差距(个)	差距动态变化趋势
	中国	美国		中国	美国		
营商环境	5	6	-1	16	2	14	实现反超
法律争端解决效率	10	7	3	11	8	3	差距不变

注：差距为正表明中国落后于对标经济体，差距为负表明中国领先于对标经济体。
资料来源：课题组整理数据。

从数字经济发展环境三级指标来看，中国与美国在GCI上的差距在不断地缩小，由2010年的12个位次缩小为2021年的6个位次；同时，中国与美国在信息和通信行业就业人数上的差距也在不断缩小，由2010年的2个位次缩小为2021年的1个位次，信息和通信行业就业人数排序仅次于美国。

从数字经济相关规则与制度三级指标来看，中国与美国在营商环境上的差距在不断缩小，并且于2021年中国实现了对美国的反超，排在美国前一位；相对于2010年，2021年中国与美国的法律争端解决效率排序均上升1个位次，中国与美国在法律争端解决效率上的差距没有发生变化，仍然是美国领先中国3个位次。

美国已经建立了比较完善的国家网络安全战略体系。中国可以在以下几个方面借鉴美国。一是在关键基础设施方面进一步加强保卫，提升公众对于基础设施安全性的信心；二是加大对非法侵害中国网络安全行为的打击力度，防止境内的基础设施遭到滥用；三是利用政府采购机制来强化问责制度，提升数据安全治理能力；四是加快网络安全研发，构建良好的网络安全体系，加快数字身份生态体系的发展；五是进一步加强网络安全方面的国际合作，共创良好的网络环境。

（二）追赶经济体：中国应在全球网络安全指数与法律争端解决效率上追赶新加坡

新加坡作为亚太经合组织数字经济保障端治理水平的上游经济体，2021年其数字经济保障端治理水平在所有亚太经合组织经济体中排第2位，领先中国2个位次。2012年，新加坡政府出台《个人数据保护法》，成为个人数据保护的立法开端。新加坡作为东南亚的经济、资本和科技中心，是《数字经济伙伴关系协定》（DEPA）的发起签约国，具有发展数字经济的独特优势。表21、表22及表23分别报告了2021年和2010年中国数字经济保障端治理水平二级指标、数字经济发展环境三级指标及数字经济相关规则与制度三级指标与新加坡的对标分析。

从数字经济保障端治理二级指标来看，中国数字经济发展环境在亚太经济体的排序无论是在2010年还是在2021年均优于新加坡，并且优势在不断扩大，说明中国在数字经济发展环境上的发展速度快于新加坡。在数字经济相关规则与制度上，中国与新加坡的差距在不断缩小，由2010年的13个位次缩小为2021年的8个位次。

表21 2021年和2010年中国数字经济保障端治理水平二级指标与新加坡的对标分析

数字经济保障端治理水平二级指标	2021年排序		2021年位次差距(个)	2010年排序		2010年位次差距(个)	差距动态变化趋势
	中国	新加坡		中国	新加坡		
数字经济发展环境	2	12	-10	10	14	-4	优势扩大
数字经济相关规则与制度	9	1	8	15	2	13	差距缩小

注：差距为正表明中国落后于对标经济体，差距为负表明中国领先于对标经济体。
资料来源：课题组整理数据。

从数字经济发展环境三级指标来看，中国与新加坡在全球网络安全指数上的差距在不断扩大，由 2010 年的 3 个位次扩大为 2021 年的 5 个位次，中国应进一步提升全球网络安全指数。中国与新加坡在信息和通信行业就业人数上的差距体现为中国的优势在不断扩大，中国在信息和通信行业的规模上优于新加坡。

表 22　2021 年和 2010 年中国数字经济发展环境三级指标与新加坡的对标分析

数字经济发展环境三级指标	2021 年排序		2021 年位次差距(个)	2010 年排序		2010 年位次差距(个)	差距动态变化趋势
	中国	新加坡		中国	新加坡		
全球网络安全指数（GCI）	12	7	5	15	12	3	差距扩大
信息和通信行业就业人数	2	19	−17	3	19	−16	优势扩大

注：差距为正表明中国落后于对标经济体，差距为负表明中国领先于对标经济体。
资料来源：课题组整理数据。

从数字经济相关规则与制度三级指标来看，中国与新加坡在营商环境上的差距在不断缩小，由 2010 年的 13 个位次缩小为 2021 年的 4 个位次。同时，中国与新加坡在法律争端解决效率上的差距也在缩小，由 2010 年的 10 个位次缩小为 2021 年的 9 个位次，中国在法律解决争端效率上与新加坡仍有较大差距，中国应进一步提升法律解决争端效率。

表 23　2021 年和 2010 年中国数字经济相关规则与制度三级指标与新加坡的对标分析

数字经济相关规则与制度三级指标	2021 年排序		2021 年位次差距(个)	2010 年排序		2010 年位次差距(个)	差距动态变化趋势
	中国	新加坡		中国	新加坡		
营商环境	5	1	4	16	3	13	差距缩小
法律争端解决效率	10	1	9	11	1	10	差距缩小

注：差距为正表明中国落后于对标经济体，差距为负表明中国领先于对标经济体。
资料来源：课题组整理数据。

中国可以通过以下途径提升 GCI 水平和法律争端解决效率，追赶新加坡。在 GCI 方面，一是对关键基础设施进行保卫，健全网络安全检查评估机制；二是加强政府自身能力建设，为公民提供网络安全服务，创造安全的网络空间环境；三是推动网络规范建设，加快建立健全网络安全政策与立法；四是加大研发资金投入，加快网络安全研究和创新，发展先进的网络安全技术。在法律争端解决效率方面，一是应加强法律制度的改进和完善，加强法律监管和执行力度；二是应定期加强对于执法机关的培训和管理，改进执法政策，提高执法水平；三是应进一步优化诉讼流程，节约纠纷解决耗时，提升诉讼效率。

（三）合作经济体：中国可以发挥在信息和通信行业上的规模优势来加强与俄罗斯在 GCI 网络安全上的合作

俄罗斯作为亚太经合组织数字经济保障端治理水平的中游经济体，与中国是友好邻邦，在数字经济保障端治理上存在可以合作的领域。2017 年 7 月，俄罗斯联邦政府正式批准了《俄联邦数字经济规划》，以推动经济和社会领域的数字化进程。2015 年，中俄双方签署了《中华人民共和国政府和俄罗斯联邦政府关于在保障国际信息安全领域合作协定》，不断加强两国在数字化领域的合作。表 24、表 25 及表 26 分别报告了 2021 年和 2010 年中国数字经济保障端治理水平二级指标、数字经济发展环境三级指标及数字经济相关规则与制度三级指标与俄罗斯的对标分析。

从数字经济保障端治理水平二级指标来看，中国与俄罗斯在数字经济发展环境上的差距体现为中国的优势在缩小，由 2010 年中国领先俄罗斯 3 个位次缩小为 2021 年中国领先俄罗斯 2 个位次；中国与俄罗斯在数字经济相关规则与制度上由 2010 年的俄罗斯领先于中国 1 个位次转变为 2021 年中国领先于俄罗斯 4 个位次。

从数字经济发展环境指标来看，中国与俄罗斯在全球网络安全指数上的差距在不断扩大，由 2010 年的 1 个位次扩大为 2021 年的 10 个位次，中国应进一步提升 GCI。中国与俄罗斯在信息和通信行业就业人数上的差距体现为中国的优势在不断扩大，由 2010 年领先于俄罗斯 1 个位次转变为 2021 年领先于俄罗斯 2 个位次。

表24 2021年和2010年中国数字经济保障端治理水平二级指标与俄罗斯的对标分析

数字经济保障端治理水平二级指标	2021年排序		2021年位次差距(个)	2010年排序		2010年位次差距(个)	差距动态变化趋势
	中国	俄罗斯		中国	俄罗斯		
数字经济发展环境	2	4	−2	10	13	−3	优势缩小
数字经济相关规则与制度	9	13	−4	15	14	1	实现反超

注：差距为正表明中国落后于对标经济体，差距为负表明中国领先于对标经济体。
资料来源：课题组整理数据。

表25 2021年和2010年中国数字经济发展环境三级指标与俄罗斯的对标分析

数字经济发展环境三级指标	2021年排序		2021年位次差距(个)	2010年排序		2010年位次差距(个)	差距动态变化趋势
	中国	俄罗斯		中国	俄罗斯		
全球网络安全指数（GCI）	12	2	10	15	14	1	差距扩大
信息和通信行业就业人数	2	4	−2	3	4	−1	优势扩大

注：差距为正表明中国落后于对标经济体，差距为负表明中国领先于对标经济体。
资料来源：课题组整理数据。

从数字经济相关规则与制度三级指标来看，中国与俄罗斯在营商环境上的差距体现在中国的优势在不断扩大，由2010年俄罗斯领先于中国4个位次转变为2021年中国领先于俄罗斯6个位次。此外，中国与俄罗斯在法律争端解决效率上的差距没有发生变化，仍然是中国领先于俄罗斯7个位次。

表26 2021年和2010年中国数字经济相关规则与制度三级指标与俄罗斯的对标分析

数字经济相关规则与制度三级指标	2021年排序		2021年位次差距(个)	2010年排序		2010年位次差距(个)	差距动态变化趋势
	中国	俄罗斯		中国	俄罗斯		
营商环境	5	11	−6	16	12	4	实现反超
法律争端解决效率	10	17	−7	11	18	−7	领先优势不变

注：差距为正表明中国落后于对标经济体，差距为负表明中国领先于对标经济体。
资料来源：课题组整理数据。

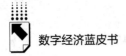

俄罗斯在网络安全领域处于国际先进水平，中俄在网络空间安全上有共同的关注热点。中国与俄罗斯可以继续举办一系列关于数字相关领域的论坛，在提升网络安全、保护个人隐私以及防止网络犯罪方面加强合作。同时，中俄双方还可以签署有关网络安全方面的战略合作协议来加强两国关于网络安全的合作，共同讨论和制定有关保护网络安全方面的方法和解决方案，加快网络安全新技术的研发，提升网络安全治理能力，共同构建一个安全的网络空间环境。

（四）潜在竞争经济体：中国应提升法律争端解决效率来应对日本的威胁

日本作为亚太经合组织数字经济保障端治理水平的上游经济体，2021年其数字经济保障端治理水平在所有亚太经合组织经济体中排第5位，仅落后于中国1个位次，是中国的潜在竞争经济体。为了能够更好地在网络安全领域开展一系列治理，提升日本政府与民间应对网络攻击的能力，日本国会于2014年通过了《网络安全基本法》。此外，2021年9月，日本成立数字厅，旨在迅速且重点推进数字社会进程。表27、表28及表29分别报告了2021年和2010年中国数字经济保障端治理水平二级指标、数字经济发展环境三级指标及数字经济相关规则与制度三级指标与日本的对标分析。

从数字经济保障端治理水平二级指标来看，中国与日本在数字经济发展环境上由2010年日本领先于中国8个位次转变为2021年中国领先于日本1个位次，说明中国在数字经济发展环境上的速度快于日本。中国与日本在数字经济相关规则与制度上的差距在不断缩小，由2010年的7个位次缩小为2021年的1个位次。

从数字经济发展环境三级指标来看，中国与日本在GCI上的差距在不断缩小，由2010年的8个位次缩小为2021年的4个位次。中国与日本在信息和通信行业就业人数上由2010年日本领先于中国1个位次转变为2021年中国领先于日本1个位次。

表 27   中国数字经济保障端治理水平二级指标与日本的对标分析

数字经济保障端治理水平二级指标	2021 年排序		2021 年位次差距（个）	2010 年排序		2010 年位次差距（个）	差距动态变化趋势
	中国	日本		中国	日本		
数字经济发展环境	2	3	−1	10	2	8	实现反超
数字经济相关规则与制度	9	8	1	15	8	7	差距缩小

注：差距为正表明中国落后于对标经济体，差距为负表明中国领先于对标经济体。
资料来源：课题组整理数据。

表 28   中国数字经济发展环境三级指标与日本的对标分析

数字经济发展环境三级指标	2021 年排序		2021 年位次差距（个）	2010 年排序		2010 年位次差距（个）	差距动态变化趋势
	中国	日本		中国	日本		
全球网络安全指数（GCI）	12	8	4	15	7	8	差距缩小
信息和通信行业就业人数	2	3	−1	3	2	1	实现反超

注：差距为正表明中国落后于对标经济体，差距为负表明中国领先于对标经济体。
资料来源：课题组整理数据。

从数字经济相关规则与制度三级指标来看，中国与日本在营商环境上的差距体现在中国的优势在不断扩大，由 2010 年日本领先于中国 6 个位次转变为 2021 年中国领先于日本 8 个位次。但是，中国与日本在法律争端解决效率上的差距在不断扩大，由 2010 年的 4 个位次扩大为 2021 年的 6 个位次，中国应进一步提升法律争端解决效率巩固自己的地位。

表 29   中国数字经济相关规则与制度三级指标与日本的对标分析

数字经济相关规则与制度三级指标	2021 年排序		2021 年位次差距（个）	2010 年排序		2010 年位次差距（个）	差距动态变化趋势
	中国	日本		中国	日本		
营商环境	5	13	−8	16	10	6	实现反超
法律争端解决效率	10	4	6	11	7	4	差距扩大

注：差距为正表明中国落后于对标经济体，差距为负表明中国领先于对标经济体。
资料来源：课题组整理数据。

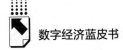
中国应从以下几个方面提升自身的法律争端解决效率。一是政府应扩大法律的适用范围，完善健全争端解决法律制度；二是加强关于法律知识的宣传与介绍，使公民深入了解法律、相信法律，严格遵守法律制度；三是加强法律执行的公正性和透明度，同时加强对于相关部门的管理；四是建立严格的法律监管机制，提高法院的独立性和公正性，营造一个良好的司法环境；五是加强调解机构的建设，最大限度地保护当事人的权益，节约诉讼资源，提升调解效率。

五　结论与政策建议

本文的研究表明，近年来亚太经合组织经济体数字经济保障端治理整体水平上提升明显，多个经济体近年来完成层级跃升，2021年数字经济保障端治理上、中、下游三个层级之间已形成"倒金字塔"形的结构布局。数字经济发展环境和数字经济相关规则与制度的排序格局已完成洗牌，且多个经济体指标间发展较不协调。从数字经济发展环境来看，亚太地区GCI上涨幅度较大，其中发展中经济体的上升势头尤为显著；信息和通信行业人数整体上涨幅度较大，但有少数经济体的信息和通信行业就业人数存在下降趋势。从数字经济规则与制度的角度来看，亚太经合组织各经济体的营商环境近年来排序波动不大，但经济体间差距趋于缩小；在法律争端解决效率上，亚洲经济体整体提升幅度大于其他地区。与此同时，亚洲经济体间在信息和通信行业具有较大合作潜力，各经济体可以发挥各自所长，进行优势互补。此外，亚太经合组织各经济体数字经济相关规则与制度水平差距趋于缩小，为进一步建立亚太数字经济规则区域协调机制提供了良好基础。

从中国数字经济保障端治理发展层面来看，中国排序多年来明显上升，2010~2021年间从第12名上升到了第4位。从分项指标来看，相对于数字经济相关规则与制度来说，中国的数字经济发展环境排序提升更为明显，其中GCI的提升有着较大的贡献度。同时，营商环境的改善也推动了中国数字经济相关规则与制度排序的提高。但是目前中国法律争端解决的效率仍然有着较大的提升空间，是数字经济保障端治理中一个相对薄弱的环节，与部分对标经济体相比仍有较为明显的差距。

基于以上对亚太经合组织及中国数字经济保障端治理水平发展情况的分析，本文具体提出以下对策建议。

（一）亚太地区数字经济保障端治理政策建议与措施提出

1. 着力改善数字经济发展环境，补足数字经济保障端治理短板

2021 年亚太经合组织数字经济发展环境的指数均值为 0.467，上、中、下游层级的指数均值分别为 0.578、0.407 和 0.126，是各经济体数字经济保障端治理的一块短板。因此，要继续提高亚太经合组织数字经济保障端治理水平，改善数字经济发展环境是当务之急。美国和俄罗斯等 GCI 较高的经济体可以继续加强人工智能网络攻防和网络安全云化等网络安全前沿技术研究，不断提高应对网络威胁和攻击的能力。GCI 较低的墨西哥、菲律宾和智利等经济体则应当积极学习借鉴其他经济体的先进技术和经验，并加大自主研发投入，打好数字技术基础，改善整体网络安全环境。信息和通信行业就业人数规模较大的经济体可以继续加大数字技术人才教育力度，提升劳动力素质水平，进一步发挥好数字经济发展环境的规模优势。信息和通信行业就业人数较为短缺的新加坡、新西兰和中国香港等经济体则可以加大对于全球数字经济人才的引入力度，并继续提升数字技术教育水平，培养更多本土数字技术高技能人才。

2. 持续推进数字经济相关规则与制度建设，进一步释放数字经济发展制度优势

2021 年亚太经合组织数字经济相关规则与制度指数均值为 0.516，上、中、下游层级经济体的指数均值分别为 0.742、0.335 和 0.015，在数字经济保障端治理中发展较好。但是整体而言，亚太经合组织的营商环境与法律争端解决的效率整体水平提升幅度并不太大，2010~2021 年间亚太经合组织整体营商环境与法律争端解决效率指数均值只提升了 11.04% 和 0.69%，仍然

有较大的提升空间。因此，亚太经合组织各经济体应当采取相应措施，促进数字经济相关规则与制度加快发展。首先，部分经济体可以借鉴新加坡、新西兰和中国香港等制度水平较高的经济体，建立投资保护机制，改善营商环境，吸引跨国企业进行数字经济相关领域的投资。并要营造好良好的投资环境，为企业提供稳定的金融政策和金融服务，简化和优化行政审批程序，改善投融资环境。其次，亚太经合组织各经济体间可以加强司法合作，共享有关商业争端的信息和案例，提高解决争端的效率和公正性。并可以推动建立多边争端解决机制，例如仲裁和调解机构，为企业提供快速、有效和公正的争端解决渠道，改善亚太经合组织整体数字经济相关规则与制度环境。

（二）中国数字经济保障端治理政策建议与措施提出

1. 继续发挥信息和通信行业就业人数规模优势，打造全球重要数字经济人才中心与创新高地

中国近年来信息和通信行业就业人数大幅增加，目前已跃居亚太经合组织经济体中的第2位，且与第1位美国之间的差距正在缩小。因此，中国可以进一步加大数字经济行业人才培育力度，为我国信息与通信行业的持续高质量发展培养出更为充足的人才储备，发挥好我国在数字经济发展环境上的规模优势。与此同时，我国也要注重加强数字经济行业人才整体素质的提升。应当着力提高数字技术人才教育水平，增强数字技术人才自主培养能力，建设好数字技术创新人才主力军，争取在关键技术领域拥有一批领军人才和创新团队。并应当推进学校教育与社会教育双管齐下，形成数字技术人才教育合力，力争把我国打造成全球重要的数字经济人才中心与创新高地。

2. 继续建设网络安全防线，为中国数字经济持续健康发展保驾护航

安全的网络环境是经济社会稳定运行的重要保障，是数字经济高质量发展的重要支撑。2021年中国GCI排第12位，仍然有着较大的上涨空间。因此，中国应当更加重视推动改善网络安全环境，为数字经济的持续发展保驾护航。应当进一步加强网络安全领域的人才教育培训力度，包括在高校加强相关的网络安全课程设置，提供更多的实践机会和实践教学环境，加强跨国

网络安全人才交流等，力争为我国网络安全领域培养出一批领军人才与高端创新团队，补齐我国 GCI 的短板。另外，我国可以进一步完善网络安全治理政策与法律法规，明确相应的法律责任和惩罚措施，加强对网络犯罪的打击和预防，凝聚起全社会建设网络强国的强大实践力量，进一步筑牢全民网络安全的"防火墙"。

3. 积极学习其他经济体地区的先进经验，补足中国数字经济保障端治理短板

2021 年中国的数字经济相关规则与制度指数为 0.616，排第 9 位，是数字经济保障端治理的一块短板。因此中国应当加强与新加坡、新西兰和加拿大等数字经济相关规则与制度水平较高的经济体的交流，积极学习借鉴先进的数字经济相关规则与制度经验，进一步改善营商环境并提高法律争端解决的效率。中国可以进一步优化数字经济相关的政策与法律法规，制定更为透明、稳定和友好的经营政策和法律法规。并可以进一步优化相关行程审批程序，改善营商环境，为数字经济的发展提供可靠的规则和制度支撑。同时，可以完善在线诉讼平台和争议解决机制，通过网络技术提高高效便捷的争议解决渠道，进一步提高我国法律争端解决的效率，完善我国数字经济相关规则与制度的短板。

理论篇

B.5
数字经济治理报告研究现状

王砚羽 余雅洁*

摘　要： 数字经济治理的理论研究远远滞后于全球数字经济的发展。统一规范的数字经济治理框架目前尚未形成，各国在数字经济治理上缺少足够共识，亟待形成与全球数字经济发展水平相匹配的数字经济治理体系。亚太经合组织是亚太地区最高级别的政府间经济合作机构，多年来一直致力于发展数字经济来推动亚太地区创新成长，推出了多项合作方案和行动计划，在数字贸易规则制定与探索方面，亚太经合组织有望为数字经济治理探寻出一条求同存异的合作路径，将全球数字经济治理格局推向一个新的平衡。在微观上，数字经济治理是推进全球治理体系变革的重要驱动力；达成亚太数字经济治理的共识和规则框架是当前的迫切需要；数字经济治理是推进经济体治理体系和治理能力现代化的重要内容。

关键词： 数字经济治理　全球治理体系　共识与规则框架　治理能力现代化

---

* 王砚羽，北京邮电大学经济管理学院副教授、博士生导师、管理学博士、工商管理系主任，主要研究方向为创新战略、责任式创新等；余雅洁，北京邮电大学经济管理学院工商管理专业在读研究生，主要研究方向为责任式创新。

一 数字经济治理是推进全球治理体系变革的重要驱动力

数字经济发展速度之快、辐射范围之广、影响程度之深前所未有，正在成为重组全球要素资源、重塑全球经济结构、改变全球竞争格局的关键力量，数字技术促进了全球经济增长，但也给全球经济治理体系带来了新的挑战。数字保护主义和技术民族主义在一些发达国家抬头。这些经济体强行从战略、安全和国家间竞争的角度看待科技议题，过度保护本国科技市场、技术资源和比较优势，形成了技术垄断与数字壁垒，阻碍了知识传播与创新合作。

全球范围内尚不具备统一规范的数字经济治理框架，各国在数字经济治理上缺少足够共识，相关规则孤立且零散，无法形成有效治理模式和完整治理体系。与此同时，传统的全球治理机制难以适应数字经济发展的新需求，数字经济领域的国际合作面临政治考量、意识形态和文化安全等多方面的重大考验①。

为了应对这些挑战，各国需要进行数字经济治理，提供有效的系统性解决方案，以此来推进全球治理体系的改革和创新。数字经济的治理推动了数字经济的蓬勃发展，从而推动全球经济治理体系进入新的历史时代。从治理客体上来看，数字经济治理拓展了全球治理体系变革的空间，丰富了全球产业治理、货币金融治理、贸易治理和可持续发展治理的内涵；从治理手段上来看，数字经济治理能丰富全球经济治理的路径选择，并从全球经济信息流通、风险诊断和应对、政策效能评估等方面推进全球治理体系变革②。

为应对这些挑战，各国还需要加强数字经济治理合作，推动构建全球治理新秩序。目前，各大国际组织正在积极开展数字经济治理的相关工作，以

---

① 李涛、徐翔：《加强数字经济国际合作 推动全球数字治理变革》，《光明日报》2022年9月6日。

② 徐秀军、林凯文：《数字时代全球经济治理变革与中国策略》，《国际问题研究》2022年第2期，第85~101页。

联合国、世界银行、国际货币基金组织、世界贸易组织为代表的国际组织正在关注网络空间国际规则制定、全球治理能力提升、数字鸿沟和数字壁垒的消除、经济社会文化的可持续发展的目标[①]。围绕数字经济治理展开的国际合作有利于数据要素的高效配置、各类市场主体的加速融合、数字经济的协调发展以及全球治理体系的变革。

二 达成亚太数字经济治理的共识和规则框架是当前的迫切需要

亚太地区横跨东亚、东南亚，以及太平洋沿岸的美国、澳大利亚等经济体，人口约占全球总人口的40%，经济和贸易总量约占世界总量的50%，是全球经济发展的重要引擎。[②] 目前，亚太地区数字经济快速崛起，对数字贸易规则的制定和探索也走在世界前列。《全国与进步跨太平洋伙伴关系协定》（CPTPP）、《区域全面经济伙伴关系协定》（RCEP）、《数字经济伙伴关系协定》（DEPA）等多边贸易协议都纳入了数字经济治理的内容。

然而，亚太地区各国和地区政府仍然面临着数字经济治理方面的诸多挑战，涵盖数据跨境传输政策、数字贸易便利化、新兴技术规范等重要议题。同时，由于亚太地区既拥有美国、中国、日本等成熟而强大的经济体，又包括印度、印度尼西亚等工业化新兴经济体，显著的国情差异导致各方较难在短时间内就区域性的数字经济治理机制达成有效共识。这也导致该地区的数字经济治理呈现出零散、碎片化、欠缺共识和协调性的局面，显然不符合其日益迫切的数字经济发展需求。

数字经济是一种全新的经济形态，支撑着未来全球生产力的增长和繁荣。亚太地区是世界上数据产量最丰富的地区。但目前数字经济治理的多边

---

① 李涛、徐翔：《加强数字经济国际合作 推动全球数字治理变革》，《光明日报》2022年9月6日。

② 吕娜：《全球数治丨构建亚太地区数字经济治理机制的三个关键领域》，澎湃网，https://www.thepaper.cn/newsDetail_forward_14392794。

规则尚未确定，地缘政治竞争程度加深，数字经济治理的格局仅由诸多区域性的零散协议拼凑而成，使数字贸易保护主义有机可乘，加深了强势经济体与欠发达经济体的数字鸿沟，形成治理赤字。因此，通过对话与合作建立经济体间的信任和信心，达成亚太数字经济治理的共识和构建规则框架，实现利益共享和共赢成为当前的迫切需要。

要实现平等、互利、共赢的数字经济治理，推进全球数字贸易自由化的进程仍面临着诸多不确定性。然而，随着时间的推移，确保形成数据跨境安全有序流动的新规范、互利共赢的数字经济新规则、开放包容的数字经济新环境，以及达成亚太数字经济治理的共识和构建规则框架将成为数字经济良性发展的关键驱动力。作为全球数字经济发展的领先区域，亚太地区数字经济治理机制的建设实践或可为其他地区的经济体探明路径、树立标杆①。

三 数字经济治理是推进国家治理体系和治理能力现代化的重要内容

数字技术深度嵌入融合在政府治理、经济发展和社会治理制度体系中，是系统推进国家治理体系和治理能力现代化的有效路径。数字经济治理在政府、经济和社会领域的实践和发展，不仅自上而下地革新了政府内部行政管理体制，有利于全面提升政府内部的行政协调能力和政府外部的监管规制能力，而且在经济领域和社会治理领域产生了积极影响②。

随着数字技术的高速发展和应用潜能的迸发，数字经济在经济社会发展中的引领作用更加凸显。数字化、智能化、网络化深入发展，数字经济与实体经济深度融合，现实社会和虚拟场景相互交织，治理场景不断拓展、其动态性和复杂性大大提升。与此同时，数字技术的发展和应用拓展了治理边界，从传统线下治理空间拓展至数字治理空间，催生了更多新的数字治理议

---

① 吕娜：《全球数治丨 构建亚太地区数字经济治理机制的三个关键领域》，澎湃网，https://www.thepaper.cn/newsDetail_ forward_ 14392794。

② 张建锋：《数字治理：数字时代的治理现代化》，电子工业出版社，2021。

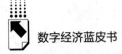

题，对数字经济治理体系和治理能力提出了新要求。

习近平总书记指出："完善数字经济治理体系。要健全法律法规和政策制度，完善体制机制，提高我国数字经济治理体系和治理能力现代化水平。"① 深入分析数字经济的特点和发展规律，适应数字经济发展趋势，完善数字经济治理体系，提高我国数字经济治理体系和治理能力现代化水平，是贯彻新发展理念、推动构建新发展格局、建设现代化经济体系、构筑国家竞争新优势的必然要求，是推进国家治理体系和治理能力现代化的题中应有之义。

由于数据纷繁复杂、创新创业活跃、线上线下融合等特点，传统的经济治理方式已经难以满足数字经济治理的现实需要，为了变革、升级和重构传统的经济治理方式，数字经济治理综合采用互联网技术和信息化举措建立大数据动态分析系统，分析研判数字经济发展现状和趋势、精准把握数字经济发展的成效与问题，通过打造数字化政府综合提升数字经济治理效能，助力重塑公共服务模式、更好发挥政府治理职能，还能打破数据和信息壁垒，推动建设欠发达地区的新型信息基础设施，形成更好的网络空间秩序。所以，数字经济治理不仅可以优化我国数字经济发展的质量，还能促进提高数字经济治理的现代化水平②。

① 习近平：《不断做强做优做大我国数字经济》，《求是》2022 年第 2 期。
② 刘洋、杨柳：《提高数字经济治理现代化水平》，《人民日报》2023 年 2 月 27 日。

B.6
数字经济治理理论框架

王砚羽　陈逸涵　梁若彤　余雅洁　林磊*

摘　要：　基于数字经济治理的内涵，本文将数字经济治理分为基础端治理、应用端治理和保障端治理。围绕上述三个核心层面，本文设计了数字经济治理研究框架的六个研究模块。基础端包括数字基础设施模块和数字技术治理模块，数字基础设施模块包括数字基础设施创新模块化共演的过程、数字基础设施和经济韧性之间的关系，以及数字基础设施安全保护三个议题；数字技术模块主要探讨技术治理在算法治理、人工智能治理、算力网络治理、元宇宙治理四个方面可能的理论突破与模式创新。应用端包括数字化产业组织应用模块和数字化全球治理应用模块，数字化产业组织应用模块将沿着产业组织数字化转型的"驱动模式—能力提升—治理范式"技术路线展开数字技术应用下的企业组织转型与治理机制的研究；数字化全球治理应用模块将主要分析数字化全球治理的要素构成与机制、数字化全球治理的难点突破等议题，探讨数字技术应用下全球治理体系的发展与变革等问题。保障端包括数字经济发展环境模块和数字经济制度环境模块，数字经济发展环境模块将围绕数字经济发展环境展开研究，就营商环境、数字经济与绿色创新、数字经济与产业转型三方面进行探讨，为数字经济健康发展提供支持和指导；数字经济制度环境模块主要探讨数字经济发展的多元制度逻辑、环境限制与高质量发展、逻辑结构与机制构建三

---
* 王砚羽，北京邮电大学经济管理学院副教授、博士生导师、管理学博士、工商管理系主任，主要研究方向为创新战略、责任式创新等；陈逸涵，北京邮电大学经济管理学院工商管理专业在读研究生，主要研究方向为创新战略；梁若彤，北京邮电大学经济管理学院工商管理专业在读研究生，主要研究方向为责任式创新；余雅洁，北京邮电大学经济管理学院工商管理专业在读研究生，主要研究方向为责任式创新；林磊，北京邮电大学经济管理学院工商管理专业在读研究生，主要研究方向为责任式创新。

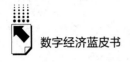

个议题，以推动数字经济制度环境的健康发展。

关键词： 数字经济治理概念　基础端治理　应用端治理　保障端治理

一　数字经济治理的概念界定

（一）什么是数字经济

世界经济论坛主席克劳斯·施瓦布（Klaus Schwab）认为，"正在到来的新一轮技术变革必然导致第四次工业革命"[①]。而新技术导致的产业革命在经济形态上则体现为数字经济。

数字经济目前有很多定义。中国信息通信研究院认为"数字经济是以数字化的知识和信息为关键生产要素，以数字技术创新为核心驱动力，以现代信息网络为重要载体，通过数字技术与实体经济深度融合，不断提高传统产业数字化、智能化水平，加速重构经济发展与政府治理模式的新型经济形态"。《"十四五"数字经济发展规划》指出，"数字经济是继农业经济、工业经济之后的主要经济形态，是以数据资源为关键要素，以现代信息网络为主要载体，以信息通信技术融合应用、全要素数字化转型为重要推动力，促进公平与效率更加统一的新经济形态"。黄奇帆、朱岩和邵平认为"数字经济是指人类在全球化数据网络基础上，利用各种数字技术，通过数据处理来优化社会资源配置、创造数据资产、形成数据消费，进而创造人类的数据财富、推动全球生产力发展的经济形态"[②]。简而言之，数字经济是以信息技术为驱动的新型经济形态。

沈昌祥院士在《数字经济：内涵与路径》一书的序中提到对于数字经济的看法大体可分为三个角度：技术、市场和治理。目前数字经济发展的主

---

① 〔瑞士〕克劳斯·施瓦布：《第四次工业革命》，中信出版集团，2016。
② 黄奇帆、朱岩、邵平：《数字经济：内涵与路径》，中信出版集团，2022。

力还是技术专家，他们来自科技企业和互联网企业，比如苹果、谷歌、Open AI、阿里巴巴、华为等。早期的市场视角是资本市场对数字技术的聚焦，而后随着中国政府对资本市场无序扩张的有效遏制，数字技术回到与实体市场深度融合的发展道路。治理的视角则从数字政府建设出发关注各种治理问题，以营造更好的治理环境。

聚焦市场视角，《中共中央关于制定国民经济和社会发展第十四个五年规划和二〇三五年远景目标的建议》阐明了数字经济和实体经济的内涵和外延，即数字产业化和产业数字化。数字产业化涉及 ICT 相关产业，重点在于人工智能、大数据、区块链、云计算、网络安全等新兴数字产业；产业数字化则涉及 ICT 的替代性、渗透性、协同性等"技术-经济"特征。渗透性（Pervasiveness）是指 ICT 能够渗透到传统经济活动中并带来经济运行方式的改变[1]。替代性（Substitution）是指遵循"摩尔定律"的 ICT 硬件产品价格处于快速下降趋势，由此带来全社会投资和消费中"ICT 产品"对"非 ICT 产品"的替代[2]。协同性（Cooperativeness/Synergy）是指 ICT 或数字信息要素的渗透能够增加经济活动中其他要素之间的协同性，进而提高经济运行效率[3][4]。

（二）数字经济治理的概念

1. 数字经济治理的时代背景

习近平总书记在《不断做强做优做大我国数字经济》一文中高度评价数字经济的意义："数字经济发展速度之快、辐射范围之广、影响程度之深前所未有，正在成为重组全球要素资源、重塑全球经济结构、改变全球竞争

[1] Bresnahan, Timothy F. and Manuel Trajtenberg, "General Purpose Technologies 'Engines of Growth'?", *Journal of Econometrics*, 1995 (1), pp. 83-108.

[2] Jorgenson, Dale W. and Kevin J. Stiroh, "Information Technology and Growth", *American Economic Review*, 1999 (2), pp. 109-115.

[3] David, Paul and Gavin Wright, *The Economic Future in Historical Perspective*, Oxford University Press, 1999.

[4] Baller et al., The Global information Technology Report 2016.

格局的关键力量。"① 然而，蔡昉等在《中国数字经济前沿（2021）——数字经济测度及"十四五"发展》中指出，如历史上所有颠覆性技术革命一样，数字经济的发展不可避免地会产生诸如阻碍创新、排斥分享和扩大贫富差距等一系列问题。因此，为实现中华民族伟大复兴，继续坚持以人民为中心的发展思想，实现共享发展理念，数字经济治理呼之欲出。②

2. 数字（经济）治理的定义

数字经济、数字政府和数字社会协同数字化发展，数字治理不可或缺。黄奇帆、朱岩和邵平认为，"数字治理是指政府采取数字化方式，推进数据信息共享和政务数字化公开，并在此基础上，通过数字治理解决社会发展的治理命题"③。这个定义旨在从政府视角出发，不仅在狭义上体现用数字化提升政府管理效能，促进透明度和公共服务水平，还在广义上以发展、动态视角审视政府、社会、企业之间的关系。

构建数字治理大框架，聚焦数字经济治理，应深度了解和把握基于人工智能、大数据、云计算、区块链等新一代信息技术涉及的数字经济所引发的生产方式和生活方式的变革，协调与政府、社会之间的关系。

3. 数字经济治理的核心议题

第一，消费者保护。在线消费者会提供丰富的个人信息和金融信息，这会加大消费者在交易、支付、个人隐私方面面临的风险。除了将消费者保护立法延伸到线上领域，还需要完善与在线消费者保护相关的其他立法。为保护消费者权益，我国在 2014 年颁布《中华人民共和国消费者权益保护法》，在 2017 年颁布《中华人民共和国网络安全法》，在 2019 年颁布《中华人民共和国电子商务法》，在 2020 年颁布《中华人民共和国密码法》，在 2021 年颁布《中华人民共和国网络交易监督管理办法》和《中华人民共和国个人信息保护法》。

---

① 习近平：《不断做强做优做大我国数字经济》，《求是》2022 年第 2 期。
② 蔡昉、李海舰、蔡跃洲等：《中国数字经济前沿（2021）——数字经济测度及"十四五"发展》，社会科学文献出版社，2021。
③ 黄奇帆、朱岩、邵平：《数字经济：内涵与路径》，中信出版集团，2022。

第二，网络安全。OECD 将主要的网络安全事件分为三类。第一类，分布式拒绝服务（Distributed Denial of Service，DDoS）。攻击者利用僵尸网络向在线服务发送大量非法请求来中断正常服务的运行行为，通常是为了向受害者勒索钱财。第二类，网络钓鱼（Phishing）和域名欺诈（Pharming）。攻击者在线上通信中伪装成可信任实体，从而获取用户敏感信息或传播恶意软件。第三类，勒索软件攻击。勒索软件使用加密技术限制或禁止个人或组织的数据访问权限，并以此向受害者勒索赎金以恢复访问权限。此外，人工智能的发展也可能给维护网络安全带来新型挑战，例如，深度伪造（Deepfake）技术以假乱真。

许多经济体倾向于从化解网络安全风险的角度促进经济社会发展。其中，2020 年 12 月，中共中央印发《法治社会建设实施纲要（2020—2025年）》，提出制定对网络直播、自媒体、知识社区问答等新媒体业态和算法推荐、深度伪造等新技术应用的规范管理办法。对于这些新技术的负面影响主要从两个方面采取措施：一是事前识别，二是事后鉴伪。

第三，人工智能伦理和算法治理。算法带来的社会伦理和法律问题日益突出：一是，抽象的数字关系可能成为"黑匣子"，任何人都无法理解；二是，一些人工智能系统会随着时间的推移迭代和进化，甚至能够以不可预见的方式改变行为；三是，结果和预测不一定可重复；四是，公平性与人工智能系统所依赖的数据有关；五是，安全性和问责制度不可保证。

因此，开发和部署人工智能工具面临以下挑战：一是，提高人工智能算法透明度和出台问责制度；二是，消除人工智能算法偏见和不同影响；三是，应对与博弈和对抗性学习相关的风险。

第四，社交媒体。社交媒体在快速发展带来便利的同时暴露了许多问题，如传播虚假信息、散布不当言论，以及对个人的骚扰。另外，社交媒体平台推送算法也暴露出诸多问题：一方面，算法的目的是使受众在平台上的时间效用化，却很少关注平台的内容质量；另一方面，个性化的推送可能会促使受众分裂成不同立场的小团体。而且商业公司在限制这些方面缺乏动机，若不加限制可能造成社会恐慌和群体对立。

中国日益重视社交网络的治理。2017 年修订的《互联网新闻信息服务

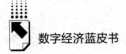

管理规定》扩大了管理范围，将论坛、博客、公众号等新的新闻发布形式纳入管理，同时提高了申请提供互联网新闻信息服务的许可门槛。2021年，《互联网信息服务管理办法（修订草案征求意见稿）》扩大了互联网信息服务的概念，结合互联网发展中出现的新问题增加了新的禁止性规范。

第五，竞争政策和反垄断。市场经济能有效配置经济资源的基石在于企业间的正当竞争。为了规制市场垄断，保护市场经济竞争秩序，政府需要出台一系列反垄断法律和法规。然而数字经济时代不同于以往时代，在平台经济、网络效益和范围经济的共同作用下，企业集中度明显上升。因此，竞争政策和反垄断是数字经济治理最核心的内容之一。

由于科技巨头垄断的新特征，传统的反垄断制度在数字经济时代并非完全适用。因此，学界和政策界建议，将原有的针对公共事业的反垄断监管办法运用到数字科技领域。然而，基于服务成本的监管方式很难适用于数字科技行业。一方面，对于数字科技企业而言，"投资成本"很难衡量；另一方面，科技巨头通常是全球性公司，而超国家性全球监管机构的缺失会引发诸多问题。另外，保持稳定的基础设施和稳定现有网络外部性收益也是巨大的挑战。

目前的方法包括建立专门的监管机构，或者引入多个竞争者形成"动态市场竞争"。但仍然会面临数字平台企业既经营市场又参与市场竞争、平台企业拥有数据垄断等问题。

4. 数字经济治理相应长远问题

蔡昉等在《中国数字经济前沿（2021）——数字经济测度及"十四五"发展》一书的序言中从技术红利的广泛分享视角提出四个方面的问题：一是在数字经济加快自动化技术对人力替代的背景下，如何把数字经济创造的就业机会与劳动者就业能力和技能进行有效匹配？二是从促进竞争和创新以及保护消费者权益等方面必要性出发，如何防止和打破垄断？三是如何跨越各种数字鸿沟（大企业与中小微企业存在数字技术机会鸿沟、各种人群之间存在应用数字技术能力鸿沟）？四是数字经济时代下，如何保证灵活就业人员的权益保障？

面对百年未有之大变局，我国数字经济既要做大蛋糕，又要分好蛋糕，才能鼓励创新并实现共同富裕。因此，我国需要在机制上、制度上、政策上都做出相应安排。①

（三）区域性数字经济治理的概念

1. 要素流动

（1）数据跨境传输

数据跨境流动是指国家之间的数据动态流转和迁移，是跨国贸易的关键支撑，同时更是全球经济发展的重要推动②。

从跨境视角看，不同经济体或联盟数据治理主张存在较大差异（见表1）。

表1 不同经济体/联盟数据治理主张对比

经济体/联盟	数据治理主张
美国	第一，主张个人数据跨境自由流动，并利用自身数字产业优势引导全球跨境数据流动的政策走向 第二，限制重要技术数据出口和特定数据领域的外国投资，遏制战略竞争对手发展，确保美国在科技领域的全球领导地位 第三，制定受控非秘信息清单，界定"重要数据"范围及相应管控措施 第四，通过"长臂管辖"扩大国内法域外适用范围，以满足新形势下跨境调取数据的执法需要
欧盟	第一，确立并实施欧盟数字化单一市场战略，消除欧盟境内数据自由流动障碍 第二，通过 GDPR 和《非个人数据在欧盟境内自由流动框架条例》，规范统一后的欧盟数字经济市场 第三，通过"充分性认定"，确定数据跨境自由流动白名单国家，推广欧盟数据保护立法的全球影响力 第四，在遵守适当保障措施的条件下，提供多样化个人数据跨境流动方式 第五，积极推进犯罪数据境外调取
印度	第一，实施数据本地化政策，促进本国数字经济发展 第二，对个人数据实施分级分类，实施不同数据本地化要求 第三，支付数据强制本地化存储，促进印度银行金融业发展

---

① 蔡昉、李海舰、蔡跃洲等：《中国数字经济前沿（2021）——数字经济测度及"十四五"发展》，社会科学文献出版社，2021。

② Meltzer, Joshua Paul. "The Internet, Cross-Border Data Flows and International Trade", *Asia & the Pacific Policy Studies*, 2015（2），pp. 90-102.

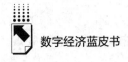
经济体/联盟	数据治理主张
中国	第一,根据《中华人民共和国网络安全法》,出境"数据"的管理范畴主要包括"个人信息"和"重要数据" 第二,在适用范围上,国内外法规均强调属地管辖和域外适用 第三,对出境的判定(存在逐渐拓宽的趋势) 第四,对于数据跨境传输机制,中国立场与部分发达经济体针对跨境数据流动的议题存在争议

资料来源:杨燕青、葛劲峰、马绍之:《数字经济及其治理》,中译出版社,2023。

有关跨境数据流动的国际合作大致分为两部分:一是以 WTO 为代表的全球性国际合作框架及其制定的协议;二是以各自由贸易区或地区国际组织为基础的双边、多边或区域性国际合作框架及其制定的协议。

(2)数字并购(资本)

随着数字经济快速发展,激烈的市场竞争与"赢者通吃"的市场现状紧密相连。如鲁慧鑫等[1]、李思儒等[2]以及蒋殿春和唐浩丹[3]分别探究了价值链分工地位提升、创新创业以及企业数字化转型中数字并购发挥的关键作用。更重要的是,在全球科技与经济深度融合背景下,新兴市场彰显科技活力的重要途径之一便是跨境数字并购[4]。

跨境数字并购不同于传统行业跨国并购。首先,数字型企业本身具有跨国属性,这得益于数字经济边际成本低以及范围经济等效应。其次,传统企业可以通过其快速实现平台商业化以便在国际范围开展生产经营活动。

---

① 鲁慧鑫、郭根龙、冯宗宪:《数字并购与全球价值链升级》,《经济体制改革》2022 年第 3 期,第 172~179 页。

② 李思儒、杨云霞、曹小勇:《数字型跨国并购与创业行为研究》,《国际贸易问题》2022 年第 7 期,第 142~158 页。

③ 蒋殿春、唐浩丹:《数字型跨国并购:特征及驱动力》,《财贸经济》2021 年第 9 期,第 129~144 页。

④ 王喆:《中美跨境数字并购比较:特征事实、驱动因素与未来展望》,《当代经济管理》2023 年第 4 期,第 39~50 页。

（3）数字技术扩散

智能化升级不仅会引发技术领先行业生产率的全面提升，还会对其他行业的就业产生积极的溢出效应[1]。陈宗胜和赵源将高技术密度部门对低技术密度部门技术提升的影响称为技术扩散。数字技术扩散则是涉及信息技术的技术扩散。[2]

相对于专有技术，作为通用技术的数字技术更易跨境扩散[3]。从要素角度出发，师军利和王庭东认为数字技术扩散是数据要素与生产要素相互渗透的过程[4]；另外，从 RCEP 双循环视角出发，区域内外循环分别可以通过市场自发驱动和政府强制推行实现。

2. 数字贸易

我国商务部将数字贸易定义为"以数据资源作为关键生产要素、以现代信息网络作为重要载体、以信息通信技术的有效使用促进效率提升和结构优化的一系列对外贸易活动"。

按数字订购贸易，数字贸易可分为跨境电商交易货物和服务。2021 年我国跨境电商进出口总规模达 1.92 万亿元人民币，增长 18.6%。海外市场也有传统欧美日市场不断向东南亚、非洲、中东、拉美等新兴市场拓展趋势。

二　数字经济治理理论框架构建

（一）数字经济治理理论机制

1. 数字经济基础端治理为数字经济应用端治理提供要素与技术条件

数字经济基础端治理依赖数字基础设施的完善与数字技术治理两条路

---

① Autor, David and Anna Salomons. "Robocalypse Now: Does Productivity Growth Threaten Employment", *Proceedings of the ECB Forum on Central Banking: Investment and Growth in Advanced Economie.*, 2017, pp. 45–118.

② 陈宗胜、赵源：《不同技术密度部门工业智能化的就业效应——来自中国制造业的证据》，《经济学家》2021 年第 12 期，第 98~106 页。

③ Mayer, Jörg and Jorg Mayer. "Technology Diffusion, Human Capital and Economic Growth in Developing Countries", *United Nations Conference on Trade and Development.*, 2001.

④ 师军利、王庭东：《RCEP 区域双循环构想——基于数字技术扩散视角的实证研究》，《经济与管理评论》2022 年第 4 期，第 91~103 页。

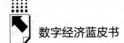

径。数字基础设施指数字经济发展所依赖的基础设施，刁生富等在研究中指出，数字经济基础设施不仅包括传统的高速宽带、网络等信息基础设施，还包括铁路、公路、水运、电力等传统基础设施的数字化过程。数字经济时代，数据成为价值创造的核心要素，数字经济基础设施的完善能为数据的流动与整合提供条件，为数字经济应用端提供了可靠的数据基础。通过确保数据的准确性和一致性，基础端治理能够解决数据的碎片化和孤立化问题，使得数据能够在应用端被有效地利用和分析。如数字基础设施可以通过实时监测获取市场交易双方信息，传递包含供需关系的更完整的数据链条，促进市场供需得到动态平衡[1]，为数字经济应用端的治理提供更完整的数据链条。

伴随着信息基础设施的日趋完善，人工智能、区块链、大数据、云计算等一系列新的技术应运而生，这些新技术与不同产业相融合，形成了新的发展趋势[2]。数字技术治理为数字经济应用端提供了安全的数据条件及具有一致性的技术条件。一方面，数字技术治理的推进对数据的安全和隐私保护具有重要意义。通过安全技术的不断升级，数字经济基础端治理确保应用端在数据收集、存储、传输和处理过程中的安全性和合规性。这为数字经济应用端提供了安全可靠的数据环境，增强了用户和企业的信任感。另一方面，数字技术治理还关注技术标准的制定和推广。通过制定统一的技术标准和规范，数字经济基础端治理为数字经济应用端提供了具有一致性的技术环境。这有助于数字经济应用端在不同产业层面的数据交流和协同工作，从而推进了数字经济全面的、整体的、多维度的发展。综上所述，数字经济基础端治理为数字经济应用端治理提供了必要的要素和技术条件，只有拥有稳定、安全、标准化的基础设施条件，数字经济应用端才能正常运行和发展。

2.数字经济应用端治理会制约数字经济基础端的治理水平

数字经济应用端治理包含数字产业组织应用（数字产业化与产业数字

---

① 刁生富、冯利茹：《重塑 大数据与数字经济》，北京邮电大学出版社，2020。
② 南开大学数字经济研究中心编写组：《数字经济与中国》，南开大学出版社，2021。

化)、数字化全球治理两部分。数字产业化代表依托信息通信技术赋能或者催生的新一代信息技术高科技产业，包括电子信息制造业、电信业等，而产业数字化主要体现的是数字技术对传统产业的改造和赋能[①]。除了国内数字产业经济有了新的发展趋势，数字网络和通信技术也为世界产业经济提供了一个全球化平台，可以进行国际的产业交流、沟通和合作[②]。

应用端的快速发展在快速推进数字经济发展进程的同时，对数字经济基础端治理也产生了一定的制约效应，主要表现在以下几个方面。第一，与其他生产要素相比，数据要素更容易进行跨境流动，数据要素的价值会随着流动不断增加[③]。数字经济与产业的快速融合涉及大量的数据交换和共享，其中包含大量的个人和机密信息，国家安全、企业利益与个人隐私都面临诸多风险。如果应用端的安全措施不到位，容易导致数据泄露、黑客攻击和网络犯罪，对基础端的安全构成威胁，这使得数字经济基础设施难以维护，治理水平下降。第二，数字产业的快速发展要求数字技术迭代速度非常快，这可能导致一些基础端配套技术无法适应新技术的要求，使数据要素在传输时的稳定性得不到保障，降低数字经济基础端的治理水平。第三，数据要素在产业间、经济体间快速流动，这涉及大量不同的企业和机构，它们可能存在数据孤岛和标准不一致的问题。这使得数字经济基础端在数据融合和资源协同上受到限制，影响其整体治理水平。

3. 数字经济保障端治理推进数字经济基础端和应用端协同治理

数字经济保障端治理主要包含数字经济发展环境与数字经济制度环境两部分。协同治理一般被理解为"政府、市场和社会等多元主体相互协调、共同行动，一起有效处理公共事务的过程"[④]。数字经济发展迅速，其高渗透性、高技术壁垒、高跨境流动性等特点提醒我们，传统的监管模式已无法

---

① 鲁玉秀：《数字经济对城市经济高质量发展影响研究——基于数字产业化与产业数字化的双重视角》，西南财经大学，博士学位论文，2022。

② 刁生富、冯利茹：《重塑 大数据与数字经济》，北京邮电大学出版社，2020。

③ 李涛、徐翔：《加强数字经济国际合作 推动全球数字治理变革》，《光明日报》2022年9月6日。

④ 杜庆昊：《数字经济协同治理》，湖南人民出版社，2020。

对数字经济实现有效治理。协同治理理论为数字经济发展提供了实现多元主体协同共治的思路，我们应发挥企业主体的自治作用和社会主体的共治作用，充分利用移动互联网、大数据等新技术，在数字经济保障端建立协同治理思路，提升保障端数字治理水平，从发展环境角度推进数字经济基础端与应用端协同治理。

良好的成长环境是数字经济高效发展的重要因素，也是数字型企业迅速壮大的必要条件[1]。从数字经济发展环境角度看，数字经济保障端可通过完善数字经济法律体系为数字经济发展保驾护航，对数字经济基础端及应用端协同治理的促进作用主要有两条路径：一方面，由于数据权利兼具人格权和财产权双重属性，在大数据时代具有巨大的发展潜力，并且成了研究算法和人工智能技术等领域的前提，数据权利归属不够明晰实质上对于用户数据权利的实现会产生不利影响[2]。目前，虽然很多企业在提供很多服务前，会先行弹出授权界面，但实际上受制于合同格式的用户仍然相对弱势，并不具备拒绝同意条款的能力。数字经济具有信息传播速度快、融合能力强、影响力水平高、自身发展成长快等特征，因此往往企业个体的风险会被快速传播，造成社会面的恐慌与危害。完善隐私保护相关法律，能够规范数据的采集行为及使用界限，同时对政府、行业、企业等多主体行为进行限制，提升对个人数据安全的保护水平，提升协同治理水平。另一方面，行业垄断现象在数字经济比传统行业表现更为突出。一些高科技公司通过买断竞争者或开发竞争性服务扩大竞争优势，迅速控制新市场。保障端治理可以通过合理规范市场主体行为，创造更加有序、公平的数字经济发展环境，为基础端技术稳定发展、应用端合理使用数据提供良好的基础条件。

有效的数字经济制度环境是实现高效协同保障的重要条件。一方面，完善数字技术知识产权保护制度才能从根源上激励数字技术创新，推进基础端

---

① 申雅琛：《数字经济理论与实践》，吉林人民出版社，2022。
② 袁媛：《数据权利及其归属不明导致的法律问题》，《法制博览》2019年第20期。

及应用端的技术发展。保护知识产权就是保护创新，强有力的知识产权保护对激励数字经济的长久创新十分关键①。数字经济制度环境忽视了知识产权制度，那将导致技术领域的混乱，创新领域"搭便车"行为处处可见，数字经济创新活力也将丧失。因此，我们必须推进知识产权保护制度的完善进程，激发数字企业自主创新的积极性，夯实技术根基并创新激活数字经济基础端、应用端。另一方面，信息共享机制是预防、发现和解决问题的内在机制，是多元主体协同治理的重要机理②。信息和数据逐渐成为数字经济发展的重要生产要素和基础，在经济和社会发展中，海量的数据信息在不停地运转和流动。加强信息公开和数据开放共享对于数字经济的发展具有重要意义③。数字技术制度环境可以通过信息共享，打破各数字经济主体掌握信息的闭塞状态，促进数字经济创新发展，并以需求为导向，实现信息资源的高效、高质共享，激活数字经济基础端与应用端的协同治理机制建设，实现更有效的数字经济协同治理（见图1）。

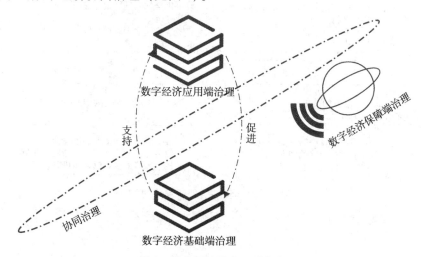

图1　数字经济治理理论框架

资料来源：课题组整理数据。

---

① Chen Y. ,"Improving Market Performance in the Digital Economy". *China Economic Review*, 2020.

② 申雅琛：《数字经济理论与实践》，吉林人民出版社，2022。

③ 刁生富、冯利茹：《重塑 大数据与数字经济》，北京邮电大学出版社，2020。

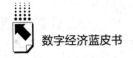

（二）数字经济治理框架——六模块框架

围绕数字经济基础端、应用端和保障端三个核心层面，本文设计了数字经济治理研究模块，如图 2 所示。

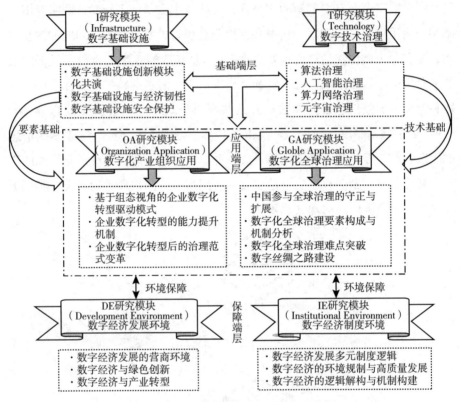

图 2　数字经济治理研究模块

资料来源：课题组整理数据。

六个研究模块分别是：基础端层面的数字基础设施模块（Infrastructure）和数字技术治理模块（Technology）、应用端层面的数字化产业组织应用模块（Organizational Application）和数字化全球治理应用模块（Global Application）以及保障端层面的数字经济发展环境模块（Development Environment）和数字经济制度环境模块（Institutional Environment）。

1.Ⅰ（数字基础设施）研究模块：数字基础设施

经济发展离不开基础设施的支撑，数字经济也不例外。数字基础设施主要指在新一代信息技术驱动下，支撑社会生产力数字化的基础设施是数据要素的重要载体，也是数字经济发展的重要基石。数字基础设施主要包括以下四类：一是以宽带（5G/6G）、卫星互联网、新一代通信网络等为代表的网络基础设施；二是以大数据中心、工业互联网服务平台、云计算中心、物联网服务平台、互联网企业应用服务平台等为代表的信息服务基础设施；三是以超算中心等为代表的科技创新支撑类基础设施；四是支撑社会治理、公共服务及关键行业信息化应用的重要信息基础设施。

党的二十大报告强调要加强基础设施建设，《"十四五"信息通信行业发展规划》提出到2025年基本建成新型数字基础设施。本文将分析探究数字基础设施创新模块化共演的过程、数字基础设施与经济韧性之间的关系，以及数字基础设施安全保护的议题。

（1）数字基础设施创新模块化共演

数字基础设施创新过程实质上是一个社会技术系统的数字化转型，具体指在公共领域被广泛使用的信息基础设施和物理基础设施的深度融合。模块化是实践中进行复杂创新的有效方式。

现阶段，市场提供的公共服务根植于各应用软件中，使得信息模块分散，而功能上不可避免地存在重叠现象，这降低了模块内聚性从而降低了系统的整体性能。我国数字基础设施创新面临技术和社会两个层面的挑战。首先，在组织层面，缺乏完善和统一的组织与规划，对数字基础设施创新原理和规律认识不清晰，法律法规的不完善影响了信息传递效率的提升，部门职能的交叉限制了信息的共享和传递；其次，在技术层面，系统中信息技术和业务流程的协同性有待提升。数字基础设施的创新模块化还缺乏系统性地考虑共演关系对社会技术变革的作用。

本模块主要依据社会技术转型理论，采取探索性案例研究和解释性案例研究相结合的综合分析方法，探究数字基础设施模块化创新的过程，以及组织利基和技术利基在创新过程中的共演路径及影响。系统梳理在一些突发事件和非突发事件中的创新过程。尝试回答"组织模块化和技术模块化如何共演推动数字基础设施创新"这一核心问题。以期加强对数字基础设施创新的原理和规律性认识,提高数字基础设施的灵活性和可拓展性。进而对我国在公共服务信息系统建设和社会治理数字化转型进程中做出战略响应和开展创新活动提供思路和启示①。

(2)数字基础设施与经济韧性

数字技术的快速发展伴随复杂风险的冲击,演化经济理论认为经济韧性的关键特征是经济的适应能力,在数字时代,通过数字基础设施建设提升经济韧性成为风险社会新的治理思路。

与经济韧性相关的研究多在考察传统基础设施的影响作用,缺乏探究技术进步后数字基础设施影响经济韧性的特殊性。在外部扰动情况下,经济体的及时恢复和有效发展需要数据传播通畅的响应平台以及足够的创新动能,数字基础设施作为数据要素的重要载体和网络的传输纽带,为搭建数据与创新的沟通平台提供了基础。

围绕"数字基础设施如何提升经济韧性"这一核心问题,本模块将通过自然语言技术处理刻画数字基础设施并进行实证检验研究数字基础设施对经济韧性的影响机制差异②。经济韧性包括抵抗恢复能力、适应调节能力、创新转型能力三个维度。利用中介模型、门槛效应模型和空间杜宾模型实证分析数字基础设施发展对经济韧性的影响效应③。经济韧性的重塑是多重因素共同作用的结果,为此本模块还将基于组态视角运用 QCA 方法探讨抵御期和恢复期经济韧性的影响因素组态,并明晰其驱动机制④。以期利用数字

---

① 靳景、余江、孙茜:《数字基础设施创新的模块化共演路径——基于公共卫生应急治理的案例研究》,《科学学研究》2021 年第 4 期,第 713~724 页。

② 胡承晨、毛丰付:《数字技术赋能政府治理:数字基础设施与经济韧性》《河北经贸大学学报》2023 年第 4 期,第 40~52 页。

③ 李晓钟、吴文皓、顾国达:《数字经济发展能否提升区域经济韧性?——基于中介效应、门槛效应和空间溢出效应的研究》《浙江大学学报》(人文社会科学版)2022 年第 12 期,第 21~39 页。

④ 张跃胜、谭宇轩、乔智:《外部冲击影响城市经济韧性的组态分析》,《郑州大学学报》(哲学社会科学版)2023 年第 1 期,第 41~47 页。

基础设施与结构优化的交互作用分散抵抗期的风险，促进恢复期新增长路径的演化。

（3）数字基础设施安全保护

关键数字基础设施是事关国家总体安全的重要部分，是国家数据主权行使的重要物质载体。出台关键数字基础设施安全保护的相关法规条例，提升国家信息基础设施管理和保护的立法层级，明确关键数字基础设施的范畴和管理要求，推动建立健全关键数字基础设施安全保护的制度体系[1]。

但现有的研究集中于数字经济基础设施建设的内涵范畴、发展目标、测量统计和经济影响，或者提出相关政策建议以促进数字经济发展。缺乏数字经济基础设施的微观角度，也缺乏实证分析的经验证据。同时，相关的定量研究也相对较少，这可能是因为数字基础设施建设的时间尚短，难以获得充分和完整的数据；已有的实证分析也只停留在通信基础设施的互联互通层面，而更符合时代发展需要的数字经济基础设施和网络安全保护等软性数字经济基础设施互联互通的实证缺乏研究[2]。

围绕世界主要国家和地区数字基础设施安全立法情况，本模块将在分析国外数字经济相关法律内容要点的基础上，从立法迫切性、前瞻性及重点关注领域等方面立足法律法规安全保障体系搭建，从促进技术发展、搭建保障体系、规范数据管理、激发产业活力、加快安全治理等方面提供建议，推动并保障数字基础设施安全平稳发展[3]。

数字技术应用下的数字基础设施治理技术路线见图3。

2. T（技术）研究模块：数字技术治理

数字技术的发展推动了多种形式的技术治理手段的兴起，一定程度上给社会治理变革提供了基础与动力。但是当前的数字技术治理方式在治理结

---

① 胡海波、耿骞：《数据跨境流动治理研究：溯源、脉络与动向》，《情报理论与实践》2023年第7期，第178~186页。

② 农宁宇：《中国与"一带一路"沿线国家数字经济基础设施建设水平及其影响因素研究》，广西大学，硕士学位论文，2022。

③ 郝志强、蒋金桥、郭娴：《国外数字经济安全立法研究》，《工业信息安全》2022年第10期，第6~12页。

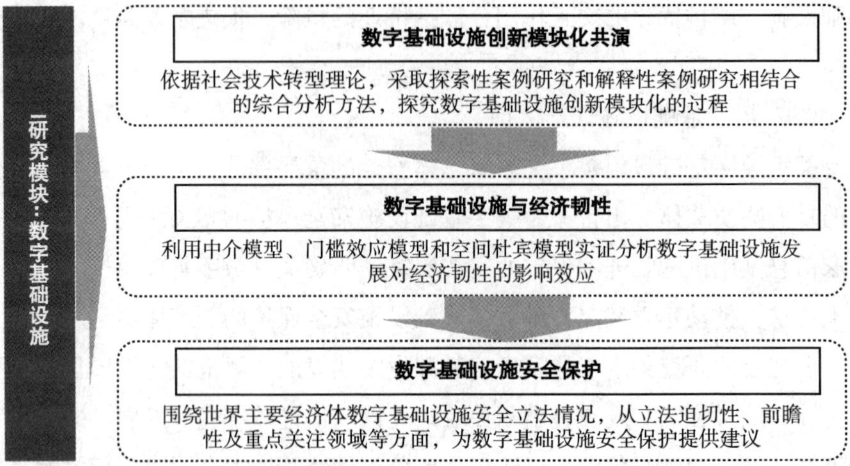

图 3　数字技术应用下的数字基础设施治理技术路线

资料来源：课题组整理数据。

构、发展路径等方面仍存在局限性，阻碍了数字技术治理效能的发挥。本模块主要探讨数字技术治理在以下四个方面可能的理论突破与模式创新，以期助力我国治理能力现代化目标的实现。

（1）算法治理

基于对数据资源的应用，算法治理能够迅速满足用户需求，为数字经济发展注入强大的动力。但是算法治理在运行过程中也存在较多问题，从而出现算法滥用、大数据杀熟、信息茧房等一系列问题，如何建立促进算法治理的有序发展成为亟待解决的问题。本模块拟通过仿真模拟、机器学习等方法，构建算法评估与审计的整体框架以有效规范算法治理的应用，进一步探讨算法治理模式实现创新发展的实践路径，引导算法向上向善发展，以期推动算法治理体系建设，确保算法治理服务于社会福祉。

（2）人工智能治理

当前，建立在技术自反性和场景变革性基础上的人工智能技术社会复合体持续推动着人工智能技术与智能社会的相互调适，成为我国新一代人工智能技术善治的逻辑内核和根本动力。但是以数据要素、算法模型、平台集成为核心风险载体的博弈要素不断牵引着人工智能社会技术生态系统的非均衡偏移，推动着新一代人工智能国际竞合秩序和组织协同秩序的转型重构。围绕人工智能赋能多重治理挑战，人工智能治理部分将系统性刻画我国新一代人工智能适应性治理的范式变革并着力从动态范式中探寻规律，实现对人工智能技术在技术社会复合系统构建，以及创新生态主权边界非均衡调适方面的关键理论突破，为我国新一代人工智能安全可信、健康有序发展提供理论依据和决策参考。

（3）算力网络治理

算力网络是云计算与网络深度融合的新模式，我国当前的东数西算工程是对算力进行的全国一体化布局，旨在构建全国范围的算力网络体系，构筑数字经济发展的新优势。本模块聚焦算力网络治理问题，拟采用行为实验、机器学习和计量统计等方法从组织生态理论、动态能力理论等视角，识别算力网络治理发展关键制约因素，构建算力网络治理跨区域协同运作机制，并积极探索算力网络应用的新型商业模式，为实现算力网络的高质量发展提供理论指导与借鉴。

（4）元宇宙治理

元宇宙实现了信息的多维度和沉浸式交互，在社交、教育、工业等多领域具有丰富的应用场景。元宇宙作为当前数字技术发展的全新应用形态，在带来前所未有的机遇的同时，也带来难以预测的风险。然而目前对于其发展与治理的理论探讨和实践经验不足，亟须展开系统化探究。本模块拟采用机器学习和计量统计等方法，探讨元宇宙治理面临的现实困境与风险构建元宇宙治理的底层逻辑，搭建元宇宙治理结构与整体框架，充分发挥元宇宙治理优势、造福数字社会发展。

数字技术应用下的数字技术治理技术路线见图4。

3. OA（组织应用）研究模块：数字化产业组织

数字经济时代的到来，深刻地改变了企业所处的内外部环境，重塑了企业核心竞争力的来源，数字化转型成为企业激发组织活力、构建市场竞争力的关键路径。本模块将沿着如下技术路线展开"数字技术应用下的企业组织转型与治理机制"（见图5）。

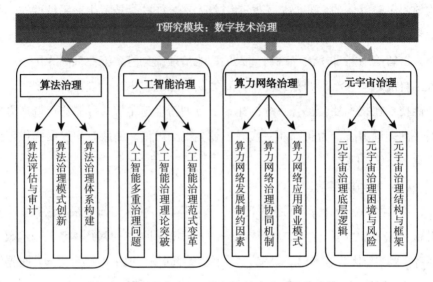

图4 数字技术应用下的数字技术治理技术路线

资料来源：课题组整理数据。

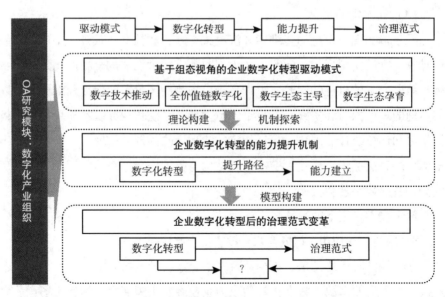

图5 数字技术应用下的企业组织转型与治理机制技术路线

资料来源：课题组整理数据。

（1）基于组态视角的企业数字化转型驱动模式

先进的信息科学技术是否能被顺利引入企业，离不开组织内外部驱动。为厘清组织内外因素对企业数字化转型驱动模式的影响，本模块通过对制造业、服务业和金融业等各行业企业进行问卷调研，收集研究样本，并采用必要条件分析（NCA）和模糊集定性比较分析（fsQCA）方法，从组态视角研究"技术—组织—环境"层面的各因素如何协同作用影响制造企业数字化转型。

具体来说，前期研究已经为我们提供了相当充分的基础，已经初步识别了数字化水平的前因组态包括数字技术推动型和数字生态主导型，全价值链数字化型和数字生态孕育型。但这仅仅是基于案例研究展开的初步理论涌现，未来将继续研究这一领域细分各个前因组态的类型。

（2）企业数字化转型的能力提升机制

前期研究已经完成了对部分"专精特新"制造业数字化转型情况的开放式访谈，从结果来看企业关注的核心问题是数字化转型后的能力构建。基于此，本模块将基于初始的案例研究，提出企业数字化转型中的能力提升概念框架。在此框架基础上，结合资源基础论、创新理论和技术采纳理论，展开案例企业深入调研和访谈。总结企业在数字化转型中能力提升（基于前期研究成果，大致总结了三种能力：技术能力、资源能力、敏捷能力，未来研究中将继续细分三种能力并做细致的大样本实证检验）。

（3）企业数字化转型后的治理范式变革

企业数字化转型后将面临价值链各个环节的变革，企业原本的治理范式都将产生颠覆性的影响。企业的敏捷性和柔性能力受到挑战。本模块将采用实证研究方法，并结合文本挖掘技术和机器学习算法，对企业年报资料进行学习读取，提炼出能够反映数字化转型后治理范式类型的关键词，对因变量进行测量。并通过读取敏捷性、柔性等能力方面的文本资料，识别企业在数字化转型后的关键能力，最终构建企业数字化转型-能力提升-治理范式的相关模型，借助 PSM、DID 等算法回避可能的内生性问题。

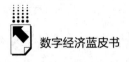

4. GA（全球治理）研究模块：数字化全球治理

数字技术的发展为数字化全球治理理念与模式的更新提供了可能。随着信息技术的快速发展和全球化进程的加速，全球面临诸多由数字化带来的全球性挑战，如跨境数据流动、网络安全、隐私保护等。这些挑战需要全球合作与协调的机制来加以应对。同时，数字经济的迅速普及和发展对全球治理提出了新的需求，数字技术在各领域广泛应用，涉及经济、社会、文化等方方面面，国际社会需要探讨如何处理数字经济的发展与治理。因此，数字化全球治理的研究旨在寻找解决方案，构建有效的全球治理机制，以应对数字化时代带来的全球性挑战。本模块将探讨数字技术应用下全球治理体系的发展与变革，推进数字化全球治理体系的转型升级。

（1）中国参与全球治理的守正与扩展

从深度参与到引领全球治理转向是中国经济发展及世界格局重构的必然结果。作为一个重要的国际参与者，中国参与全球治理的守正与扩展不仅对自身发展具有重要意义，也对国际社会和全球治理贡献了积极的力量。然而，中国面临着来自国际社会和国内的各种挑战，应加强国际合作、担负更多责任，并推动全球治理的创新和改革。通过这些努力，中国可以进一步发挥其在全球治理中的重要作用，为世界的和平、稳定与繁荣做出更大贡献。

守正指的是中国秉持国际法和国际规则参与全球治理的原则和做法。这包括坚持多边主义、支持联合国的作用、履行国际义务以及遵守国际规则等。中国在全球治理中的守正表现在多个领域。首先是贸易领域，中国积极推动自由贸易，并加入了多个国际贸易组织和协定，如世界贸易组织和《区域全面经济伙伴关系协定》。其次，中国在气候变化领域也发挥了积极的作用，承诺减少二氧化碳排放，并签订《巴黎协定》。此外，在金融领域，中国加入了国际货币基金组织和世界银行等国际金融机构，并积极参与全球金融稳定和发展。

除了守正，中国还在全球治理中扩展其影响力和参与方式。一方面，中国坚持以和平发展为基本原则，通过提出共建"一带一路"等提供了新的全球治理理念和框架。这一倡议推动了基础设施建设、贸易合作和人文交流，为全球治理注入了新的动力。另一方面，中国加强了与发展中经济体的合作，提供了人才培训、援助和投资等，提升了全球治理的包容性和公平性。

在研究中国参与全球治理的守正与扩展时，还需要关注一些问题。首先是中国的角色定位，如何平衡国家利益和国际责任，并与其他大国和地区合作。其次是中国在全球治理中的效果评估，包括其政策实施和影响力的分析。最后是研究还需要关注中国全球治理思维的发展，包括如何适应全球治理变革和未来挑战。

（2）数字化全球治理要素构成与机制分析

数字化全球治理主要包括五个要素：数字化全球治理的原则、主体、客体、方式和目标。

数字化全球治理的原则包括多元协同共治原则、谨慎的技术中性原则和公平互惠原则。多元协同共治原则强调社会治理模式从单向管理转向双向互动，政府监管向社会协同治理转变。谨慎的技术中性原则要求对待数字技术的发展要谨慎，倡导数字技术回归技术本身，促进技术的向善发展，推动全球数字技术持续创新和数字经济健康发展。公平互惠原则主张弥合数字鸿沟，提高欠发达地区的数字技术水平，并增加对落后地区的数字基础设施建设援助。同时，推动建立更加包容开放的全球数字经济规则，既兼顾发达国家利益，又避免对发展中国家产生发展壁垒的高标准。

数字化全球治理的主体包括主权国家、国际组织、跨国公司和全球公民社会组织。尽管数字化全球治理仍然属于数字化的全球社会经济，但参与全球数字经济治理的国家主体并未失去重要地位。然而，数字经济的发展导致了工业、农业等实体经济的高度数字化，传统经济和数字经济的界限日益模糊，这就需要国家更多地将主权和责任转交给一些超国家组织和平台。与传统全球治理相比，全球数字经济治理将发生以下重大变化：首先，主权国家政府仍然居于主导地位，但其在全球数字经济治理中的地位发生了变化。其次，私营部门在全球数字经济治理中的作用日益凸显。最后，个人开始走向全球数字经济治理舞台的中心位置。

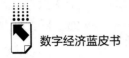

数字化全球治理的客体越来越注重数字政策协调、数字垄断、数字鸿沟和数字伦理等新问题。随着数字技术与实体经济深度融合，数字化对全球经济发展和国家安全的影响不断深化，全球数字经济治理的客体也超越了仅仅关注技术和经济层面的需求。它牵涉一系列复杂的问题，如国家安全和人权保障等，使网络空间成为人类社会的"第五战略空间"。因此，可以预见，未来全球数字经济治理的客体将随着数字技术的实践而不断扩展。

数字化全球治理的方式仍然是以规则为基础的治理。然而，规则的定义和行使方式发生了两个方面的变化。一方面，代码已成为除市场、法律和社会规范外的第四种规则制定方式。现在，代码逐渐成为规范互联网用户行为的主要手段，尤其是智能合约和区块链技术的出现，使得代码在规范人们在互联网上的互动方面发挥了更大的作用。未来的治理可能通过智能合约实现全球范围内的协同操作和资源配置。另一方面，大数据和区块链技术进一步解析规则，使规则之间的壁垒变得透明。这将有助于打通规则之间的联系，帮助各个国家、机构乃至个人了解全球化的规则和壁垒，降低了参与规则制定的制度成本。

随着数字技术的迅猛发展，数字化全球治理的范围已经从传统的跨国贸易、投资和金融领域扩展到跨国数据流动、平台治理、数字服务税、人工智能治理、人权保障等多个议题。全球数字经济治理的目标也变得多样化，除了遵循全球治理的基本目标，即致力于人类的安全、和平、发展、福利、平等和人权保障，还具备以下几个方面的目标：促进数字经济的全球化发展与深化，协调各种多元治理主题上的分歧，以及推动数字技术的善意发展。

数字化全球治理的机制是复杂而多样的，需要各方的合作和努力，同时需要不断创新和改进，以适应不断发展的数字经济环境。数字化全球治理机制涉及以下四个方面。

第一，多边机制。多边机制是数字化全球治理的重要机制之一，通过国际组织和国际协议来协调各国之间的合作。例如，联合国的互联网治理论坛（IGF）是一个为各国政府、企业和民间社会组织提供交流合作平台的机制。此外，世界贸易组织（WTO）也在数字贸易方面起到重要作用，在制定全球数字经济规则和贸易协定方面发挥着引领和协调的作用。

第二，自愿性行动机制。在数字化全球治理中，自愿性行动机制指的是由各国、企业和非政府组织主动发起的行动，旨在推动数字经济的发展和治理。这些行动可能包括共同制定标准，分享最佳实践，建立合作伙伴关系等。例如，全球数据伙伴关系（Global Data Partnership）就是由多个国家和国际组织发起的合作倡议，旨在促进全球数据合作和数据流动。

第三，私营部门参与机制。私营部门在数字化全球治理中扮演着重要角色，其参与可以通过制定行业标准、推动自律机制、提供技术解决方案等方式进行。例如，技术巨头如谷歌、微软等公司通过参与制定标准和推动自律机制，积极参与数字化全球治理。

第四，区域合作机制。区域合作机制是数字化全球治理的重要组成部分，通过区域间的合作来解决数字经济的治理问题。例如，欧洲联盟（EU）在数字经济方面制定了一系列政策和法规，以推动数字化的发展和治理。

（3）数字化全球治理难点突破

随着全球信息化和数字化的快速发展，国际社会各行为主体都面临复杂交织的全新治理挑战。目前数字化全球治理研究在解决全球性问题、确保数字化发展的公正性与包容性、保护个人隐私和数据安全以及构建可持续的数字化未来等方面仍旧存在不足。只有克服这些难点，才能推动数字化全球治理的发展，实现数字化时代的长期可持续发展。

首先，一个重要的难点是数字化全球治理的法律和政策框架。数字化全球治理需要制定一系列国际法和政策，以确保全球数字化发展的公平、开放和可持续。但是，由于不同经济体的法律和政策体系存在差异，以及数字化技术的快速变革，制定统一的法律和政策框架面临着困难。因此，研究如何协调国际的法律和政策，以及如何应对不断变化的技术创新是重要的突破点。

其次，数字化全球治理还面临着数据隐私和安全的问题。随着数字化时代的到来，个人和机构的大量数据被收集和利用，同时面临着数据隐私和安全的威胁。如何保护个人和组织的数据隐私，并确保数据的安全和可信，是数字化全球治理的重要问题。需要进行研究来解决数据隐私和安全的技术、

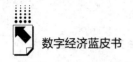

政策和治理机制，以建立一个可信赖的数字化全球治理体系。

再次，数字鸿沟是数字化全球治理中的另一个难点。全球不同地区和经济体之间数字发展水平的差异导致数字鸿沟的存在。一些地区和经济体缺乏基础设施、技术能力和数字技能，这导致了数字鸿沟的进一步扩大。如何解决数字鸿沟，以确保数字化全球治理的包容性和可持续性，是需要研究和突破的问题。

最后，数字化全球治理还需要解决国际协作和治理机制的问题。数字化全球治理需要各国和国际组织之间的协作和合作，以应对跨国界的挑战和问题。然而，目前存在国际协作和治理机制的不足和不完善问题。需要研究如何加强国际合作和制定有效的治理机制，以实现数字化全球治理的有效运作。

综上所述，数字化全球治理难点突破研究具有重要的意义。通过研究和解决数字化全球治理中的法律和政策框架、数据隐私和安全、数字鸿沟以及国际协作和治理机制等难题，可以推动数字化全球治理的发展和进步，实现可持续和包容的数字化未来。

（4）数字丝绸之路建设

数字经济通过电子商务、云计算、大数据、人工智能等技术的应用，实现了信息的快速传输、资源的高效配置以及产业结构的变革，对于促进经济增长、提升国家竞争力具有重要意义。在这样的背景下，中国提出了共建"一带一路"，旨在推动沿线国家互联互通、经济合作和共同发展。数字丝绸之路作为共建"一带一路"的重要组成部分，是利用数字技术实现沿线国家之间互联互通和数字经济合作的战略举措。未来数字丝绸之路的建设将在以下五个方面进行推进，以加强数字合作与发展，为数字丝绸之路的战略规划和项目实施提供必要的支撑，助力各国共同开创数字丝绸之路建设的新篇章。

第一，加强信息技术设施的互联互通是数字丝绸之路建设的基础。这包括推动各国之间的网络互联、数字基础设施的建设和数据通信的便利化。通过建立更加高效稳定的网络通信体系，促进国家间民众的合作与交流，推动数字丝绸之路沿线经济体之间的经济、文化和教育交流。

第二，加速工业经济向数字化经济的转变是数字丝绸之路建设的根本目的。通过大规模普及数字技术的应用，推动各国工业的升级与转型，加强数字经济在国际社会中的影响力。这将有助于提高产业竞争力，推动经济增长和就业机会，并促进数字技术的创新和应用。

第三，打造创新产业链是数字丝绸之路建设的核心内容。通过加强各国在数字科技领域的合作，推动产业链的整合和创新能力的提升。这包括推动数字技术的研发与转化，培育具有国际竞争力的数字产业，促进数字经济的发展和可持续增长。

第四，加强政策相通是确保数字丝绸之路建设顺利推进的重要保障。各国应加强政策的协调与合作，制定有利于数字经济发展的政策和法规，降低贸易壁垒，促进数字技术和创新的合作与交流。政策的相通将进一步释放数字经济的活动力，推动数字丝绸之路沿线经济体的经济一体化和共同繁荣。

第五，推进国际交流与合作是数字丝绸之路建设的重要目标。通过与国际组织、跨国企业和学术机构的合作，打造新型的全球治理体系，促进数字丝绸之路的全球合作。这包括促进知识共享与技术转移，共同研究和应用数字技术解决方案，加强合作与交流，推动数字丝绸之路构建开放、包容、共赢的国际合作网络。

数字技术应用下的数字化全球治理体系技术路线见图6。

5. DE（发展环境）研究模块：数字经济发展环境

在数字经济的持续发展过程中，政策环境、技术环境、市场环境和社会环境等环境因素都对其发展产生重要的影响。数字经济的快速发展，对经济增长和创新有重要影响，研究其环境有助于制定政策和战略，支持数字经济发展。研究能提供技术、市场和社会等方面信息，帮助从业者应对机遇和挑战，提升竞争力和可持续发展能力。此外，数字经济与实体经济融合是其重要前提，研究还能促进融合，推动经济转型和社会进步。只有深入了解数字经济发展环境，才能更好地把握数字经济发展的机遇和挑战，为促进经济转型升级和社会进步提供有效的支撑。本模块将围绕数字经济发展环境展开，为数字经济健康发展提供支持和指导。

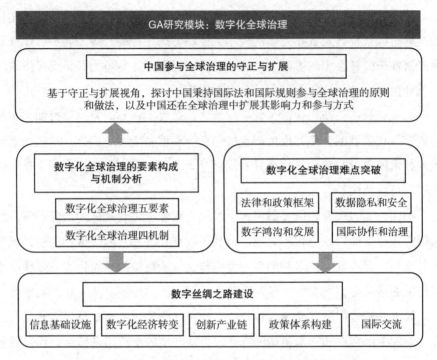

图6　数字技术应用下的数字化全球治理体系技术路线

资料来源：课题组整理数据。

（1）数字经济发展的营商环境

数字经济的发展离不开一个良好的营商环境，它对于企业和创新者的吸引力、竞争力和发展空间起着至关重要的作用。政府在数字经济发展中起着重要的调控和引导作用，应提供技术支持、市场准入便利化和人才支持等方面的政策和措施，积极为数字经济的发展营造一个良好的环境，推动数字经济的健康、持续和可持续发展。

首先，加强创新驱动和技术支持是数字经济发展的关键。政府应积极支持科技创新，提供创新支持和激励措施，建立科技成果转化机制，加强对数字经济关键技术的研发和应用。此外，政府还应加大对数字经济基础设施建设的投资力度，提升网络带宽、智能物联设备等基础设施的水平，为数字经济的发展提供有力支撑。

其次，降低市场准入门槛和优化审批服务是促进数字经济发展的重要举措。政府应加大改革力度，推动市场化改革，打破行业壁垒，减少行政审批环节，降低创新企业和创新项目的准入门槛。同时，要加强相关政府服务，提高办事效率和便利化程度，为企业提供更好的营商环境和支持。

最后，加强人才培养和引进，构建人才资源优势也是数字经济发展的必要条件。政府应加大对人才培养的投入，加强科技教育和技能培训，提高人才的专业素质和创新能力。同时，要加强国际交流与合作，吸引和引进国内外高水平的科技人才，为数字经济发展提供智力支持。

（2）数字经济与绿色创新

数字经济与绿色创新是当今社会发展的两大重要趋势。数字经济是基于信息技术和互联网发展的新兴经济形态，它以数字化、网络化和智能化为特征，已经深刻改变了人们的生产、生活方式和社会经济结构。绿色创新指的是一种以环保、可持续发展为导向的创新形式，追求经济增长与环境保护的有机结合。数字经济与绿色创新相互促进、相互渗透的关系体现在多个方面。

首先，数字经济可以提升绿色创新的效率和质量。数字技术为绿色创新提供了新的工具和平台，通过大数据分析、云计算等技术手段，可以实现对能源、环境、资源等方面的监测和管理，推动绿色技术的研发和应用。

其次，绿色创新可以促进数字经济的可持续发展。在数字经济快速发展的背景下，绿色创新对于降低资源消耗、减少碳排放、提高环境质量具有重要意义。绿色创新可以推动数字经济向低碳、智能、可持续的方向发展，提高经济增长的质量和效益。

最后，数字经济和绿色创新的结合可以带来新的发展机遇和就业岗位。数字经济的蓬勃发展为绿色创新提供了广阔的市场和平台，也为企业和个人创造了更多的就业机会。绿色创新倡导的环保理念和可持续发展的需求，可以激发创新创业的热情，促进新的产业链和价值链的形成，为经济增长注入新的动力。

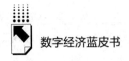

（3）数字经济与产业转型

数字经济的快速发展和产业转型紧密相连。在数字经济的背景下，传统产业正在经历着巨大的转型。数字技术的引入和应用正在改变着企业的商业模式，加速着产业的升级和转型。

首先，数字经济为传统产业提供了巨大的发展机遇。通过数字技术的运用，传统产业可以实现生产方式、管理模式和商业模式的创新升级。例如，制造业可以通过工业物联网、大数据分析和人工智能等技术实现智能化生产、定制化生产和在线销售，提高效率、降低成本，并满足消费者个性化需求。此外，数字经济还为传统产业拓展了新的市场和业务领域，让传统产业在数字化时代找到新的增长点。

其次，数字经济对传统产业带来了巨大的挑战。数字化带来了信息流通的加速和信息透明度的增加，消费者对产品和服务的要求不断提高，这对传统产业提出了更高的要求。传统产业必须要加强对数字化技术的应用，提高创新能力，转变思维方式，适应市场的需求变化。否则，传统产业将面临市场份额被新兴数字经济企业侵蚀的危险。

数字经济的发展与产业转型是一种相互促进的关系。产业转型需要数字经济的支撑和推动，而数字经济的发展则需要产业转型的支持和培育。政府和企业应积极推动数字经济与传统产业的深度融合，构建数字经济生态系统，整合资源，加强创新能力培养，拓展市场空间，推动产业迈向更高层次。

总之，数字经济的发展为传统产业带来了机遇和挑战，产业转型需要依托数字技术的支撑，而数字经济的发展也需要传统产业的转型升级。数字经济与产业转型的紧密结合将推动经济的健康发展，并为社会的进步和生活的改善提供有力支持。

数字技术应用下的数字经济发展环境技术路线见图7。

6. IE（制度环境）研究模块：数字经济制度环境

数字经济的发展离不开适宜的制度环境。制度环境包括法律法规、政策规定、市场规则等，它们对数字经济的运行和发展起着重要的引导和规范作

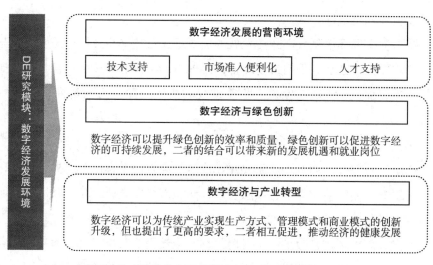

图7 数字技术应用下的数字经济发展环境技术路线

资料来源：课题组整理数据。

用。数字经济的特点和需求使得原有的传统制度环境难以完全适应其快速发展的要求，因此需要对数字经济制度环境进行深入研究。构建合理有效的数字经济制度环境，有助于优化市场环境和激发活力，并为政府和决策者提供科学依据和参考。同时，这也有助于加强国际合作和规则制定，促进数字经济的全球发展。最终，这些研究成果能为企业提供指导。本模块将围绕数字经济制度环境展开，为政府决策、市场发展、国际合作和企业发展提供支持，推动数字经济健康发展。

（1）数字经济发展多元制度逻辑

数字经济发展多元制度逻辑围绕基础设施、市场环境、金融环境、创新环境、法治环境和监管环境展开，通过建立和完善相关制度，为数字经济的健康发展提供支持和保障。这些制度相互关联、相互促进，共同构建了数字经济发展的有力框架。

第一，基础设施是数字经济发展的重要支撑。在数字经济时代，高速、稳定的网络基础设施是必不可少的。数字经济依赖于互联网和相关的硬件设备，因此需要建设和完善网络基础设施，提高网络速度和覆盖率，并确保网

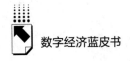

络的安全性和稳定性。

第二，市场环境是数字经济发展的重要组成。数字经济具有开放性和竞争性，需要建立公平竞争的市场环境，促进市场主体的多样化和参与度的提高。还需要加强知识产权保护，防止侵权和盗版现象，为创新提供良好的环境。

第三，金融环境也是数字经济发展的关键要素。数字经济涉及电子支付、金融科技等方面的发展，需要建立稳定、高效的金融体系，提供多样化的金融服务。还需要加强金融风险管理，防范网络安全风险和金融风险，保障数字经济的健康发展。

第四，创新环境是数字经济发展的核心驱动力。数字经济是以技术创新为基础的经济形态，因此需要提供良好的创新环境。这包括推动科技研发和创新投入，培育创新人才，加强技术交流与合作等方面的举措，激发创新活力和推动技术进步。

第五，法治环境是数字经济发展的基础。数字经济涉及知识产权、数据隐私等重要问题，需要建立科学合理的法律体系，明确各方的权利和义务，保护创新者的权益，维护公平竞争的市场秩序。还需要加强法规的适应性和灵活性，跟上数字经济发展的变化。

第六，监管环境是数字经济发展的必要保障。数字经济活动跨越国界，需要建立跨境合作的监管机制，共同应对跨境数据流动、网络犯罪等问题。与此同时，还需要加强监管部门的能力建设，提高监管效能和应对速度，以有效监管数字经济发展过程中的风险和挑战。

（2）数字经济的环境规制与高质量发展

数字经济的环境规制与高质量发展密切相关。数字经济在发展过程中面临着一系列的环境规制，包括技术、政策、市场等方面的规制。如何突破这些规制，实现数字经济的高质量发展是关键。本模块围绕加大技术创新和人才培养力度，优化政策环境，完善市场机制，加强金融支持，加强网络安全和数据保护等方面，以期数字经济突破环境规制，实现高质量发展。

首先，技术规制是数字经济发展中的重要环境规制。虽然数字技术发展迅猛，但仍存在短板和不足。例如，人工智能、大数据分析等前沿技术的不断发展，需要持续的技术创新和人才培养，以提高技术的应用层次和领先性。此外，数字经济还需要解决网络安全、数据隐私等技术挑战，提高技术的安全性和可靠性。

其次，政策环境也是数字经济发展的重要环境规制。数字经济的发展需要建立健全的法律法规和政策支持。政府应该加大对数字经济的政策支持力度，推动数字经济的发展，包括加强知识产权保护、制定科技创新政策、推动数据开放共享等。同时需要减少行政干预，为市场主体提供公平竞争的环境，鼓励企业创新和发展。

除此之外，市场环境规制也是影响数字经济高质量发展的重要因素。数字经济的发展依赖于市场需求和消费能力，需要建立健全的市场机制和消费者信心。解决市场环境规制需要加强市场监管，防止无序竞争和不正当竞争，保护消费者合法权益，同时需要提高市场准入的透明度和规范性，降低创业和经营成本。

此外，数字经济还需要建立完善的金融环境。数字经济的发展需要对接金融服务，包括支付结算、融资支持等。然而，目前数字经济的金融环境存在着金融风险、金融体系不完善等问题。需要加强金融监管，防范金融风险，同时加大对数字经济的金融支持和创新金融产品开发。

最后，技术和数据安全问题也是数字经济发展的重要环境限制。随着数字经济的迅猛发展，网络安全和数据隐私问题越来越突出。数字经济需要建立健全的网络安全体系和数据保护机制，加强技术安全的研究和应用，提高数据隐私保护的能力。

（3）数字经济的逻辑解构与机制构建

数字经济的逻辑解构与机制构建是数字经济发展的关键。数字经济的逻辑解构包括数字技术、数字化产业和数字化服务三个方面，而数字经济的机制构建则涉及政策、制度和平台等多个层面。只有深入理解其逻辑解构和有效构建相应的机制，才能实现数字经济的健康发展。通过推动数字技术的创新和应用，培育数字化产业和数字化服务，制定有力的政策和法规，建设良

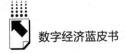

好的制度和平台，可以构建健康的数字经济生态系统，实现数字经济的高质量发展。

首先，数字技术是数字经济的基石和核心。包括人工智能、大数据、云计算、物联网等技术的发展，为数字经济提供了基础支撑。数字技术的不断创新和应用，使得传统产业得以数字化升级，为新兴产业的形成和发展提供了契机。因此，推动数字技术的研发和应用，培育数字技术人才，是实现数字经济发展的关键。

其次，数字化产业是数字经济的重要组成部分。数字化产业包括数字娱乐、电子商务、互联网金融等领域，其具有高速增长、附加值较高的特点。数字化产业的发展需要搭建良好的产业生态系统，包括优化营商环境、加强产业政策支持、推动创新创业等。同时，数字化产业也需要加强与传统产业的融合，提升传统产业的数字化水平。

除了数字化产业，数字化服务也是数字经济的重要组成部分。数字化服务包括许多领域，如在线教育、数字医疗、智慧城市等。这些服务能够提高生产效率、提供便利和提高生活质量。数字化服务的发展需要加强相关政策的支持，优化服务的供给体系，促进数字技术与服务的深度融合。

在机制构建方面，政策是推动数字经济发展的重要手段。政府应制定相关政策，如数字经济发展规划、创新创业支持政策、知识产权保护等，以鼓励数字经济的发展。同时，政府还应加强对数字经济的监管，保护消费者权益，维护市场秩序。

此外，制度也是数字经济发展的重要保障。包括法律法规的建设、知识产权保护、数据安全与隐私保护、电子商务法律框架等。制度的完善可以为数字经济提供有力保障，规范市场行为，增强市场信心。

另外，平台是数字经济发展的重要枢纽。数字经济的蓬勃发展，离不开互联网平台的支持。平台经济的兴起改变了传统产业的运作方式，提供了更多创新创业的机会。政府和企业应该加大对平台经济的支持和培育，鼓励平台的创新和发展，推动数字经济的繁荣。

数字技术应用下的数字经济制度环境技术路线见图8。

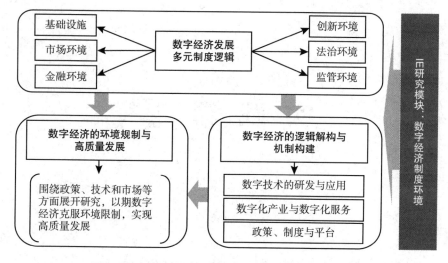

图 8　数字技术应用下的数字经济制度环境技术路线

资料来源：课题组整理数据。

实践篇

B.7

数字经济治理的典型模式

摘 要： 本文总结了美国、日本、新加坡、英国、欧盟等经济体数字经济
治理的模式与经验。美国数字经济治理是一个多元化、复杂化的过程，具有
超前的数字经济战略规划、积极抢占数字经济技术的制高点、主导全球数字
贸易规则、完善数字经济治理的法律法规、积极推进数字政府建设、强化数
字基础设施建设等特征。美国数字经济治理的软弱性表现在数据隐私保护不
足、缺乏全面的监管框架、互联网公司缺乏自律等方面；竞争性体现在科技
公司的创新能力、优质的数字基础设施以及强大的市场规模方面。日本构建
了"七层两要素"的数据产业链治理架构。新加坡对数据跨境流动秉持开
放的态度，但严格保护个人隐私。新加坡作为全球贸易自由化程度最高的经
济体之一，对数据跨境流动秉持开放的态度，同时严格保护个人隐私。整体

---

* 王砚羽，北京邮电大学经济管理学院副教授、博士生导师、管理学博士、工商管理系主任，
主要研究方向为创新战略、责任式创新等；曹清峰，中国社科院财经战略研究院博士后，主
要研究方向为区域经济；王雨飞，北京邮电大学经济管理学院副教授、博士生导师、经济学
博士，主要研究方向为区域与城市经济、交通与区域发展等。

来看，相较于欧盟，新加坡的数字跨境流动政策更加宽松，但对国内数据的保护比美国更为严格。欧盟各国数字经济治理水平走在国际前列。英国明确了未来发展数字经济的六大支柱：构建世界级的数字基础设施、激发创意和保护知识产权、吸引全球的数字经济人才、为数字化发展提供资金支持、通过数字化提升整个英国的商业与社会服务能力、提高英国在数字经济领域的国际地位。

关键词： 美国模式与经验　欧盟模式与经验　日本模式与经验　新加坡模式与经验

一　美国模式

（一）美国数字经济治理总体现状

美国聚焦数字技术创新、数字贸易、数字政府、数字基础设施等领域，实施数字经济领域的顶层规划，推动数字经济发展。美国数字经济治理总体发展现状如图1所示。

超前的数字经济战略规划。美国商务部作为国家数字经济治理的主要推动者之一，在过去几年里，他们制定了一系列重要的数字经济政策和举措，包括《数字经济议程》（2015）、《数字经济的定义与衡量》（2018）、《国家网络战略》（2018）、《美国数字经济全球大战略》（2021）、以及《国家网络安全战略》（2023）这些政策和举措确保了美国在信息技术革新和数字化成果应用方面处于持续的领先地位。

积极抢占数字经济技术的制高点。美国政府高度重视数字经济技术的前沿和前瞻性研究，致力于推动芯片、人工智能、5G通信、下一代通信和先进计算机等领域的发展。例如，在人工智能领域，美国于2018年和2019年分别发布了《美国机器智能国家战略》和《国家人工智能研究和发展战略

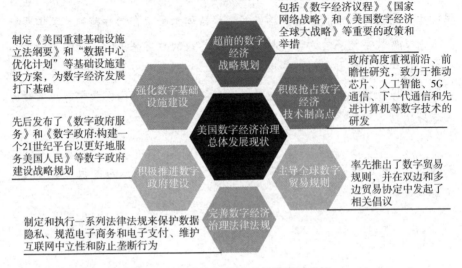

制定《美国重建基础设施立法纲要》和"数据中心优化计划"等基础设施建设方案，为数字经济发展打下基础

先后发布了《数字政府服务》和《数字政府:构建一个21世纪平台以更好地服务美国人民》等数字政府建设战略规划

制定和执行一系列法律法规来保护数据隐私、规范电子商务和电子支付、维护互联网中立性和防止垄断行为

美国商务部在过去几年制定了包括《数字经济议程》《国家网络战略》和《美国数字经济全球大战略》等重要的政策和举措

政府高度重视前沿、前瞻性研究，致力于推动芯片、人工智能、5G通信、下一代通信和先进计算机等数字技术的研发

率先推出了数字贸易规则，并在双边和多边贸易协定中发起了相关倡议

超前的数字经济战略规划

强化数字基础设施建设

积极抢占数字经济技术制高点

美国数字经济治理总体发展现状

积极推进数字政府建设

主导全球数字贸易规则

完善数字经济治理法律法规

图 1　美国数字经济治理总体发展现状

资料来源：课题组整理数据。

计划》，并在 2020 年取得了显著成果。再如，英特尔神经形态计算实验室研发的一种基于哺乳动物嗅觉系统的神经算法，为人工智能设备赋予了学习和鉴别气味的能力。这项技术的应用将极大拓展人工智能在各个领域的应用前景，例如环境监测、食品安全和医疗诊断等领域。罗格斯大学的研究团队开发出一种新型人工智能模型，能够通过图像估算物体表面的触觉特性。这项创新技术将为机器人和自动驾驶车辆等领域的发展提供更多的可能性，使它们能够更加智能地感知周围环境。麻省理工学院的深度学习人工智能成功鉴定出一种全新的抗生素。这一发现对于全球面临的抗生素耐药性问题具有重大意义，为新药研发提供了新的思路和方法。斯坦福大学开发的机器学习方法能够识别早期肺癌患者。这项技术的应用将在癌症筛查和早期诊断方面起到重要作用，为患者提供更早的治疗和更好的康复机会。在 5G 通信及下一代通信技术研发方面，太赫兹通信和传感融合研究中心等机构正在紧锣密鼓地进行 6G 通信相关研究。这一领域的突破将为人类社会带来更快、更可靠、更智能的通信体验，推动数字化社会的发展。同时，SpaceX 公司的

"星链"项目也在稳步推进中。这一项目旨在通过卫星互联网服务为全球提供广域网络覆盖，改变传统互联网的发展格局，加速数字经济的发展，促进全球信息共享和互联互通。此外，美国能源部提出了全国性量子互联网战略蓝图。在先进计算机方面，美国能源部的"酋长岩"超级计算项目合同于2020年3月敲定，IBM公司发布了量子计算的路线图。同时，美国政府对量子信息领域的投资也在逐步增加，计划在未来5年内投资6.25亿美元用于全国5个量子信息科学研究中心的建设。

主导全球数字贸易规则。作为数字贸易强国，美国率先推出了数字贸易规则，并在双边和多边贸易协定中发起了相关倡议。例如，2017年7月，美国向亚太经合组织秘书处提交了《促进数字贸易的基本要素》文件，其中提出了美国主导的数字贸易规则的基本原则，包括互联网的自由开放、在数字贸易中适用跨境服务贸易规则、非强制性本地化要求适用于数据存储设备和源代码、禁止强制技术转移以及推动数据自由跨境流动五个方面。另外，在2018年3月，美国还发布了《澄清境外数据的合法使用法案》（CLOUD），从法律层面对跨境调取海外公民的信息和通信数据等行为进行了规定。

完善数字经济治理的法律法规。首先，美国政府通过一系列的法律法规来保护数据隐私，例如《加利福尼亚消费者隐私法案》和《儿童在线隐私保护法》等。这些法律要求企业提供透明的数据采集和使用机制，并赋予消费者对个人数据的控制权。其次，美国有一系列法律法规来规范电子商务和电子支付，如《电子签名法》、《消费者权益法》和《联邦贸易法》等，以保护消费者利益并监管虚假广告。再次，互联网中立性政策在美国经历了变动。2015年通过的"开放互联网"原则保护了互联网中立性，禁止网络服务提供商对特定内容进行限制或差别对待。然而，2017年该原则被废除，相关规定仍在讨论中。最后，美国反垄断法律法规在数字经济治理应用中扮演着重要角色，如对谷歌和亚马逊进行的反垄断诉讼和调查等。此外，《谢尔曼反托拉斯法》也用于规范市场竞争和防止垄断行为。总之，美国数字经济治理不断发展和完善，通过制定和执行一系列法律法规来保护数据隐

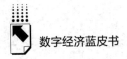
私、规范电子商务和电子支付、维护互联网中立性和防止垄断行为，以促进数字经济的健康发展。

积极推进数字政府建设。美国先后发布了《数字政府服务》和《数字政府：构建一个 21 世纪平台以更好地服务美国人民》等战略规划，致力于为民众提供在任何时间、任何地点、通过任何设备获取的数字政府服务，同时建立首席信息官制度，负责数字政府资源管理工作。另外，通过《联邦大数据研究与开发战略计划》提出了涵盖大数据技术、可信数据、共享管理、安全隐私、基础设施、人才培养和协作管理的七大战略，构建了数据驱动战略体系。2019 年 12 月，白宫还发布了《联邦数据战略与 2020 年行动计划》，以政府治理为主要视角，描述了未来 10 年联邦政府数据愿景，推动智慧政府的建设。同时，美国政府与苹果、微软、亚马逊、Facebook、谷歌等互联网巨头公司建立公私合作伙伴关系，通过外包部分公共服务和惠民项目来提升政府的信息技术。此外，美国还积极发展移动数字政府，利用人工智能和云计算技术提升数字政府服务的效能。

强化数字基础设施建设。2018 年美国发布了《美国重建基础设施立法纲要》，旨在为未来 10 年的经济发展设计基础设施建设方案。该纲要提出重点投资现代交通、新能源、5G 通信基站、智能电网、宽带网络和大数据等领域，为数字经济快速发展打下坚实基础。此外，美国政府在 2017 年和 2019 年相继发布了"数据中心优化计划"，以财政政策支持数据中心集约化发展，为数字经济提供了算力保障。目前，美国拥有全球最多的超大规模数据中心。2020 年，美国公布了《国家 5G 安全战略》，以推动 5G 的部署。目前，美国的移动运营商已经能为 75% 的人口提供 5G 信号，5G 应用场景也有着乐观的发展前景。

总体来说，美国的数字经济治理在不断推进中，政府也致力于创造更好的政策环境和法律框架，以促进数字经济的创新和发展，同时保护公众的利益和数据安全。随着科技的不断进步和全球数字经济的蓬勃发展，美国数字经济治理将继续面临新的挑战，并逐步完善和优化相关政策和机制。

（二）美国数字经济治理的具体特征

1. 阶段性

美国较早地将资本主义经济和科技革命结合起来，这使得美国的数字经济发展和治理成为其国家战略和国际战略的重要组成部分。根据美国国会的研究报告，2016 年全球互联网经济规模已达到 4.2 万亿美元，按照 GDP 计算，相当于世界第五大国民经济体。预计到 2025 年，数字化将每年使美国的 GDP 增加 2.2 万亿美元。对美国而言，数字经济主要围绕着信息通信技术（ICT）产业展开。其发展和治理大致经历了四个阶段（见图 2）。

图 2　美国数字经济治理发展阶段

资料来源：课题组整理数据。

（1）技术奠基时期

1969 年，加州大学洛杉矶分校实现了计算机终端之间的数据传输，这标志着互联网的起源。到 20 世纪 90 年代初，万维网（WWW）和 Mosaic 浏览器（NCSA Mosaic）的诞生进一步推动了互联网的普及和发展。1993 年，

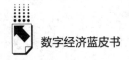

美国政府启动了"信息高速公路"计划，旨在促进互联网的发展和普及。

这一时期的互联网发展为如今的数字经济奠定了技术基础。在数字经济中，"基础设施即服务"（IaaS）、"平台即服务"（PaaS）、"软件即服务"（SaaS）等概念都是在云计算的背景下出现的。云计算提供了一种以服务为导向的计算模式，使企业和个人可以通过互联网访问和使用计算资源，而无须拥有和维护自己的硬件和软件基础设施。总之，美国数字经济体系的技术基础框架初步形成于20世纪90年代初。

（2）国家政策与宏观产业形成时期

在这个时期，克林顿总统的《全球电子商务框架》和《关于电子商务的总统动议》演讲和戈尔副总统的提议推动了美国数字经济的发展。美国商务部电子商务工作组的报告《新兴的数字经济》（*The Emerging Digital Economy*），进一步加强了政府对数字经济的关注和支持。

数字经济在美国国内生产总值中的比重不断增长，显示出其在经济中的重要性。数字经济的快速发展带来了大量的就业机会。1999年，数字经济创造了65万个新增就业岗位，为经济增长提供了强劲动力。到了21世纪初，数字经济提供的就业岗位总数更是达到了247.6万个，为美国的就业市场做出了巨大贡献。与此同时，数字技术的普及也为人们带来了更多的网络连接和更快的网络接入速度。这意味着越来越多的人可以通过互联网进行交流和获取信息，数字经济的发展也为人们提供了更多的机会和便利。

（3）21世纪产业成熟与危机波动时期

从2000~2016年，美国的数字经济经历了一系列的危机和恢复。第一个时期是从"互联网泡沫"危机到2008年全球金融危机期间，美国的数字经济经历了震荡和恢复。第二个时期是从2009年全球金融危机后到2016年特朗普上任期间，美国的数字经济经历了次生危机和恢复。

在第一个时期，美国的数字经济产业呈现出稳定增长的趋势。信息通信技术产业收入从2000年的4021.43亿美元逐年增长至2008年的5086.72亿美元，复合年均增速为2.98%。信息通信技术商品出口规模在1100亿~1500亿美元之间，自2000年开始下降到2008年的1114.48亿美元，跌幅为

28.86%；至 2009 年全球金融危机后，逐渐恢复至 1371.44 亿美元。信息通信技术产业投资也呈现类似趋势，从 2000 年的峰值 1133 亿美元下跌至 2002 年的 614.42 亿美元，跌幅超过 45%；至 2008 年，逐年恢复至 806.51 亿美元。

在第二个时期，美国信息通信技术产业的发展历程与第一个时期总体相似，首先遭受危机冲击，而后进入恢复阶段，整体呈现先降后升的态势。尽管如此，美国数字经济产业的总体规模仍保持着扩张的势头，其中信息通信技术产业的商品贸易额在 1100 亿~1500 亿美元之间，服务贸易额从 800 亿美元增长至 1300 亿美元。

（4）第四次工业革命与大国战略博弈耦合时期

随着工业 4.0 等战略的推动，全球各国都意识到了新技术的重要性，并将其作为国家发展的重要战略方向。人工智能的发展尤为迅猛，不仅在围棋领域取得了重大突破，还在医疗、金融、交通等领域发挥着重要作用。

美国作为全球科技领先国家，也积极响应这一趋势，并制定了相关政策来推动数字经济的发展。特朗普政府提出了"美国优先"的口号，并将与中国进行经济和技术竞争作为重点之一。这使美国数字经济进入了一个特殊时期。在这个时期，新技术的变革和国际战略博弈共同推动着美国数字经济的发展。美国政府加大对人工智能、大数据等领域的投资和支持，鼓励企业创新，提升科技实力。同时，美国加强对技术转让和知识产权保护的监管，以保护自身的利益。

然而，美国数字经济的发展也受到了政治因素的干预。特朗普政府采取了一系列限制措施，限制中国企业在美国市场的发展，并对中国进行了多轮贸易制裁和技术封锁。这不仅对中美两国经济关系造成了影响，也给美国自身的数字经济发展带来了一定的不确定性。

2. 政治性

美国数字经济治理呈现出一系列政治性特征，即政府和利益相关方之间存在的权力竞争、政党利益和意识形态的影响、民主参与和公众舆论的作用、利益集团和游说的存在等。这些特征决定了美国数字经济治理是一个多

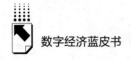

元化、复杂化的过程。

首先，美国的数字经济治理涉及联邦政府、州政府和私营部门等多个利益相关方。不同层级的政府公共部门与私营部门之间存在一定的权力竞争和博弈，影响着数字经济治理的方向和决策。

其次，美国数字经济治理中存在各种利益集团和游说组织，它们通过政治捐款、研究报告和政策倡导等手段来影响数字经济治理政策制定。这些利益集团可能代表不同行业、公司，推动特定的利益和政策目标。

再次，美国政府的数字经济治理往往受到政党的政治利益和意识形态的影响。不同政党可能持有不同的观点和政策立场，这会影响到数字经济的监管、税收和创新等方面的决策。

最后，美国数字经济治理注重公众参与和舆论的影响。公众和利益相关方通常有机会参与决策制定过程，并能够通过选举、媒体和社交网络等途径表达自己的观点和诉求，对数字经济治理产生影响。

3. 软弱性

美国数字经济治理的软弱性特征表现在数据隐私保护不足、缺乏全面的监管框架、互联网公司缺乏自律、数字经济领域的监管落后于技术创新以及地方和联邦法律的碎片化等方面。这些问题使得数字经济领域存在一系列的风险和挑战，需要加强监管和治理来保护用户权益和维护市场公平性。

数据隐私保护不足。美国数字经济在数据收集、存储和分析方面非常依赖大型科技公司，如谷歌、Facebook等。然而，在数据隐私保护方面，美国法律框架相对较弱，缺乏强有力的监管机构来保护用户的个人信息和隐私权益。

缺乏全面的监管框架。美国数字经济治理缺乏全面的监管框架，使得科技巨头公司可以在相对较少的限制下运营。这导致了市场垄断、不公平竞争和数据滥用的问题，对市场公平性和消费者权益造成了损害。

互联网公司缺乏自律。美国数字经济中的互联网公司往往以营利为目标，对于自身行为的监督和管控不足。例如，一些科技巨头公司在信息传播、内容审查和广告投放等方面存在道德缺陷，容易造成虚假信息的扩散和用户权益的损害。

数字经济领域的监管落后于技术创新。数字经济的高速发展使得技术创新迅速涌现，然而，监管部门的法律和规定往往无法跟上技术的发展步伐。这导致了技术创新被滥用、监管漏洞的存在和对新兴技术的不当限制。

地方和联邦法律的碎片化。美国数字经济治理的法律体系相对碎片化，不同州和联邦政府之间的法律规定和监管政策存在差异。这使得企业在不同地区之间可以选择遵守最低标准的法律要求，降低了监管的效果。

4. 竞争性

美国数字经济治理的国际竞争性特征主要体现在科技公司的创新能力、优质的数字基础设施以及强大的市场规模上。这些特征使得美国在全球数字经济竞争中拥有较高的竞争力，并为其在国际市场上的地位提供了一定的优势。

首先，美国拥有众多优秀的科技公司，如谷歌、苹果、亚马逊等，它们在全球数字经济中扮演着重要角色。这些公司在技术研发、产品创新和市场推广方面具有强大的竞争力，推动着美国的数字经济快速发展。

其次，美国拥有世界领先的科研机构和高等教育体系，形成了良好的技术研发和创新环境。政府和私人企业都在广泛支持科技研发和创新，推动了数字经济的发展和国际竞争力的提升。

再次，美国的数字基础设施非常完善，包括宽带网络、数据中心、云计算等。这为数字经济的发展提供了良好的基础，使得美国企业可以快速响应市场需求，提供优质的产品和服务。

最后，美国是全球最大的消费市场之一，拥有庞大的用户群体和消费潜力。这为数字经济企业提供了广阔的市场空间和投资机会，促进了企业的创新和发展。

二　日本模式

日本现阶段数字经济治理模式可以用"内外联动"进行简单概括。对外而言，日本积极开展对数字经济治理规则制定的广泛讨论，并不断向各方灌输由自身提出的数字经济治理理念；对内而言，数字经济治理成为日本社会数字化转型的重要抓手之一。一方面，日本致力于推动数字经济治理相关的政策部署并设立专门机构；另一方面，日本通过关键数字技术将各个关键产业串联，以实现产业升级，提升国家实力，进一步扩大日本在国际数字经济治理规则制定层面的话语权与主导权。

1. 构建"七层两要素"的数据产业链治理架构

日本在数字化改革和转型方面的进展较慢。日本的数字化短板体现为在线办公、行政手续办理等方面。在此背景下，日本于 2021 年 5 月 12 日召开的参议院全体会议上表决通过了一系列数字化改革相关法案，其中包括《数字厅设立法》《数字化社会建设基本法》等。此后不久日本发布《综合数据战略》，意图通过确保可信度和公益性，构筑能够安心且高效地使用数据的环境。同时，让其他经济体信任日本数据及其生成、流通的方式并在世界范围内放心地使用日本数据，也能够让世界数据能在日本放心存放。日本政府同时发布了另一份国家级战略《实现数字社会的重点计划》，该计划明确了日本社会数字化转型的基本理念与原则、提出了基于数字化转型的经济增长战略、全面实施《综合数据战略》、提出了数字厅定位及负责工作、规划了具体产业领域中重点推进数字化的项目以及实施措施等方面的内容。由此可见，日本的《综合数据战略》并不独立于其他的政策制度，而是日本构建"超智能社会"中有关数据的制度基础。在《综合数据战略》中，日本设想了一个"七层两要素"的数据治理架构。

如表 1 所示，日本数据生态治理架构共分为七层，总体上看是从基础设施建设到数据治理环境构建、再到树立价值体系的系统化治理。其中，第一层是基础设施层，主要是 5G 数据中心、计算基础设施等；第二层是数据层，即政府、社会团体、私营部门在其开展的业务或其他事务中产生并收集到的数据；第三层是合作平台（工具）层，这一层主要指对各类数据构建一个统一的标准，进而构建一个连接各类数据的数据平台；第四层是利用环境层,主要指建设各类数据的应用环境,并完善日本国内的数据市场、数据银行等;第五层是规则层,即完善各类数据规则,提高数据质量并完善数据应用、数据标准化、数据流通等活动的信任基础,对数据产生、流通等活动进行监管;第六层是组织层,即将综合数据治理作为实现日本数字化转型的主要抓手,对政府行政事务以及企业日常业务进行革新;第七层是战略与政策层,旨在发挥数据溢价,并利用数据创造新的价值。在此基础上,第七层与第六层组成了要素一,主要聚焦于数据生态治理的社会实施与业务改革;第一层至第五层则组成了要素二,主要致力于数据环境建设。

表1　日本"七层两要素"的数据治理架构

层级	内容	要素
第七层	战略与政策:战略、政策	要素一:社会实施和业务改革
第六层	组织:行政及企业业务改革	
第五层	规则:除了完善数据标准和质量等数据联合所需的规则外,还完善了用于放心利用数据的信任基础等规则	要素二:数据环境建设
第四层	利用环境:为各种各样的主体熟练使用个人数据存储、信息银行和数据交易市场等联合的数据提供有利环境	
第三层	合作平台(工具):为了系统地整合数据,配备了目录等数据整合工具	
第二层	数据:从社会活动基础数据着手,从结构上构筑必要的数据层	
第一层	基础设施:支撑数字社会的5G数据中心、计算基础设施等基础设施	

资料来源:课题组整理数据。

2.构建内阁总理大臣直接负责的数字经济一体化治理机制

日本大力推进行政数字化,积极推动数字厅的设立,并做出一系列准备措施。如新任命数字大臣、成立"数字改革关联法案准备室"、召开"数字管理阁僚会议"、讨论数字厅设立和《IT基本法》修正案等相关事宜并成立数据战略工作小组。日本于2021年12月25日公布《实现数字社会改革基本方针》以及《数字管理实行计划》,其中详细说明了设立数字厅的具体方针(见图3)。

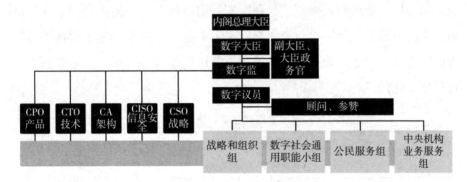

图3 日本数字厅组织架构

资料来源:日本数字厅官网。

数字厅主要负责构建日本政府部门、地方团体等公共部门的信息系统并对其信息系统进行管理工作,同时负责制定与数字经济相关的基本政策与方针,从根本上提升日本数字化行政服务质量。数字厅具体负责的事务包括但不限于:制定和推动数字社会政策方案;制定和推动公共部门和私人部门数据利用基本计划;个人编号卡等信息提供网络系统与存款和储蓄账户信息系统的建立和管理;计划、设计和促进使用信息通信技术进行身份识别的基本政策和事务;设计、制定和推进数据标准化的基本和综合政策,设计、制定和推进公共基本信息数据库开发利用的基本和综合政策;开发和管理在国家政府机关、地方政府、其他公共组织和私营经营者之间共享的信息系统;电子签名、电子合同等相关事务;在权限下的国际合作事务。

日本数字厅的职能主要涉及相关政策制定、日本公民个人服务、数字社会建设等方面。在相关政策方面,日本数字厅制定了《无现金法》、"实现数字社会的优先政策计划"、"根据数字原则对法规进行大规模改革的计划"

等法律和行动计划。在公民个人服务方面，日本数字厅建设并推广个人编号卡作为公民个人身份在线认证系统，并实现了将个人编号卡作为健康保险卡使用；推广 Mynaportal 的广泛应用，实现部分政务的线上办理；推广疫苗接种证书应用程序的使用；推动企业补贴申请系统"jGrants"和认证基础设施"gBizID"的使用；支持远程办公发展，推动劳动方式改革。在建设数字社会方面，日本数字厅发布了"政府互操作性框架"（GIF）、"平台数据处理规则实施指南"以及数字发票的标准规范（JP PINT）等政策指引，并致力于免费为特定区域提供数据中介服务和推广政务云在中央机构和地方政府的使用。此外，日本数字厅还开展了"数字日"活动，以凝聚日本民众对社会数字化转型的共识。

3. 积极推动关键数字技术与重点产业融合发展

日本利用关键数字技术持续推动重点产业变革。日本在 2018 年公布的《未来投资战略 2018》中提到，日本政府极力推动产业发展与数字经济相关基础设施建设有机融合的实现。未来日本将发展重点领域及带有变革推动力的"旗舰项目"，以 5G 与人工智能等关键基础设施的建设为契机，支撑并串联起日本关键产业发展，如自动驾驶、智能公共交通、新一代医疗系统、能源转换、金融科技与无现金化、数字政府、农林水产业智能化、城市建设等。更为重要的是，这些发展所获取的经验与成绩都将转化为日本参与并引导全球数字经济治理的有利条件。

日本政府积极推进 5G 网络建设，大力推动相关企业在 5G 领域投资。日本总务省将 5G 信号频段分配给了 NTT 都科摩、KDDI、软银及乐天移动四家公司，并在日本政府的推动下，上述移动通信公司在 5G 领域的投资额预计达到 1.6 万亿日元。为了加速 5G 网络在日本国内的全覆盖，日本政府制定了《IT 新战略》，其中提出将日本全国的 20.8 万个交通信号灯改建为 5G 移动通信系统的基站。此外，日本制定并出台了与 5G 技术相关的税收制度，大力培育日本本土 5G 设备供应商，并通过"官民协作"等方式，加大对 5G 以及后 5G 时代相关数字技术开发的支持力度。日本在《Beyond 5G 推进战略——迈向 6G 的路线图》中提出，成立"Beyond 5G 推进联盟"和

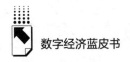

"Beyond 5G 新经营战略中心"，提前部署后 5G 时代发展战略。

在人工智能研发方面，日本不断完善机构设置与政策体系，明晰人工智能战略实施路径。日本为强化与人工智能有关的政策整体布局、整合相关政府部门，制定了《综合创新战略》对人工智能发展进行指挥与布局。此外日本"人工智能战略实行会议"还被细分为"以人为本的人工智能社会原则会议""数学、数据科学、人工智能教育项目认证体系评审会""人工智能指导委员会"等部分，分别对人工智能研发及未来发展过程中可能出现的伦理、教育与研发等相关课题进行研究，为日本人工智能发展提出专业化政策。在《AI 战略 2021》中日本政府提出了构建"AI 研究开发网络"，截至 2021 年 3 月已有 115 个机构参加。在政策具体落实层面，日本新能源产业技术综合开发机构制定了《人工智能（AI）技术领域的全局研发行动计划》（AI 行动计划），提出了 12 项"应重点开发的 AI 技术清单"，并指出未来日本人工智能产业化及社会应用将在健康、医疗、护理、农业、国土强韧化、物流和交通基础设施、日本区域发展、相关制造业以及金融等重点产业领域优先实施，逐步将人工智能的应用领域扩大至产业层面。

4. 主动谋求国际数字经济规则制定的主导权

通过对每年由日本内阁发布的战略性文件《经济财政运营和改革的基本方针》的分析，不难发现该文件关于"数字化"的相关表述仅在 2016 年提及一次，2017 年提及三次，2018 年提及九次。直到 2019 年，日本才全面意识到数字化等相关领域已经处于落后处境，在该文件中提及 53 次；并在 2020 年的该文件中提及 105 次。从这一组数字不难看出，日本政府近几年才发觉数字化的必要性，日本的数字化战略才逐步清晰。尽管如此，日本政府仍然察觉到了参与并主导全球数字经济治理、制定国际数字经济治理规则的战略意义。

日本借助外交平台，积极宣传自身数字经济治理理念。日本通过主办 G20 峰会、第七届非洲发展国际会议（TICAD）以及新天皇即位仪式三个大型主场外交活动，率先提出、不断强化自身数字经济治理相关概念。日本于 2019 年达沃斯世界经济论坛上率先提出"数据在可信任条件下自由流动"

（Data Free Flow With Trust，DFFT）概念，并将 G20 大阪峰会构想为一个"开启全球数据治理的峰会"。同时，日本还提出应在 WTO 的规则下，讨论如何在不牺牲个人隐私的基础上，开创数据安全治理的新方式。在 G20 大阪峰会上，日本提出应建立允许数据自由跨境流动的"数据流通圈"概念，并致力于推动建立新的国际数据流动监管体系；此外，日本还呼吁要在更好地保护个人信息、相关技术知识产权与网络安全的基础上，进一步推动全球数据自由、安全地流通并通过制定相关规则加以保障。峰会上，与会各方签署了《大阪数字经济宣言》，正式启动"大阪轨道"。

总体来看，日本对数字经济治理主要强调"自由化"和"可信任"，即"数据在可信任条件下自由流动"（Data Free Flow With Trust，DFFT）原则。日本希望借由该原则突出强调两方面内容：第一是自由流动，包括数据的流入和流出两大板块，即数据在流入一国或流出一国的过程中，不会受到包括政府干预等任何外在因素的干扰或影响，确保数据流动的自由度和流畅度，提升数据流动的效率；第二是可信任条件，即在个人信息保护、网络安全与知识产权维护的基础上确保数字流动的安全性和完整性。日本先后借助《日欧经济合作协定》《美日数字贸易协定》《全面与进步跨太平洋伙伴关系协定》等，贯彻自身理念的落实，讨论国际数字经济治理规则，并在达成的一系列协定中加入"数据在可信任条件下自由流动"（Data Free Flow With Trust，DFFT）原则，意图扩大自身在数字经济治理规则制定层面的话语权。

日本并不满足于参与数字经济治理理念的讨论，还谋求主导国际数字经济规则制定的主导权。2016~2019 年，日本政府相关部门先后向 WTO 提交了数字贸易相关的提案共 16 项。在 2018 年的日本、美国和欧盟三边贸易部长会议上，日本开始寻求在数字贸易和电子商务领域与更多经济体达成共识，并呼吁更多 WTO 成员制定数字贸易更高标准规则。2019 年 1 月，日本与中国、美国、欧盟等其他共 75 个 WTO 成员共同签署了《关于电子商务的联合声明》，宣布启动 WTO 电子商务谈判。

除参与多边数字贸易规则的制定之外，日本意图与美国、欧盟构建自己的数字经济治理联盟。其中，在数字贸易层面，日本率先与美国签署了

《美日数字贸易协定》，该协定已于 2020 年 1 月生效。数字基础设施领域，日本与美国敲定了"美日竞争力与弹性（CoRe）伙伴关系"，其中包括开放 5G 网络合作、数字领域投资、全球标准制定以及半导体等敏感供应链等方面。这一关系在"日美经济政策磋商委员会"会议上得到了进一步深化，其中美日双方就共同开发尖端 2nm 芯片达成协议。在 5G 和 Beyond 5G 方面，美日两国在私营部门的合作也已经成熟，例如企业间合作推广 Open RAN 设备和私人联营。2023 年 1 月，美日两国同意加快在 Beyond 5G 技术研发方面的合作。欧盟委员会（EC）和日本于 2019 年就相互充分性认定达成一致，允许传输个人数据，尽管《欧盟-日本经济伙伴关系协定》（EPA）并未包含数据自由流动的条款，但包含条款的谈判已于 2022 年 10 月开始。2022 年 5 月，双方启动了日本-欧盟数字伙伴关系，旨在推进数字领域的合作，例如 5G、Beyond 5G、人工智能、半导体供应链、数字基础设施和数据。这一伙伴关系使日本成为首个与欧盟达成此类伙伴关系的国家。该伙伴关系旨在"推进在数字问题上的合作，以促进经济增长，并基于共同价值观实现以人为本的数字化转型"。

三　新加坡模式

1. 搭建数字基础设施

新加坡的数字基础设施搭建主要由信息通信和媒体发展局（IMDA）负责。IMDA 既有严格监管的职责，又积极鼓励创新发展。其下属的个人数据保护委员会（PDPC）负责承担监管数据跨境流动并保护个人隐私的任务；并且，IMDA 还致力于为促进新加坡数字经济发展创造良好的数字基础设施，为企业和员工提供各类支持帮助。

（1）建设强大信息基础设施

新加坡高度重视通过信息基础设施建设，为数据经济发展提供基本保障。新加坡在数字基础设施方面取得了很大的成就：光纤到户的渗透率在全球排第一位，而 4G 网络速度在东盟经济体中名列第一。近年来，新加坡的基础设施建设重点是部署超 1.8 万个 5G 无线热点和引入第五个电信运营商，以更便捷地连接网络和扩大无线热点的覆盖范围。此外，新加坡也积极支持引进跨国企业数据中心（IDC），吸引各类资本投资和提高公共云服务水平，努力成为亚太地区的数据中心枢纽。

（2）全面超前布局人力资源

IMDA 在人力资源培训方面覆盖了全社会各个年龄层群体，包括在职人员、在校学生和年长者。其中，通过推出"数字技术加速器"计划，已经培训超过 2.7 万名在岗员工，提升了他们的信息技术技能。为促进数字经济发展，IMDA 还编制了信息技术和媒体产业转型路线图，计划创造 21 万个基础就业岗位和 1.3 万个专业岗位。此外，IMDA 还为 4 万名学生提供了关于数字制造技术的相关介绍和讲解。最后，通过推出"银色数字化行动"，IMDA 还帮助提升了 4.4 万名 50 岁以上的年长者对信息技术的认知水平。

（3）建立数字商业生态系统

IMDA 推动中小企业在数字经济时代的创新能力。第一，通过中小企业数字化项目，新加坡提供 50 多个经过认可的数字化解决方案，帮助中小企业提升数字化经营能力，适应数字经济的要求。第二，为物流和零售行业制定"数字产业发展规划"，为中小企业提供定制化的发展建议。第三，建设"数字技术服务中心"，提供专业咨询服务，如数据分析、网络安全等。第四，协助企业与银行合作，如签订互联网备忘录，为受认可的企业提供数字化创新项目的商机。第五，为信息通信和媒体企业建设"开放创新平台"，搭建实体平台吸引数字技术专家，提供技术指导，如裕廊集团创新平台、清洁能源园区等。

此外，新搭建的 NTP（互联贸易平台）取代了用于贸易相关申请的 TradeNet（贸易管理电子平台）及用于连接贸易和物流业的 TradeXchange（商贸讯通平台），为贸易的数字化转型打下良好基础。

2. 数字化转型

（1）数字政务

新加坡先后发布《智慧国家 2015》和《智慧国家 2025》。秉持"大数

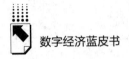

据治国"的理念，新加坡通过数据分析和预测来进行国家政策的决策，致力于利用大数据分析、物联网等主动预测市民和企业的需求，从而优化公共服务。

首先是建立风险评估与扫描系统（RAHS）。早在 2003 年，受到 SARS 疫情的冲击，新加坡国防部创建了风险评估与扫描系统（Risk Assessment and Horizon Scanning，RAHS），该系统借鉴美国的全景扫描系统（TIA）帮助新加坡在两个月之前就发现了 SARS 疫情暴发的迹象。2006 年后，新加坡将 RAHS 用于处理政府安全问题；用于分析 Facebook、Twitter 和其他社交媒体的帖子，评估国民情绪；应用到整个政府系统，以应对国内社会和经济问题。

其次是启动"虚拟新加坡"项目。2015 年，新加坡政府与达索系统、西门子等多家公司达成合作，打造了一个城市数据模型。该模型集成了所有物联网传感器的数据，完全依照真实物理世界中的新加坡而建，并于 2018 年对政府、市民、企业和研究机构开放。这一平台被广泛用于城市环境模拟、城市服务分析、城市规划与管理决策以及科学研究等领域。新加坡政府广泛应用数字和智能技术，实施国家数字身份、电子支付、传感器平台、智慧交通、生活时刻、数码平台六大关键国家战略项目，使新加坡人民加快步入"数字化生活"。

2016 年，新加坡政府成立了政府技术署（GOVTECH）。该部门负责公众政务服务的数字化，并开发支持智能国家计划的基础设施。2017 年成立的智慧国家与数字政府办公室（SNDGO）负责统筹规划智能国家计划的项目，并进行相关决策，GOVTECH 是其执行机构。目前，新加坡政府强调在广泛应用人工智能和大数据等信息技术的同时，更加重视通过数据共享来发挥人的主观能动性，帮助政府实现更科学的决策和治理方式。

（2）数字贸易

贸易一直是新加坡经济的基石，新加坡政府正加强国际合作，积极推进数字技术在贸易和商业领域的应用，以降低贸易成本并提升服务贸易效率。为进一步巩固贸易在新加坡经济中的重要地位，并加强与其他经济体的国际合作，新加坡政府有如下举措。

积极参与制定数字贸易规则。数字贸易壁垒和跨境支付困难是数字经济发展的两个主要障碍。2018年，新加坡加入亚太经合组织主导的跨境隐私规则（CBPR）体系，参与推进东盟-澳大利亚数字贸易框架倡议，为电子商务、数字货币、知识产权保护和数据管理制定了法律框架和标准。此外，新加坡还与新西兰、智利、澳大利亚、印度和加拿大等国家和地区签订数字经济协定，商讨加强数字经济合作事宜，其中最著名的就是2020年6月新加坡与新西兰和智利签署的《数字经济伙伴关系协定》（DEPA）。2022年6月，《英国-新加坡数字经济协定》（UKSDEA）正式生效。这项协定将为全球设定高标准的数字贸易规则，并对两国的企业和民众产生积极影响，特别是对中小企业更好把握两国数字市场的机会有所助益。根据协定，新加坡与英国将通过促进透明和便利的规则来支持安全可靠的跨境电子支付发展，例如鼓励开放的应用程序编程接口（API）、采用国际公认的标准以及促进不同电子支付系统之间的互相连接。此外，协定还将着重促进双边供应链的跨境数字化，包括提高电子文件（如提单和发票）的互操作性，以实现更快、更便捷的交易，并降低企业成本。协定还涵盖了发展海底电缆、开放政府信息、建立无缝隙和可信赖的数字流通系统、增强数字系统的可信度以及促进数字经济发展等内容。

搭建NTP（互联贸易平台）。新加坡政府一直在积极推动数字技术在贸易和商业领域的应用。早在1989年，新加坡就引入了TradeNet（贸易管理电子平台），实现了海关、税务等几十个政府机构的一站式连接。在2007年，新加坡又建设了商贸讯通平台（TradeXchange），将服务贸易、物流行业和政府部门的IT系统进行了整合，为企业提供了单一的电子化窗口，极大便利了企业向海港、机场、海事管理机构、关税局和其他主管部门递交申请和进行咨询。而在2016年，新加坡政府则推出了更开放、数字化的NTP，取代了之前的TradeNet和TradeXchange，将贸易商、物流服务公司、货运公司和银行等业者聚集在同一平台上，方便贸易商获得各种服务，并协助企业进行数字化和简化贸易流程。这些举措推动了全行业的数字化转型。

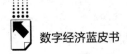

（3）产业数字化

新加坡在 ICT 技术上的积累使其有足够底气开展产业的升级换代，通过连续性的发展政策，推进创新技术商业化，最终实现产业"数字化"。

推行产业转型蓝图计划。2016 年，新加坡提出 23 个具体行业的转型措施及发展目标，具体涵盖医疗健康、教育、金融、能源、化工、航空航天等，并成立未来经济署（Future Economy Council）来负责整个蓝图的制定和执行。政府通过一部分财政经费多管齐下，实行有针对性的援助计划，具体涉及企业国际化发展减免税，小企业和创业公司创业减免税，相关行业专业人员能力提升培训等。2018 年，新加坡推出"服务与数字经济蓝图"，目标是提升本国服务行业的数字创新能力。

启动 Start Digital 项目。根据 2018 年新加坡信息通信媒体发展局的数据，中小企业是新加坡经济的中坚力量。尽管这些企业雇用了全国 2/3 的劳动力并贡献了近一半的 GDP，但据统计，有 95% 的中小企业并未雇用专业的信息与计算机技术人员。因此，它们在数字化转型方面面临着巨大的发展需求和挑战。为了帮助这些企业，新加坡推出了面向中小企业的 Start Digital 项目，该项目分为五个不同领域的基础数码方案，包括会计、人力资源、数字营销、数码交易和网络安全。通过提供这些方案，新加坡政府旨在帮助中小企业更好地适应数字化时代，提高效率和竞争力。新成立的中小企业可以从中任选两项数码方案，承诺参与计划至少 18 个月，豁免至少 6 个月的费用，剩余期间也不需要支付太高的费用。

成立"数字产业发展司"。2019 年 6 月，新加坡经济发展局、企业发展局和信息通信媒体发展局共同组建了 Digital Industry Singapore（DISG），以帮助新加坡的电子商务、金融科技等行业企业进入亚洲市场，并推广新加坡在网络安全、人工智能、云端科技等领域的解决方案。目前，DISG 旗下已有数个合作项目，包括协助科技公司 Grab 在新加坡设立总部大厦，与阿里云合作协助中小企业进入中国市场等。

发放数字银行牌照。在金融科技浪潮的推动下，传统银行的转型升级已是大势所趋，为此，新加坡已经开始落地虚拟银行，并开放数字银行和数字批发银行牌照申请。截至 2019 年底,新加坡共收到 21 份牌照申请,包括亿联银行、翰德集团、蚂蚁金服在内的多家中国金融科技公司。同时,为成为亚洲区块链技术和数字货币的新型数字金融中心,新加坡颁发数字货币经营牌照。2019 年 10 月,瑞士数字货币银行 Sygnum 获得新加坡金融管理局颁发的资本市场服务许可证,并获得了包括新加坡电信集团在内的风险投资约6100 万美元。2020 年,向 Grab、新加坡电信财团、冬海集团(Sea Group)、蚂蚁集团和绿地金融财团发放数字银行牌照;同时,新加坡努力发展为亚洲区块链技术和数字货币的新型数字金融中心,颁发数字货币经营牌照。

3. 数据治理

新加坡作为全球贸易自由化程度最高的经济体之一,对数据跨境流动秉持开放的态度,同时严格保护个人隐私。整体来看,相较于欧盟,新加坡的数字跨境流动政策更加宽松,但对国内数据的保护比美国更为严格。

(1)严格的个人数据保护体系

新加坡有着严格的个人数据保护体系。首先,界定了个人数据和非个人数据的内涵和边界,之后出台了关于个人数据管理的法律法规,并对个人数据保护的责任进行了明确设置。

首先,《个人数据保护法》(PDPA)明确了个人数据和非个人数据的内涵和边界,这是数据跨境流动的前提。根据 PDPA 的定义,个人数据是"通过该数据能识别出自然人身份的数据,或者通过与企业掌握的或者有渠道获取的其他数据一起使用,能够识别出自然人身份的数据"。个人数据在经过匿名处理后可以自由流动,但必须符合法律规定关于数据特定用途、传输对象和可公开范围的要求。需要强调的是,个人数据不包括商业信息数据,也不包括保存时间超过 100 年的个人信息以及去世 10 年以上的个人信息。这些界定为个人数据提供了更加明确的保护范围。

其次,制定个人数据保护的法律法规。2012 年 10 月 15 日,新加坡国会通过了《个人数据保护法》(PDPA),该法于 2014 年启动实施,成为新加坡的个人数据管理的基础性法律。为进一步完善 PDPA 的执行,PDPA 附属条例《个人数据保护条例》(PDPR)于 2013 年 1 月 2 日颁布,并补充了

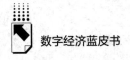

具体实施细则。这一系列法规构成了新加坡数据管理体系的法律框架。

此外，设置个人数据保护责任。新加坡在个人数据保护方面采取了一系列措施。首先，个人数据保护法规定了私人部门的各类组织是个人数据保护的责任主体，需承担九大责任。这些责任包括：必须获得个人同意、向个人告知使用目的、依法限制数据使用目的、确保数据准确无误、保障数据的安全性、遵守数据储存限制要求、遵守法定跨境数据流动规定、允许个人获取和修改数据、接受问责。这九大责任并不适用于雇员在就业期间、政府机构和组织以及商务联系信息等特定情况。此外，为了规范电话、手机短信和传真等方式的营销行为，新加坡还制定了"不许呼叫注册"的规则。该规则适用于私人部门和政府部门。这些法律和规则共同构成了新加坡的个人数据管理框架，以确保个人数据得到全面保护。

（2）完善的跨境数据监管体系

新加坡的数据跨境流动监管体系主要包括以下几个方面的内容：首先，设立了专门的主管部门来监督和管理数据跨境流动。其次，明确了不同组织和机构在数据跨境流动中的责任边界，以确保数据的安全性和合规性。再次，设定了严格的跨境流动条件，包括合法性、目的限制等要求，以保护个人数据的隐私和安全。此外，还积极参与国际协调，推动国际合作和交流，进一步加强数据跨境流动的监管措施。最后，在基础设施方面，也明确了对相关技术和设备的要求，以确保数据跨境流动的顺利进行。在事前监管方面，主要通过制定规则和指导文件，并进行相关培训和宣传等方式来引导组织和机构遵守相关要求。在事后监管方面，主要通过处理投诉和诉讼等情况来监督和执法，确保数据跨境流动的合规性。

第一，设立了专门的主管部门来监督和管理数据跨境流动。个人数据保护委员会（PDPC）是主要负责监管的机构，在信息通信部（MCI）下的信息通信和媒体发展局（IMDA）也共同参与监管。PDPC的职责是建立个人数据保护机制，进行监管和政策实施。PDPC的目标是提高社会对数据保护重要性的认识，并帮助企业建立符合《个人数据保护法》要求的数据保护能力。在特定领域如教育、医疗、金融等，PDPC与相应的行业主管部门共同管理数据跨境流动，并制定特殊的监管要求，以保护和促进产业发展并维护经济体安全。对于违反公平竞争规则的企业行为，竞争和反垄断主管部门负责进行监管。IMDA 与 PDPC 紧密合作，提供技术支持等。

第二，明确划定主管部门的监管对象和责任边界。个人数据保护委员会（PDPC）的监管对象是私人部门涉及数据获取、使用、储存、传输和跨境转移的各类组织。PDPC 制定了数据跨境流动和使用规则，并要求监管对象建立完善的数据传输机制、审核机制以及相应的问责工具。对于未遵守相关规定的组织，PDPC 会追究其相应责任。此外，PDPC 还对监管对象进行评估认证，并对符合条件的企业授予数据保护信任标识。通过获得该认证的企业能够享受到更加便捷的监管要求，从而提升数据使用和传输的便利性。

第三，设定数据跨境流动的条件。首先，对于将数据输入新加坡境内的情况，PDPC 没有设定限制。其次，在数据经过新加坡中转时，PDPC 原则上不进行监管。然而，如果涉及数据交换，对于负责交换数据的数据中转公司，PDPC 会对其进行监管，并要求其遵守相同的监管要求。最严格的监管要求是在数据流出方面。PDPC 规定，在新加坡境内使用数据的企业必须遵守相关规则，并确保将数据转移到境外的行为合规。具体措施包括以下两个方面：一是，企业必须对数据流动的目的地经济体或特定部门、地区进行充分性或等效性评估认证。除非数据接收经济体满足新加坡《个人数据保护法》（PDPA）的要求，并能够提供与 PDPA 相同标准和力度的个人数据保护，否则组织不得将个人数据转移到境外。二是，PDPC 还设定了允许数据跨境流动的其他法定理由，包括：数据主体同意、履行合同义务的必要性、关乎生命健康等重大情形、公开的个人数据和数据中转等情况。

第四，积极参与国际协调。为促进数据跨境流动的安全和便捷，新加坡政府积极推动国际互认的数据跨境流动规则。新加坡已于 2018 年 2 月加入亚太经合组织（APEC）主导的跨境隐私规则体系（CBPR），正致力于开发与 CBPR 相配套的认证机制。此外，新加坡还全面吸收借鉴了东盟数字信息管理框架和经济合作与发展组织（OECD）隐私原则中的相关要求，并积极推广具有互通性、可相互协调以及国际公认的标准。

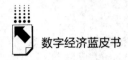

第五，对基础设施不设过于严格的要求。新加坡在数据跨境流动方面没有明确的本地化要求，不需要在当地建立商业实体、数据中心或特定数据容灾备份，并且对企业投资数据中心（IDC）也没有限制。此外，新加坡也没有对网关设立限制。

四　英国模式

（一）总体数字战略

2009 年，英国政府推出了数字改革的白皮书《数字英国》。2010 年，英国通过《数字经济法》，将数字经济的治理范围从传统媒体扩大到互联网和新媒体，并规范了在线版权和互联网域名注册等相关事宜。2017 年，英国修订并通过新一版《数字经济法》，从建设先进的数字基础设施、提升国民数字技能、培养数字人才、扩大公共借阅权、支持新型数字产业、推动数字政府发展和加强网络安全保护等方面，为加速数字经济发展构建良性法律环境。2022 年 6 月，英国政府发布了新版《英国数字战略》。新版《英国数字战略》明确了英国未来发展数字经济的六大支柱：构建世界级的数字基础设施、激发创意和保护知识产权、吸引全球的数字经济人才、为数字化发展提供资金支持、通过数字化提升整个英国的商业与社会服务能力、提高英国在数字经济领域的国际地位。

（二）数字化转型

1. 数字政务

2017 年，英国出台《数字发展战略》，其内容主要是通过数字化来提高政府的服务质量和效率，使公共服务能够以简单、便捷、快速的方式惠及公民、企业和其他各类非政府组织。《数字发展战略》出台后，英国政府又出台《政府转型战略（2017—2020）》，进一步建设数字政府。《政府转型战略（2017—2020）》将英国政府官网作为集合中央、地方政府部门和第三方政府服务外包机构的线上政务起始端口，旨在打造统一的线上政务平台，促进政务数字化转型、提升政府治理能力、更好地使用政府公共数据、为政务办理提供跨部门共享平台。此后，英国政府还出台了《公共服务标准》，为完善数字政务服务的用户体验和满意度设立了14条标准。根据最新的《政府数字服务：2021~2024年战略》，数字政府着重解决跨政府部门联合服务问题，并建立适用于所有人的单一数字身份，推出在线政务服务的单点登录方案，将线上政府服务统一至单一平台。

2. 产业数字化

2018年4月26日，英国商业、能源与产业战略部以及文化、媒体与体育部发布了《产业战略：人工智能部门协议》，这是英国政府和产业界做出的首份发展人工智能的承诺，将采取切实行动推进人工智能发展，以提升英国在该技术领域的领导地位。该产业战略将帮助英国各地的企业大量使用人工智能并取得政府支持，将"英国科技城市"和"英国北方科技中心"发展为"网络科技之国"。

2018年6月，英国政府发布了2017~2020年"国家计量战略实施计划"。该计划是在2017年3月发布的"国家计量战略"基础上制定的。英国商业、能源与产业战略部负责每年约6500万英镑的计量战略投资，主要覆盖领域包括先进制造、数字化、能源环境与安全、生命科学与健康以及交叉行业等。计划提出了五大目标：①投资建设全球领先的计量基础设施；②确保良好的政策、标准和法规；③与终端用户建立更好的联系以扩大影响；④提高英国所有行业的计量技能，加速新技术的应用并充分发挥高科技经济效益；⑤政府将整合涉及数据科学的多元团体需求，建立开发与应用框架，高效、智能地使用基于可追溯性和不确定性分析的数据。

2021年9月22日，英国政府发布《国家人工智能战略》，旨在促进人工智能（AI）的商业应用，战略提出三大策略目标：投资并规划AI生态系统的长期需求，以确保英国作为科学和AI超级大国的领导地位；支持英国向AI经济转型，确保AI惠及所有部门和地区；使英国获得AI技术的国家和国际治理权，鼓励创新和投资，保护公众和基本价值观。

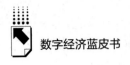

（三）数据治理

1. 个人数据

1981年，欧洲议会通过了世界上首部涉及个人数据保护的国际公约，《有关个人数据自动化处理之个人保护公约》即"108号公约"。1984年，英国议会通过首部《数据保护法》提出了个人数据保护的基础性原则，禁止数据主体在未经注册的情况下持有个人数据，并设立了法令执行的监管机构——数据保护登记官，法令执行的申诉机构——数据保护法庭。1995年，欧盟颁布《个人数据保护指令》，明确保护自然人对个人数据处理中的权利和自由，促进个人数据在欧盟内的自由流动。1998年，英国议会颁布新版《数据保护法》，明确了数据控制者在个人数据处理中的权利、义务及责任，提出公民拥有获取与自身相关数据的权利。同时设立"信息专员"维护个人数据和信息自由的权利，监督数据控制者依原则使用个人数据，保障公民的数据获取权和知情权。2002年，欧盟颁布《隐私与电子通信指令》，要求各成员国确保个人通信数据的自由流动。2003年，英国议会通过《隐私与电子通信条例》，要求电子通信服务商保护终端用户信息，由信息专员负责监督执行。2016年，欧盟通过《通用数据保护条例》，取代《个人数据保护指令》，此条例在扩大数据主体的权利和法律适用范围的同时，进一步细化了个人数据处理的基本原则。2018年，英国议会通过新版《数据保护法》，对个人和组织数据保护的权利和责任做出了明确规定。

2. 信息公开领域

2000年，英国政府颁布《信息自由法》，此法案是《数据保护法》和《公共记录法》相关内容的延伸与修订，其中明确规定，公共机构有公开特定信息的义务，并且公民享有向公共部门索取和访问公共部门信息的权利。2012年，英国政府发布了《自由保护法》，明确政府部门和其他公共机构主动发布可重复使用数据集的义务，改变信息专员的任用和问责安排，以加强其在数据保护权力行使过程中的独立性。

五 欧盟模式

2010 年 5 月 19 日欧盟正式发布《欧洲数字议程》,《欧洲数字议程》是"2020 欧盟战略"中提出的七大旗舰计划之一,也是第一个付诸实施的政策。欧盟委员会提出了七个方面的优先行动:①建立一个新的数字市场,及时共享;②改进信息技术领域的标准与互操作性;③增强网络信任与安全措施;④增加欧盟对快速和超速互联网的接入;⑤加强信息技术的前沿研发与创新;⑥加强数字技能与可接入的在线服务;⑦利用信息技术服务社会的潜能来应对社会挑战。

继 2013 年出台《欧盟网络安全战略》后,欧盟委员会又于 2020 年 12 月发布了新的《欧洲网络安全战略》,以进一步强化其网络安全战略的顶层设计,力求更迅速地应对当前网络环境下数量日益增加的网络安全威胁。该战略旨在利用监管、投资和政策工具,解决三个主要领域的网络安全问题:①韧性、技术主权与领导力;②建设预防、阻停与响应的实践能力;③发展全球开放网络空间。通过该战略,欧盟得以完善既有网络安全制度、建构新的协调机制,进一步加强欧盟单一市场地位,将内部市场、执法、外交、国防等网络安全要素与资源整合至统一的执行框架之中,并加强欧盟法治、人权、民主、自由等基本价值理念。

2018 年 5 月 25 日,欧盟出台了《通用数据保护条例》,其主要内容包括:对违法企业的罚金最高可达 2000 万欧元或者其全球营业额的 4%,以高者为准;网站经营者必须事先向客户说明会自动记录客户的搜索和购物记录,并获得用户的同意,否则按"未告知记录用户行为"作违法处理;企业不能再使用模糊、难以理解的语言,或冗长的隐私政策来从用户处获取数据使用许可;明文规定了用户的"被遗忘权",即用户个人可以要求责任方删除关于自己的数据记录。

2020 年 2 月 19 日,欧盟委员会发布《欧洲数字战略》,该数据战略概述了欧盟未来五年实现数据经济所需的政策措施和投资策略。欧盟委员会的

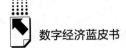

目标是创建一个单一数据空间———一个面向世界开放的真正的数据单一市场，个人和非个人数据都是安全的，企业也可以轻松访问到高质量工业数据，并利用数据促进经济增长、创造价值。

2020 年 2 月，欧盟委员会正式发布《人工智能白皮书——通往卓越和信任的欧洲路径》（以下简称"《白皮书》"）指出，人工智能是数字经济最重要的应用之一，欧洲必须作为一个整体开展行动，打造成为未来数字市场的新领袖。《白皮书》旨在促进欧洲人工智能发展的同时，解决人工智能所带来的风险问题。

2020 年 2 月 19 日，欧盟委员会发布《塑造欧洲数字未来》战略文件，提出欧盟数字化变革的理念、战略和行动，希望建立以数字技术为动力的欧洲社会，使欧洲成为数字化转型的全球领导者。该战略文件提出了未来 5 年将重点关注的目标包括开发"以人为本"的技术，发展公平且有竞争力的数字经济，通过数字化塑造开放、民主和可持续的社会，确保数字技术能够帮助欧洲以自己的方式实现数字化转型。

2021 年 12 月 1 日，《电信和电信媒体数据保护法》生效，并实施了欧盟的《电子隐私指令》，该指令规范 cookie 的使用、电子邮件营销、数据缩小以及数据隐私的保护。《电信和电信媒体数据保护法》主要规定数据保护原则在电信和电信媒体（明确包括 over-the-top 服务，如在线通信等）中的应用，该法最重要的条款为隐私设置条款———通过该条款首次将欧盟关于 cookies 的要求从《电子隐私指令》中移植过来———电信服务提供商在使用 cookie 等跟踪技术前需获得有效的用户同意。

（一）德国数字经济治理

1. 总体数字组织与战略

"工业 4.0"是德国政府于 2013 年提出的一个高科技战略计划，旨在推动智能制造、智能生产和智能物流。这一计划被视为第四次工业革命的重要方向。

随后，德国政府在 2014 年制定了"数字议程（2014~2017）"，以推动网络普及、网络安全和数字经济发展为目标，使德国成为数字强国。

2019 年 11 月，德国发布了《国家工业战略 2030》，将工业数字化转型作为政府工作的优先事项之一，提出加快实施包括人工智能在内的数字项目，并解决数字主权问题。该战略内容涉及完善法律框架、加大新技术研发和私有资本投入力度、维护德国工业的技术主权等。

2020 年 3 月，德国联邦经济和能源部发布了"数字化战略 2025"，明确了德国制造转型和构建未来数字社会的思路，并提出了十个行动步骤，如构建千兆光纤网络、支持初创企业发展、加强数据安全保障和推进智能互联等。

此外，德国还于 2020 年 9 月发布了第五版的《数字化实施战略》，以及于 2021 年初发布的《联邦数据战略》，旨在增强德国的数字能力，并成为欧洲数据共享和创新应用领域的领导者。

2. 强调数字技术主权

（1）德国构建技术主权的文件——《技术主权塑造未来》

2021 年 9 月，德国联邦教育与研究部发布《技术主权塑造未来》，全面论述技术主权的内涵和实现路径。

首先，文件指出，德国追求技术主权将兼顾经济、技术、安全和价值观等多重目标。数字主权是技术主权的重中之重，但技术主权概念不局限于数字经济范畴，而是在所有先进产业中谋求减少对外依赖并提振德国及欧盟的技术研发和自主创新能力。

其次，聚焦应用范围大、创新潜力大、与经济竞争力以及国家重大问题密切相关的关键技术。文件列举新一代电子产品、通信技术、软件与人工智能、数据技术、量子技术、价值链塑造、循环经济、创新型材料技术、电池技术、绿色氢能技术和疫苗研发技术 11 个技术门类为技术主权关注重点。

最后，文件提出通过能力评估、对关键技术领域进行有针对性的投资、培育跨国跨行业合作、培育广泛参与的创新网络等路径实现技术主权。

构建技术主权是德国在科技和产业革命和自身经济、科技状况，以及地缘政治、地缘经济环境深刻变化之下的某种必然选择。欧盟国家也普遍认为，当前大国关系趋于紧张和供应链、产业链风险不断加剧，追求技术主权或数字主权事关未来欧盟各国政治、经济重大利益以及在国际上的独立行为能力。2022 年上半年法国担任欧盟轮值主席国，其多年来正是欧盟建立战略自主，乃至在产业联合、数字企业管控、制定数字技术监管规则等方面最激进的倡导者之一。预计法国将与德国携手，进一步在欧盟框架下推进技术主权相关政策和项目的落实。

（2）德国构建技术主权的实践

德国构建技术主权的主要实践，一是加大对相关技术产业的投入。2020 年 11 月，德国政府通过一项支持存储芯片和处理器芯片的产业计划，提出 2021~2024 年向人工智能、云计算、网络传感、高频电子设备等领域芯片基础技术研究、制造、设计投资 4 亿欧元，以扩大德国芯片生产和技术的自主权。2020 年 6 月，德国和法国提出建设欧洲云计算平台的 GAIA-X 计划，德国政府率先向该计划投资 1350 万欧元。

二是构建推进技术主权制度体系。2021 年 1 月，德国政府发布《联邦数据战略》，提出构建高效且可持续的数据基础设施、促进数据创新并负责任地使用数据、提高数据能力并打造数据文化、打造数据先驱国家等，力求促进德国数据相关产业发展以及自主利用数据资源的意愿和技术水平。2021 年 9 月，德国联邦教育和研究部组建由其部长牵头，成员覆盖企业、科研院所、经济学家等的技术主权委员会，制定德国未来实现技术主权的战略。

三是增强欧盟范围内合作。德国作为欧盟核心国家，其技术主权之路离不开本国倡议向欧盟规划的嵌入，也需借助各国研发能力、市场、投资等资源合力实现战略目标。因此，德国政府强调德国国家战略应该和欧盟共同战略相辅相成。

德国与法国等国正积极推进欧盟涉及数字经济的发展方案。2021 年 3 月，欧盟委员会提出"欧洲数字十年"战略，全面规划 2030 年前欧盟数字产业发展顶层设计，其中最大亮点是提出将欧盟芯片产能全球份额提升至 20%，并通过优化研究伙伴关系、监控欧盟的工业供应链、支持 2 纳米及以下芯片工厂建设以及开展国际合作等路径来实施。

德国是欧盟数字技术和市场规则制定的重要推动者。在其积极推动下，欧盟委员会在 2020 年 11 月提出了《数据治理法》，并于同年 12 月提出了《数字服务法》和《数字市场法》等重要法规。这些规定旨在塑造数字经济和技术的相关规则，进一步促进数字化领域的发展与合作。

（二）荷兰数字经济治理

1. 总体数字组织与战略

2018 年，荷兰政府推出了"数字荷兰"计划（Nederland Digitaal），旨在推动社会和经济的数字化发展，帮助企业、消费者和公共部门充分应用数字技术，提高荷兰的经济实力和网络安全。该计划包括 24 个具体目标，涵盖气候、食品供应、物流等多个领域，由荷兰公共安全与司法部、经济事务部和内政部共同负责，将每年更新一次。

2022 年 1 月，荷兰诞生了首位负责数字事务的国务秘书，此外，在 2021 年 3 月议会选举后还成立了一个针对数字事务的议会常设委员会。

2. 数字政府构建

据欧洲统计局调研结果，在欧盟各国中，荷兰的政务数字化程度从各方面来看均遥遥领先，包括：居民使用互联网与政府机构互动的比例、使用互联网获取政府机构的信息比例、使用互联网下载政府机构正式表格的比例，使用互联网发送填写的表格给相应政府机构的比例等。

荷兰数字政府构建的成果可以表现在以下两个具体方面：一是轻松高效的登记注册程序。无论是欧盟成员国公民或其他国籍人士，在荷兰开设有限责任公司、股份公司或基金协会，仅需通过一道荷兰公证程序。荷兰工商、税务各部门会自动发送工商登记信息、自动生成的增值税税号、企业员工纳税税号等官方信件到注册机构所在地办公室。整个过程中除公证员当面公证盖章外，剩下的程序完全实现政务电子化、数据化、数字化。

二是获取政务信息通畅便捷。自 2015 年开始，所有荷兰居民都可以通过电子政务网站 MijnOverheid. nl 直接访问、接收和查询来自公共部门的信息。这依托于荷兰政府的电子身份（eID）计划的成果——一个标准的在线

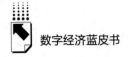

荷兰公民身份识别系统。纳税人通过几种不同的验证方式均可登录，网页浏览安全、透明、一目了然。

（三）丹麦数字经济治理

1. 总体数字战略

2022 年 5 月，丹麦政府启动一项新的数字化战略。该战略包含 61 项举措，包括提高数字安全性并推动丹麦居民生活和企业运营的数字化转型。战略提出九大目标，分别为：增强网络和信息安全、为所有居民和企业提供连贯服务、增加技术投入实现核心功能、促进中小企业数字化转型、促进数字化医疗、通过数字化方案加速绿色转型、强化基础设施、增强国际竞争力、为未来挑战做准备。丹麦财政部称，丹麦是世界上数字化程度最高的国家之一，并且具备实施新技术和解决方案以造福人民和企业的能力。政府提出的这项新数字化战略将为全社会的数字化转型指明方向。

2. 数字政府构建

丹麦数字化局局长表示，丹麦数字战略成功的关键在于公共服务的整合协调，特别是地方和国家层面的合作。这种模式可以为公民提供一个全面的数字化公共部门。丹麦居民通过数字身份证（NemID）访问公共和私人服务，包括纳税、通信缴费、就医甚至预约理发。

2016 年，丹麦政府要求所有公民必须使用在线公共服务，接收政府的电子邮件。通过大规模的宣传推广，至 2018 年，91%的丹麦公民在线接收政府邮件。对于可能难以获得在线服务的群体，如老年人、残疾人、难民和社会租房群体，政府还与非政府组织和基层组织合作，组织数字培训课程，以提高其计算机知识水平。

（四）法国数字经济治理经验

1978 年 1 月，法国政府出台了《信息技术和自由法》。此法案确立了数据保护的专职机构——国家信息技术和自由委员会。2016 年 10 月颁布了《数字共和国法》，该法案分为三部分。第一部分为法国的开放式数据政策设立了全球框架；第二部分涵盖互联网用户的权利，申明必须确保用户能够免费获得自己的数据；第三部分设计的是数字包容性，它设置了获得互联网接入的最低门槛，还包含网络接入的义务。并且该法案设立了死后隐私权，意味着个体可以决定离世之后个人数据的处理方式。

（五）瑞典数字经济治理

2016 年 7 月，瑞典政府公布了五大战略协作项目，旨在推动瑞典向绿色经济转型，并将数字化、生命科学、环境与气候技术作为核心领域。这些项目将为未来工作提供方向。

五大战略协作项目包括以下内容：一是下一代高效运输。通过智能化和资源利用的高效运输方式，推动新型运输方案的展示和商业化。各种试验床将提供展示和商业化新型运输方案的机会。二是智慧城市。利用信息通信技术提高城市服务质量和效果，增加服务的互动性，降低消耗和废弃物，并加强民众与管理者的联系。三是循环生物经济。通过共同推动创新措施，促进生物经济增长并采用循环解决方案，管理食品供应和能源问题，加快向循环式生物经济的转型。四是生命科学。医疗卫生、商业界和学术界等领域合作，利用数字技术开发新型创新药物、护理方法和医学技术，增强瑞典医药的国际竞争力，提升本国卫生水平。五是工业物联网和新材料。加强高水平工业、信息技术与通信公司、服务性企业以及处于数字化前沿的创新增长公司与各种研究机构之间的合作，紧密联系政府的智能工业再工业化战略。

（六）瑞士数字经济治理

"数字瑞士"战略是瑞士国家战略，为政府数字化行动提供了指导方针，并对联邦政府具有约束力。它也是数字瑞士其他利益相关者（如经济、科学和民间社会）的指导框架。

2020 年 9 月，瑞士联邦委员会更新了"数字瑞士"战略的重点。这次更新表明瑞士的数字战略的重点转为环境保护、数据共享、数字经济、数字公共服务方面，同时将加大研究国家在类似新冠疫情的危急状态下如何更好

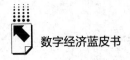

利用数字技术保证运转。以下具体阐述此次更新的优先事项。

环境保护方面。为了充分利用数字化来保护气候和环境，将通过新技术获取更精确的环境数据；在 ICT 服务领域改进生态循环评估、能源消耗和足迹的计算基础。

数据共享方面。共享数据区域可以使数据超出其原始预期目的而使用以及通过创建新的共享使用形式来创造附加值。因此，瑞士大力提倡个人、企业和公共部门访问可信数据空间。

数字经济方面。2022 年底，经济事务国务秘书处更新"数字经济框架条件"报告。特别关注共享经济、数字金融、研发、贸易关系和竞争政策等主题。

数字公共服务方面。OFCOM 将与联邦政府的其他机构合作，考虑是否有新的数据监管需求，以及联邦在可能建设和运营新的基于数据的基础设施方面应该发挥什么作用。

国家在危急状态下如何更好利用数字技术保证运转方面。数字应用程序在瑞士抗击疫情时发挥了重要作用，但各个领域的数字化也暴露出一些弱点。为了确保瑞士为可比的未来情况做好准备，2021 年底，联邦通信局和联邦总理府（FC）在一份报告中指出改进的潜力，并将为联邦的数字政策提出措施。

（七）芬兰数字经济治理

2019 年，芬兰运输和通信部发布了题为《把芬兰转变为通讯网络的世界领先者——数字基础设施战略 2025》的报告，明确了芬兰 2025 年技术中立宽带目标和实现方法。该战略包括促进 5G 的实施和支持光纤建设的措施、服务数字化、现有基建设施及数据需求所面对的主要挑战，具体包括 5G 网络建设和频率政策，简化网络许可证和建设程序，促进市场功能，支持研究和建设创新。

B.8
数字经济治理的中国方案

王雨飞　王砚羽*

摘　要：　中国在亚太数字经济治理合作共赢方面能够发挥多大的作用并付出多少贡献是本文关注重点。中国政府从宏观高度积极参与亚太数字经济治理合作；中国企业也在诸多领域为亚太数字经济治理合作贡献力量。具体来看，数字经济治理的中国方案一是弥补产业政策在数字经济领域的不足之处，构建与竞争政策相协调的治理框架和找到消除制度性障碍的有效方法；二是为数字经济的增长提供统一和明确的法律法规和标准，激励其向创新方向前进，为数据元素、数字资产等领域制定相应的法律法规，确保数字技术的创新、应用和普及得到法律的坚实保障。中国未来在亚太地区开展数字经济治理合作的方向包括：与北美经济体的合作应注意掌握发展的主动权并在努力促进市场公平的同时，维护中国的海外数字利益；与东亚经济体的合作需加强数字经济发展环境和数字经济规则与制度方面的交流，总结数字经济保障端治理经验，并发挥辐射带动作用，促进周边经济体的数字经济保障端治理；与东南亚经济体要重视数字产业发展，同时可以与新加坡就数字技术研发、数字金融创新、数字人才培养等方面展开合作，提高中国数字产业的整体水平；与南太平洋经济体应注重沟通和对话的通畅，了解双方需求，保持友好的合作往来关系。

关键词：　中国经验　数字经济治理合作共赢　未来方向

---

* 王雨飞，北京邮电大学经济管理学院副教授、博士生导师、经济学博士，主要研究方向为区域与城市经济、交通与区域发展等；王砚羽，北京邮电大学经济管理学院副教授、博士生导师、管理学博士、工商管理系主任，主要研究方向为创新战略、责任式创新等。

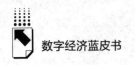

一　数字经济治理的中国方案

（一）中国方案经验——中央政府层面

在对2012~2018年数字经济政策的推动与执行过程进行梳理与解读后可知，我国的数字经济政策的形成大致可以分为"萌芽、发展、升华"三个时期，此阶段中国的数字经济政策是从点到面，体现出从以科技为导向到以产业创新为导向，从局部到整体的渐进式的演化过程。

（1）萌芽期主要政策

2012~2014年，中国数字经济政策以科技政策为导向，出台了《国务院关于印发"十二五"国家战略性新兴产业发展规划的通知》、《信息化和工业化深度融合专项行动计划（2013—2018年）》和《国务院关于推进物联网有序健康发展的指导意见》等政策，主要聚焦于信息化与工业化的"两化"融合发展方向，强调互联网、云计算等新型数字技术研发力度。

（2）发展期主要政策

2015~2016年，中国数字经济政策以产业政策为导向，出台了《国务院关于促进云计算创新发展培育信息产业新业态的意见》、《国务院关于积极推进"互联网+"行动的指导意见》、《国家信息化发展战略纲要》以及《国务院关于印发"十三五"国家信息化规划的通知》等政策，该时期的政策以"互联网+产业"为核心，通过"互联网+"的政策指导和鼓励能源、制造、物流、农业、电子商务等行业与数字技术深度融合。

（3）升华期主要政策

自2017年以来，中国数字经济政策出现了以创新政策为导向的特征，出台了《新一代人工智能发展规划》、《国务院关于强化实施创新驱动发展战略进一步推进大众创业万众创新深入发展的意见》、《关于促进分享经济发展的指导性意见》、《国务院办公厅关于促进全域旅游发展的指导意见》、

《国务院办公厅关于促进"互联网+医疗健康"发展的意见》、《关于发展数字经济稳定并扩大就业的指导意见》、《关于加快推进虚拟现实产业发展的指导意见》和《国务院关于加快推进农业机械化和农机装备产业转型升级的指导意见》等政策,持续推动和完善各行各业以数据要素为核心驱动力,培育和优化数字经济顶层设计。

(二)数字经济合作的努力

1.亚太经合组织(APEC)

随着互联网和数字技术对经济领域的广泛渗透,APEC 根据亚太地区经济形势的变化不断开拓新的合作领域,从数字基础设施建设、电子商务等数字经济传统领域切入,逐步向数字贸易、网络安全、隐私保护、标准和规则制定等高层次合作衍生,APEC 数字经济合作领域不断拓展和深化。

(1)数字基础设施建设

数字技术设施建设是推动数字经济发展的必然条件。经过 APEC 信息通信工作组和各成员的共同努力,于 2005 年之前将亚太地区互联网接入量提高两倍,并且于 2010 年之前实现亚太区域普遍互联网接入的"文莱目标"。从 2019 年开始,亚太地区的信息通信技术合作在互联网接入的基础上,继续加强信息基础设施建设,降低接入成本、提高接入质量和速度,实现可负担的、普遍的高速宽带接入,亚太地区 5G 网络生态系统向创新和多元化方向发展。

近年来,中国为亚太地区的发展中国家及最不发达国家提供了数字化基础设施的建设支持,促进了亚太地区的互联互通。推动互联网及有关数字技术的交流与分享,发展远程教育与医学与电子商务,缩小"数字鸿沟",让更多亚太国家和地区能够利用数字经济带来的机会。例如,中国与马来西亚签订《经贸合作五年规划(2018—2022)》,旨在鼓励双方加强在物联网、云计算和人工智能等新型基础设施领域展开技术合作;与菲律宾签署《中国政府和菲律宾政府经济技术合作协定》,在基础设施等重点领域展开合作,促进双方在互联网经济的高质量发展。

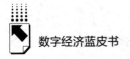

（2）数字技术应用

中小微企业是亚太区域增长和创新的重要驱动力。2019年，第25届APEC中小企业部长级会议以"经济全球化背景下的中小企业融资和数字变革"为主题，把"中小型企业与创业者数字化转型"作为今后合作的优先事项。2006年至今，该会议已经开展了188个项目，促进了APEC各个成员在中小企业数字化转型、妇女能力建设、创新政策激励、融入全球信息技术和电子产业链等方面的对话与合作。

随着越来越多的中国本土互联网公司在世界上做大做强，我们始终秉持"普惠"的原则，协助东盟各国发展自己的数字经济，例如中国长虹，10年前进入印度尼西亚，最近在印度尼西亚推出了长虹的安卓9.0系统，让印度尼西亚人民有了全新的智能家电体验。2019年下半年，国内"独角兽"企业商汤科技公司宣布，将联合马来西亚公司和中国港口工程有限公司，在马来西亚建立智能产业园区，推动马来西亚的人工智能技术发展。

（3）数据信息保护

亚太经合组织在促进亚太地区的数据隐私保护和成员隐私保护的政策衔接上已取得重大成果。一是建立跨国界的隐私保护法律制度。在此基础上，提出了对跨境采集、加工、使用和传输个人信息的九项原则和50条具体规范，并且从隐私执法机关、责任中介机构、企业三个层面对隐私保护机制进行设置，以确保参与主体的隐私保护程度达到规范要求。在亚太经合组织的评估与认证下，满足隐私权要求的公司才能开展其经营活动，违反规定的公司将被撤销资格，并依法追究责任。二是亚太经合组织成员间有关隐私保护的规定日趋统一。按照规定，亚太经合组织成员在参与跨国隐私权规定制定时，其参与制定的有关隐私权的法律规定必须与亚太经合组织的隐私权规定保持一致。从而逐步缩短各成员在隐私权政策上的差距，提升亚太地区数据隐私权保障体系的可操作性。

近年来，中国积极参与APEC数字经济治理合作，提出多项符合大多数经济体利益和诉求的提案，加强同专业性国际组织合作，为全球数字经济治理贡献力量。例如，2021年，中国与印度尼西亚签署《关于发展网络安全能力建设和技术合作的谅解备忘录》。2022 年，中国与泰国签署《关于网络安全合作的谅解备忘录》。

2.《数字经济伙伴关系协定》（DEPA）

DEPA 在协定形式、框架、内容等方面具有鲜明的优势，在规则适用上更具灵活性、开放性、包容性，为全球数字经济制度安排提供了模板范例。对接 DEPA 等国际高标准数字经济规则，将能够帮助中国完善数字经济政策法规，激发数字经济创新发展活力。中国今后应当立足于自己的国情，加速推进与 DEPA 相关规则的对接进程，主动在世界范围内抢占先机，建立具有中国特色、与国际标准相适应的数字经济政策体系，提升中国在数字经济领域的话语权与竞争力，提升中国在数字经济领域的话语权与竞争力。

（1）现代化的数字贸易平台

促进无纸贸易。一是促请各缔约方加大电子化交易管理文档的使用，以推动无纸交易，并明确指出电子文档与纸质文档具有同等的法律效果。二是使各方能够利用一个单一的窗口和一个跨国的网络来执行 WTO《贸易便利化协定》规定的各项义务。三是指出各缔约方应当推动原产地证书、健康与动植物卫生证明等通关单据的电子化，并推广应用区块链电子提单。

推广电子发票。DEPA 鼓励各缔约方采纳与欧洲网上公开采购平台相似的国际标准的电子发票制度，并在电子发票系统内部加强相互承认和合作，使国际贸易公司能够在互相承认的跨境操作系统中更方便地开展业务，使用数字化手段，大大缩短了发票的办理时间，简化了买卖双方支付要求的手续。

推行电子支付方法。一是要求各缔约方参照国际上认可的电子支付规范，尽快建立和完善电子支付相关的法律法规，以保障电子支付的安全。二是呼吁各方共同研究制定公平、透明、无歧视的电子支付制度，创造良好的发展环境，促进金融技术在国际商务中的运用与普及。

近年来，我国也致力于建立和完善电子发票系统，DEPA 对我国的挑战主要在于构建符合国际通用标准且与其他经济体具有互操作性的电子发票系统。因此，一是我国应在现有的区块链电子发票系统上及时修改实施标准以

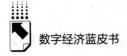

符合国际通用标准。二是扩展电子发票的实施范围，尤其是在国际贸易领域推动电子发票的普及和应用。三是不断强化电子发票系统的互认性和互操作性，以实现我国与其他经济体电子发票系统的互联与对接。

（2）自由化便利化的数字贸易发展模式

推动数字产品创新发展。DEPA在处理数字产品和相关问题方面承袭了《全面与进步跨太平洋伙伴关系协定》的主要内容，并进一步明确了缔约方的承诺水平，包括对以电子传输的内容不予征收关税、非歧视原则以及国民待遇等。

加强中小企业在数字经济领域的合作。首先，鼓励中小企业在管理方面，如人员招聘和绩效考核等，积极使用数字化技术。其次，政府出台相关政策，给予中小企业融资优惠，鼓励其扩大生产规模，带动社会数字化进程。最后，帮助数字中小企业在国际市场上与更多的合作伙伴或基金组织建立联系，更多地参与到国际化业务中来。

（3）安全稳定有序的数字经济发展环境

注重数据信息安全保护。一是明确保护企业、个人和政府数据安全的原则，如数据归属、定价和使用规则等。二是在上述数据安全保护的基础上不断改进完善相关法律法规，让数据信息保护有法可依，从而有效维护各主体的利益。三是主张各主体进行信息合作，促进各缔约方有关个人信息保护法律法规的兼容性和互操作性，为各缔约方信息流通提供便利化服务。

营造广泛信任的网络环境。一是要求缔约方注意防范恶意代码的入侵，提升面对紧急情况时的处理能力，如政府要构建网络安全环境、引导网络企业和服务提供商的共商共建，而企业要建立安全意识文化，定期进行数据备份等。二是鼓励缔约方建立合作机制如定期召开网络安全会议以增强协调该领域合作，构建安全和谐绿色的网络安全环境。

倡导商业和消费者信任。一是要求缔约方在完善改进在线商业活动的同时，维护好消费者在价格知情和售后服务方面的权利。二是督促各方加强跨界协作，切实保障网上消费者的利益，构建和谐共生、能够让消费者在消费过程中体验到幸福感和满足感的消费体验环境。

完善数字身份认证机制。DEPA 认为，"跨境互认"是构建数字身份认证机制的重要环节。随着市场要素的自由流动日益活跃，资金、技术、数据等市场要素的自由流动加速，国际金融市场上资本流动日益频繁，进一步加快了资金、技术和数据等市场要素在全球范围内自由流通，因此，数字身份的跨境互认十分重要。

重视人工智能安全治理。DEPA 倡导人工智能应具有可解释性、透明性以及公平性，并希望各缔约方共同建立基于伦理准则的"AI 治理框架"和人工智能跨界体系，以实现人工智能技术的科学化、规范化和合理化。

创新数字经济监管模式。由于认识到跨国界的数据流通和分享可使基于数据的革新成为可能，DEPA 缔约方在数据分享计划和管理机制方面应加强协作，营造基于数据驱动的创新环境。此外，DEPA 要求各缔约方政府积极促进数据公开，鼓励以数据开放为基础的新产品和服务的发展，以及鼓励在法定条件下，让所有人能够自由地获取、使用和分享公开数据，从而深度挖掘隐藏在数据背后的消费和生产模式。

设定例外规则条款。DEPA 明确规定了适用于本协定的例外情况，这其中涵盖了安全例外、《怀唐伊条约》、审慎例外、货币及汇率政策的例外、税务措施以及国际收支的保障措施。DEPA 的目标是在规则的执行和缔约方的利益保护之间，通过例外条款找到一个平衡点。对中国来说，在寻求加入DEPA 等数字贸易协议的谈判过程中，有必要充分利用通用例外、安全例外和审慎例外等特殊条款，以便在数字贸易开放性和安全性之间找到一个平衡点。

完备的争端解决条款。DEPA 的争端解决条款主要涵盖了斡旋、调解、调停、磋商和仲裁等多个程序，并为各种争端解决手段制定了具体的程序规定。这些规定包括仲裁庭的人员构成、仲裁员的资格认证、专家小组的建议以及仲裁报告的执行等，这在一定程度上缓解了数字贸易领域中争端解决程序和规则的缺失问题。

对比 DEPA 的无纸化贸易要求，中国虽然已广泛采用电子版本的贸易管理文件，但其中多是以中文为主，无纸化贸易主要存在于指导性文件，应用

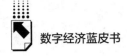
范围也主要局限于"单一窗口"。对此，可采取以下措施：一是继续推广深化电子管理文件的使用范围，并尽可能符合DEPA的语言要求和规范。二是加快建设完善电子管理文件系统，对企业、员工和即将在相关领域就业的学生进行提前和全面的培训，尽早实现贸易文件管理的电子化。三是加强与DEPA缔约方的无纸化贸易经验交流，着重提升中国与DEPA其他国家之间的沟通合作，定期召开国际化会议进行经验商讨，并撰写相应的报告，供各个国家借鉴。

针对数字贸易领域争端解决条款普遍不适用的问题，中国可参照DEPA的经验，在中国主持的框架下，建立包括斡旋、调解、磋商、专家评审、仲裁等程序，并以附加条款的方式细化具体程序，这不仅为中国与DEPA建立切实有效的争端解决途径，而且为其与DEPA的对接积累了宝贵的实践经验。

二 基础端引领的渐进式发展模式

（一）数字基础设施发展现状

1.中国数字基础设施发展现状

数字基础设施是"数字中国"建设的底座。近年来，中国网络基础设施、算力基础设施、应用基础设施规模和服务能力快速增长，一体化协同发展水平稳步提升。"双千兆"网络深度覆盖进程加速，网络基础设施覆盖区域持续下沉。算力基础设施规模世界领先，"东数西算"工程全面开展，工业互联网、车联网、能源互联网等应用基础设施加速赋能高质量融合发展。

首先，中国网络基础设施适度超前部署取得重要进展。中国已实现"市市通千兆、县县通5G、村村通宽带"。截至2022年底，5G基站数量达231.2万个，较2021年新增88.7万个，总量全球占比超60%。5G网络覆盖全国所有地级市城区、县城城区以及96%的乡镇镇区，5G用户达5.61亿户。中国移动物联网终端用户数达18.45亿户，净增4.47亿户，成为世界主要经济体中首个实现"物超人"国家。[①] 目前，中国互联网加快向 IPv6 演进升级。北斗系统已全面服务于交通运输、公共安全、应急管理、农林牧渔等行业，并融入电力、通信、金融等基础设施。

其次，算力基础设施已经步入了全面建设的新阶段，并且其规模正在快速扩大。随着云计算、物联网等新技术的发展和应用，数据中心成为互联网时代最重要的数据存储中心之一。截至 2022 年底，中国数据中心的机架总规模已经突破了 650 万个标准机架，近五年的年均增长率也超过了 30%。在使用数据中心的情况下，其计算能力的总规模已经超过了 180EFLOPS，排名全球第二。[②] "东数西算"这一工程项目已从系统布局阶段步入了全面建设的新阶段。

最后，应用基础设施融合赋能效应逐步显现，工业互联网向网络、平台、安全一体化方向发展，已覆盖 45 个国民经济大类和 85% 以上的工业大类。截至 2022 年底，工业互联网标识解析体系全面建成，中国顶级节点累计接入二级节点 265 个，新增 97 个，服务近 24 万家企业。全国具备行业、区域影响力的工业互联网平台超过 240 个，重点平台连接设备超过 8000 万台（套），服务工业企业超过 160 万家。[③]

2.亚太地区其他经济体数字基础设施发展现状

近年来，亚太地区各个经济体已逐步展开数字基础设施的建设，并取得一定成效。由于不同经济体本身发展水平存在较大差异，因此各经济体对数字基础设施重点建设领域也有所不同，这使得各经济体数字基础设施建设水平存在差别。

亚太地区各经济体发展极不平衡，美国、日本、新加坡、中国、韩国相较于亚太其他经济体来说经济发展较好，城市化水平高，亚太其他经济体经济相对落后，基础设施较差，几乎不具备直接推进数字基础设施建设的前提条件，在此基础上发展数字基础设施难度巨大。

---

① 国家互联网信息办公室：《数字中国发展报告（2022 年）》，2023，第 2 页。
② 国家互联网信息办公室：《数字中国发展报告（2022 年）》，2023，摘要第 1 页。
③ 国家互联网信息办公室：《数字中国发展报告（2022 年）》，2023，第 4 页。

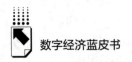

5G 的出现将彻底改变电子商务、金融科技和智慧城市的发展，目前各国正加速推进 5G 建设，利用 5G 技术加速经济增长。在亚太各个经济体中，中国、韩国、美国、日本的 5G 发展最为快速，新加坡紧随其后，而亚太其他经济体越南、菲律宾、泰国等发展水平则较为落后。

3.亚太数字基础设施建设中的中国力量

近年来，中国在自身不断发展进步的基础上，长期致力于与亚太地区其他经济体在数字基础设施建设领域的合作。菲律宾电信巨头 Globe 和 PLDT 均使用华为技术，由华为公司对其提供核心设备，助其开拓 5G 商用网络服务。由此菲律宾成为东盟国家中首个开通 5G 网络的国家。2019 年 9 月，菲律宾 DITO 公司、华为公司、中国水利水电三局共同启动菲律宾通信 5G 基站项目的开发建设，此项目是由菲律宾第三大电信运营商 DITO 公司进行投资和开发，华为作为主承包商参与建设，中国水利水电三局作为主要施工方参与具体实施的项目。

从中菲两国达成的数字基础设施建设的具体实践中可以看出，中菲双方皆存在积极推动数字基础设施建设的内在驱动力，通过共建"一带一路"和"数字丝绸之路"双方加强数字基础设施建设领域合作，不断完善相关政策，提供所需资金，促进人才、技术流动，这将为解决当前实践中存在的诸多现实问题提供路径。

从亚太经合组织数字基础设施覆盖度指数排序结果可以看到，2013 年以来，中国长期位列前三，并于 2020 年开始稳居首位。未来，中国在与东盟国家数字基础设施建设领域的合作项目中，将确立优先合作区域与重点项目，切实惠及当地民生和促进经济发展，发挥示范型项目的辐射作用，体现中国数字基础设施的建设能力。同时，考虑到东道国的需要，中国在投资建设中加入更多本土化元素，促进相关产业的发展。

（二）基础端引领应用端保障端协同发展

中国政府应更加有效地发挥加强法治建设、提升公共服务供给水平和优化营商环境等方面的积极作用。良好的营商环境是市场主体发挥主观能动性，实现快速增长和赶超的关键，其重点在于健全法律法规和政策制度，重视竞争政策和产业政策在数字经济领域的协同作用。

一方面，功能性产业政策可以有效地弥补数字经济治理中存在的不足。这些政策在鼓励创新和创造良好的商业环境方面起到了关键作用，有助于推动数字经济持续向更高水平发展。因此，弥补产业政策在数字经济领域的不足之处，构建与竞争政策相协调的治理框架，或者创造消除制度性障碍的有效方法，都是非常必要的。

另一方面，加速数字经济的发展和法治的建设，需要法治的有力支持。这不仅需要为数字经济的增长提供统一和明确的法律、法规和标准，激励其向创新方向前进；还需要为数据元素、数字资产等领域制定相应的法律法规，确保数字技术的创新、应用和普及得到法律的坚实保障。

三　中国在亚太合作共赢上的现状与未来

（一）中国在亚太数字经济治理合作共赢方面的努力

近年来，中国在亚太地区数字经济治理合作方面做出了极大的贡献，表现出了同各方携手努力、共同打造数字命运共同体的决心和诚意。

1. 政府从宏观高度积极参与亚太数字经济治理合作

中国政府一直努力与亚太地区各经济体一道挖掘各方数字经济潜力，实现数字项目合作共赢。中国早在 2012 年就同日本、韩国、澳大利亚、新西兰和东盟 10 国联合发起了《区域全面经济伙伴关系协定》（RCEP）[①]，并积极推动 RCEP 在 2020 年签署，为构建跨境数据流动规则体系提出了最新方案。此外，中国还积极将互联网经济引入亚太经合组织的合作框架中，2014 年，中国作为亚太经合组织东道主发起并推动通过了《APEC 促进互联网经济合作倡议》[②]。

---

① 《15 国签署 RCEP—全球规模最大的自贸协定达成！》，《人民日报》2020 年 11 月 15 日。
② 贺熙琳、杨晨曦：《APEC：为抗击疫情国际合作注入正能量》，《中国报道》2020 年第 5期，第 54~55 页。

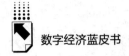
2019 年，亚太经合组织数字经济指导组成立后，中国积极推动全面平衡落实《APEC 互联网和数字经济路线图》，以促进成员之间的技术和政策交流，缩小亚太地区的数字鸿沟。

2020 年，中国发起了《全球数据安全倡议》①，呼吁各国在尊重彼此国家安全的基础上解决数据跨境流动的问题，该倡议对数字治理全球合力的形成，以及风清气正网络空间的构建有重要意义，彰显了推进全球数字治理的中国智慧。中国-东盟关系协调国菲律宾外长洛钦代表东盟表示，中国倡议反映了各国共同关切，东盟各国高度重视②；俄罗斯《移动电信》杂志总编辑、信息安全专家列昂季·布克施泰因接受新华社记者采访时说，中方的主张妥当并且不限制任何一方的发展③；俄罗斯外长拉夫罗夫表示，俄方积极评价中方提出的倡议，认为该倡议有利于推进数据安全领域国际准则的制定④。

2021 年 6 月，中国在贵州以线上线下相结合方式举办了亚太经合组织数字减贫研讨会⑤。亚太经合组织数字减贫研讨会作为中国国家网信办和外交部在亚太经合组织（APEC）框架下主动发起的"建设包容性数字社会：通过促进经济增长，减轻贫困和提高生活水平"合作倡议的重要内容，为 APEC 各经济体分享数字减贫实践经验、深化数字减贫合作提供了一个交流平台，加深了各个经济体对数字减贫的理解，增强了深化交流合作的共识。

为了促进亚太地区数字治理的互联互通，中国在加入区域数字经济合作

---

① 《全球数据安全倡议（全文）》，新华网，http://www.xinhuanet.com/world/2020-09/08/c_1126466972.htm。

② 《东盟高度重视中方提出的〈全球数据安全倡议〉》，界面新闻，https://www.jiemian.com/article/4959514.html，2020。

③ 《新华国际时评丨数字治理的中国智慧赢得世界点赞》，新华网，2020，http://www.xinhuanet.com/world/2020-09/12/c_1126485910.htm。

④ 《俄方积极评价中方〈全球数据安全倡议〉外交部：中俄双方达成很多重要共识》，中国新闻网，http://news.china.com.cn/live/2020-09/15/content_965620.htm。

⑤ 《发挥数字技术优势 共同推动减贫事业发展——亚太经合组织数字减贫研讨会综述》，中国网信网，https://www.cac.gov.cn/2021-06/11/c_1624994157738454.htm#:~:text=APEC2021,%E5%8F%91%E5%B1%95%E7%9A%84%E9%87%8D%E8%A6%81%E5%8E%9F%E5%9B%A0%E3%80%82。

组织方面也已经采取了行动。2021 年 10 月，习近平出席二十国集团领导人峰会时宣布，中国决定申请加入《数字经济伙伴关系协定》（DEPA）。DEPA 是新加坡、新西兰和智利于 2020 年签署的数字贸易协定，旨在规范和加强彼此的数字贸易合作。该协议借鉴了亚太经合组织、CPTPP 和《美日数字贸易协定》（UJDTA）等机制和协定的内容规制，并进行了细化说明。中国加入 DEPA 不仅有利于中国参与全球数字经济治理，而且如果中国与同为东盟成员的新加坡能在 DEPA 达成合作，对于东盟其他经济体的数字治理也有示范作用[①]。

在局部合作方面，东盟是中国在亚太地区推进数字治理合作共赢过程中的重要合作伙伴。2020 年，中国和东盟举办了以"集智聚力共战疫 互利共赢同发展"为主题的中国-东盟数字经济合作年，并举行了网络事务对话；第 23 次中国-东盟领导人会议发表了《中国-东盟关于建立数字经济合作伙伴关系的倡议》，同意进一步深化数字经济领域合作[②]。在网络空间的共同治理方面，到目前为止，中国-东盟信息港论坛已经连续成功举办 5 届，持续推动了中国与东盟经济体在数字领域的合作，建立起中国-东盟网络事务对话机制，推动了全球互联网治理体系改革和建设。为共建高效稳健的网络安全方案，中国与东盟搭建起"中国-东盟网络安全交流培训中心"，形成了《中国-东盟非传统安全领域合作谅解备忘录》，中国与印度尼西亚签订了《关于发展网络安全能力建设和技术合作的谅解备忘录》，中国与泰国签订了《关于网络安全合作的谅解备忘录》[③]。

2. 企业在多元领域贡献亚太数字经济治理合作力量

中国企业在亚太区数字经济治理合作方面也扮演着重要角色，为促进亚太经济体的电子商务发展、互联网安全、以及数字基础设施建设做出了极大

---

① 《我国全面推进加入〈数字经济伙伴关系协定〉谈判》，光明网，https：//epaper.gmw.cn/gmrb/html/2022-08/23/nw. D110000gmrb_ 20220823_ 4-10. htm。

② 陆九天、李泽浩、高娟：《全球数字经济典型战略布局概况》，《数字经济》2023 年第 8 期，第 74~89 页。

③ 杨慧芸：《老朋友，新合作，中国与东盟共享数字发展红利》，中国日报网，https：//cn. chinadaily. com. cn/a/202301/13/WS63c0c0ea3102ada8b22b07e. html。

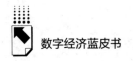

的贡献。

在电子商务方面，阿里巴巴投资的 Lazada 是东南亚地区最大的电商平台之一，该网站通过在东南亚各国建立本地化的电子商务平台，帮助当地商家和消费者实现线上交易。同时，阿里巴巴还通过 Lazada 提供数字化支付服务，例如蚂蚁金服与印度尼西亚当地 Emtek 集团合作推出 Dana Wallet，为消费者提供了便捷的网络支付体验。

腾讯在亚太地区数字治理合作中的参与主要体现在互联网安全领域。2020 年发布的第四季度 Now Tech 亚太企业反欺诈市场报告中指出，腾讯安全入选大型成熟供应商梯队，也是国内唯一一家入选该报告第一梯队的互联网科技公司①。2023 年 Forrester 发布的 2023 年第一季度亚太地区企业欺诈管理报告指出，腾讯安全凭借其天御风控解决方案被列为亚太地区欺诈管理"large"代表厂商②。这充分说明了腾讯在亚太地区，在企业欺诈管理的影响力方面，是企业数字化转型的有力护航者。

中国移动参与亚太地区数字经济治理合作的方式主要是为数字基础设施建设做出贡献。作为全球领先的 5G 运营商之一，中国移动在亚太地区多个经济体开展了 5G 商用服务，并投资建设了多个 5G 基础设施项目。这些项目为亚太地区的数字化转型提供了强有力的支持，也为数字治理带来了新的机遇。例如 2023 年中国移动与新加坡电信在雅加达签署了战略合作备忘录③，将围绕海外信息基础设施建设投资、技术创新等方面，构建互利共赢、协同发展的新型战略合作伙伴关系，创造更大的经济效益和社会价值。

华为近年来持续助力亚太地区的数字生态发展。2022 年，华为和东盟基金会联合举办了的亚太数字创新峰会，华为在亚太共有近 10000 个企业和云伙伴，并投入 1 亿美元支持 Spark 初创生态，目前华为已经联合亚太地区的合作

① 《Forrester：腾讯安全位居亚太企业反欺诈市场第一梯队》，光明网，https：//smart. huanqiu. com/article/40wFeH1iFO8。

② 《第一梯队！腾讯安全天御入选亚太地区欺诈管理代表性厂商》，腾讯安全，https：// cloud. tencent. com/developer/article/2220942。

③ 《中国移动与新加坡电信签署战略合作备忘录》，中国移动官网，https：//www. 10086. cn/ aboutus/news/groupnews/index_ detail_ 46969. html。

伙伴培养了 17 万本地数字化人才①。2023 年，华为亚太企业 BG 总裁马建华在发言中表示，面对亚太地区巨大的数字化、智能化和低碳化机遇，华为将积极与伙伴共享利益，为亚太地区数字经济的繁荣谱写新的篇章②。

（二）中国与亚太地区其他经济体开展数字经济治理合作的未来方向

1. 中国与东北亚（包括东亚）经济体数字经济治理合作的未来方向

东北亚（包括东亚）经济体包含中国、中国香港、日本、韩国、中国台湾和俄罗斯在内。其中中国香港、中国、日本在 2021 年亚太经合组织经济体数字保障端治理排序中均位于前 5 位，韩国排第 10 位，俄罗斯排第 11 位，中国台湾排第 12 位。整体而言，东北亚经济体的数字经济保障端治理水平较高，这意味着东北亚地区数字经济发展环境相对优良，数字经济相关规则与制度体系也比较完善。中国可以与东亚经济体开展强强联合，加强数字经济发展环境和数字经济规则与制度方面的交流，总结数字经济保障端治理经验，共同提高东北亚地区数字保障端治理水平，并发挥辐射带动作用，促进周边经济体的数字经济保障端治理水平提升。

具体而言，数字化的社会环境是数字经济发展的必要前提，中国可以与其他东北亚地区合作开展跨地区、跨文化的数字普及活动，加强人们对数字化的认识，缩小数字化发展差异较大地区之间的数字鸿沟，增加人们对数字化的理解、使用和需求；在基础设施环境方面，中国与其他东北亚经济体可以在现有的数字基础设施之上，构建互通互用的数字技术标准，建设辐射范围更广的大数据中心、云计算中心；在政策环境方面，制定更为开放、普惠的数字经济发展与合作政策，推动更多本土数字化企业在国际上开拓市场，提供数字服务，提升经济效益和社会效益，同时吸引海外优秀数字化企业进

---

① 《亚太数字创新峰会开幕，共话创新助力数字亚太》，华为官网，https：//www. huawei. com/cn/news/2022/5/apac-digital-innovation-congress。

② 《华为亚太合作伙伴大会举行，新发布六大合作伙伴联盟》，华为官网，https：// www. huawei. com/cn/news/2023/5/asia-pacific-six-partner-alliances。

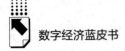

入国内市场，加速形成东北亚地区深度融合、普惠共赢的数字经济发展与治理格局。

2. 中国与东南亚经济体数字经济治理合作的未来方向

东南亚地区包括新加坡、马来西亚、泰国、越南、印度尼西亚和菲律宾。在亚太经合组织的经济体中，2021年新加坡的数字经济应用端治理水平排在第1位，菲律宾排在第3位、泰国排在第6位。与亚太其他地区相比，东南亚地区的数字经济应用端治理水平整体提升较快。

数字产业的开放度和渗透度是衡量数字经济应用端治理水平的重要指标。与亚太经合组织经济体数字经济应用端治理水平最高的国家新加坡相比，中国的数字应用端治理水平还存在一定的提升空间。未来中国可以与新加坡等东南亚经济体就数字产业发展展开合作。为了进一步借鉴先进经验，中国一方面要继续推进加入《数字经济伙伴关系协定》的进程，深入展开加入谈判，力争尽快加入DEPA。同时要与新加坡就数字经济产业建设展开深入的交流与合作，加快与新加坡等国的数字贸易往来。另一方面，新加坡在数字经济基础设施建设、数字经济创新和数字金融等方面具有较高的水平。中国可以与新加坡就数字技术研发，数字金融创新，数字人才培养等方面展开合作，提高中国数字产业的整体水平。

我们也要看到，东南亚经济体的数字经济应用端发展水平不尽相同，与长年名列前茅的新加坡不同，印度尼西亚的数字经济应用端治理水平多年位于亚太经合组织经济体的最后一位。这提醒我们在与东南亚国家进行合作的时候，要注意到经济体之间数字治理的差异，在发展自身的同时，主动、积极地为数字经济应用端治理欠发达的经济体提供帮助，承担负责任大国促进周边共同发展进步的义务。

3. 中国与北美地区经济体数字经济治理合作的未来方向

APEC中的北美经济体包括美国、加拿大和墨西哥。其中，美国的数字经济发展较早，数字化基础相较于APEC其他经济体更加坚实。美国在国家层面有完善的战略部署，有旨在构建国家大数据创新生态系统的大数据研发战略计划，有在基础设施方面的巨大投入，以及有政府部门广泛应用数据分析和人工智能等数字技术进行数字驱动决策的先进经验等，在与北美地区经济体开展数字经济治理合作的过程中，这些都是值得我们研究和学习的重点。

2020 年中国在亚太经合组织数字经济基础端治理水平排序中实现了对美国的反超，在亚太经合组织经济体的数字经济基础端治理方面排第一位。在与北美地区经济体开展数字经济治理合作的过程中，中国的影响力和主动权虽不断提升，但不可忽视的是，近年来美国在数字经济治理中极力推行"数字霸权"，不断拉大数字鸿沟，限制了数字技术和数字资源的跨国流动，特别是对中国采取的一系列技术封锁，阻碍了中国与亚太地区其他经济体开展数字经济治理合作的进程。同时美国采取极高的数字技术保护标准和数字贸易自由主义，也是亚太地区数字治理一体化的一个重大障碍。这要求中国在与北美经济体开展数字治理合作时，一是要积极参与国际标准制定，掌握发展的主动权；二是要做好反垄断的准备措施，努力促进市场公平；三是要建立健全涉外法治体系，维护中国的海外数字利益。

4. 中国与南太平洋经济体数字经济治理合作的未来方向

南太平洋经济体包括新西兰、澳大利亚、智利和秘鲁，虽然它们在地理位置上与中国相距较远，但与南太平洋地区经济体的数字经济治理合作对中国数字经济发展具有重要的意义。《数字经济伙伴关系协定》三位成员国中，有两位——智利和新西兰——就处于南太平洋地区，所以中国与南太平洋地区的数字经济治理合作对中国加入 DEPA 有重要的影响。

其中，新西兰虽然目前对与中国的贸易关系采取相对独立和务实的态度，但这种独立的态度未来可能会受到美国及其盟友的压力，从而对中国加入 DEPA 产生担忧和干扰。因此在开展数字经济治理合作的过程中，中国应注重与智利和新西兰的沟通和对话的通畅，了解双方需求，保持友好的合作往来关系。

智利政府推出"智利 2035 数字转型战略"，计划到 2035 年让全国一半

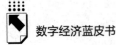
企业实现电子商务模式的应用，并每年对 1 万家中小企业进行数字技术培训，将研发支出在国内生产总值中的比重提升至 2.5%，增加对技术型企业的融资。此外，智利政府还推出了"零数字鸿沟计划 2022~2025"，以完善数字基础设施建设，包括加强农村及偏远地区的互联网连接，推进全国及地方光纤工程以及 5G 工程建设，以让更多公众享受到数字经济带来的便利与实惠①。这与中国近年来大力促进中小企业数字化发展，改善城乡数字化发展不平衡问题有异曲同工之妙。中国可以与智利就如何提升中小企业数字化水平、提供中小企业数字化转型方案、推动农村地区和经济欠发达地区数字化发展开展交流和学习，共同讨论中小企业和农村地区数字化转型过程中的治理问题，帮助中国和智利在数字经济领域实现互利共赢。

---

① 时元皓：《智利加快发展数字经济》，《人民日报》2023 年 6 月 5 日。

B.9

数字经济治理优秀城市案例

王雨飞 曹清峰*

摘 要: 本文总结了上海、杭州、北京和广州四个在数字经济治理方面表现优秀的城市案例。上海是数字精细化治理的典范,拥有布局超前的数字基础设施,坚持以人为本的数字技术发展理念,制定精细化的城市数字经济治理规划,氛围良好的数字经济治理环境。杭州是数字产业化与产业数字化融合的典范,重视推进信息基础设施和城市算力节点建设,打造数字产业集群,推动数字经济赋能,创新数字治理模式。北京是全球数字经济治理标杆城市,政府努力筑牢数字经济物质基础,注重数据资源的开放共享,赋能数字产业化和产业数字化,创新数字治理模式。广州是数字治理样板之城,政府大力推动数字基础设施建设,不断提升公共数据治理水平,推动智慧城市建设,不断提高数字政务服务化水平。

关键词: 优秀城市案例 上海案例 杭州案例 北京案例 广州案例

一 上海:中国超大型城市数字精细化治理的领军之城

上海立足超大型城市定位,针对城市发展过程中遇到的新问题与新状况,开创性地提出了"一网通办"与"一网统管"的数字治理模式,致力

---

* 王雨飞,北京邮电大学经济管理学院副教授、博士生导师、经济学博士,主要研究方向为区域与城市经济、交通与区域发展等;曹清峰,中国社科院财经战略研究院博士后,主要研究方向为区域经济。

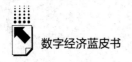

于建设具有世界影响力的国际数字之都，并为全球超大型城市数字精细化治理提供优秀的中国方案。

（一）超前布局数字基础设施

上海超前布局新型基础设施建设，为超大型城市数字精细化治理提供技术保障。多年来，上海十分注重数字经济基础设施建设，并在千兆网络、5G 和人工智能大模型等多个新型数字基础设施领域提前布局，为上海城市数字治理水平的提升持续提供新的动能。在千兆网络建设领域，上海率先建成双千兆宽带城市，目前已经是中国网络下载速率最快的城市。如图 1 所示，截至 2021 年第 4 季度，上海市固定宽带平均下载速率为 65. 42Mbit/s，移动宽带平均下载速率为 67. 27Mbit/s。在 5G 建设领域，上海作为中国首批 5G 试点城市已经在 5G 网络用户比例、5G 基站密度和 5G 基站数量等方面处于中国领先地位，并在机场、地铁和医院等重要场所基本实现了 5G 网络信号的全覆盖。在 2023 年新兴的人工智能大模型领域，上海迅速发布了《上海市推动人工智能大模型创新发展的若干措施》，及时开始探索人工智能大模型在数字治理领域的应用，为上海提高城市数字精细化治理水平发掘新的增长点。

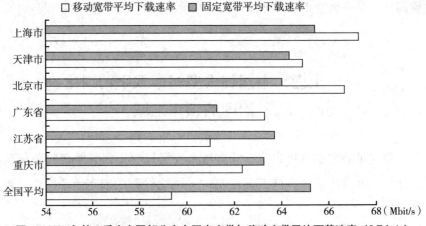

图 1　2021 年第 4 季度中国部分省市固定宽带与移动宽带平均下载速率（Mbit/s）

资料来源：《宽带发展联盟第 26 期中国宽带速率状况报告》。

（二）坚持以人为核心的数字技术发展理念

上海坚持以人为核心的数字技术发展理念，兼顾城市数字化治理的效率与公平。为了让数字技术的发展更好地服务于人们的日常生活，上海开创性地提出了政府服务"一网通办"和城市运行"一网统管"的城市数字治理理念。

"一网通办"是依托大数据等数字技术的集成式政务服务系统，其目标是简化居民办事流程并提高办事效率。上海的"一网通办"系统将各类市民服务系统整合到一起，为上海居民和企业提供便捷的一站式服务。自2018年上海首先提出"一网通办"以来，上海"一网通办"的应用场景不断丰富，办事效率不断提高。上海的居民和企业当前可以通过"一网通办"的网页端和手机应用快速办理户籍服务、纳税缴费和证件办理等各类业务。此外，"一网通办"在重视效率的同时还兼顾了公平。"一网通办"为老年人推出了汇集常用功能的长者专版，并在全市的社区服务中心和社区文化中心为老年人开启使用智能手机的培训。上海还注重提高"一网通办"线下服务的质量与效率，对服务设施进行适老化、无障碍改造，提升各类人群的办事便利度。

"一网统管"是依托信息感知、物联网和人工智能等技术的城市基础运行管理系统。上海的"一网统管"系统将城市运行的各部门数据汇聚整合，实现各部门的智能调度指挥与联合协同处置。为了保障城市居民的日常生活，上海的"一网统管"系统将城市运行的基础数据分成了三类：第一类是供水、燃气和电力等关乎民众日常生活的民生保障类数据；第二类是道路畅通程度、景区密集程度和机场等交通枢纽的运行状况等城市交通数据；第三类是关于各类突发事件的城市安全数据。自2019年开始推行以来，"一网统管"系统逐步整合了三类数据，建立了打通交通、应急和卫生健康等多个部门的城市数字治理平台，极大地提高了上海的城市运行效率。"一网统管"也是上海以人为本的数字精细化治理的一个典范。例如，上海部分街道为独居老人安装智能水表，如果一定时间内用水量低于0.01立方米，就会自动将预警信息反馈到街道和居委会，为独居老人的安全提供了一道保障。

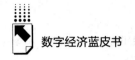

（三）制定精细化的城市数字经济治理规划

上海能够一直走在城市数字治理模式的探索前沿，离不开地方政府在数字经济规划方面的精细化统筹设计。自开始推动城市数字化治理以来，上海陆续出台了一系列支持城市数字化转型的政策规划，为上海的数字化治理提供了明确清晰的路径引导。2021年发布的《上海市全面推进城市数字化转型"十四五"规划》为上海的数字基础设施建设、数字治理场景数量和数字产业经济增加值等各个方面的17项指标都制定了清晰的发展规划和目标。具体到数字基础设施方面，如表1所示，2022年以来上海市通信管理局先后推出《5G应用"海上扬帆"行动计划（2022—2023年）》《新型数据中心"算力浦江"行动计划（2022—2024年）》《5G网络能级提升"满格上海"行动计划》《上海市千兆光网建设应用"光耀申城"行动计划》，在5G应用、新型数据中心、5G覆盖率和千兆光网建设等数字基础设施领域为上海数字治理的进一步发展做出了精细的全盘规划。在城市数字治理理念方面，上海先后发布了《上海市公共数据和一网通办管理办法》《上海市"一网通办"平台运行管理暂行办法》《关于进一步促进和保障城市运行"一网统管"建设的决定》等政策规划，为上海"一网通办"和"一网统管"的数字治理模式建设提供指引。例如在2018年上海提出"一网通办"理念之后，上海市发布的《上海市公共数据和一网通办管理办法》为上海"一网通办"的适用范围、管理原则、各部门职能分工、标准化建设和发展规划等方面做出了指引，为上海电子政务网络建设和公共数据的采集与治理制定了具体规范和要求，为"一网通办"的发展提供了精细化的指引。

表1　上海市数字化转型四大行动计划

行动计划	相关领域	行动目标
"海上扬帆"	5G应用	持续提升5G在工业互联网、智慧交通、智慧城市和智慧园区等传统赛道的应用，积极拓展5G在智慧医疗、智慧教育、文化旅游和长三角智慧航运一体化等新型赛道的应用

续表

行动计划	相关领域	行动目标
"算力浦江"	新型数据中心	筹备建设中国首个算力交易集中平台,在未来几年中使得上海市数据中心总算力规模和人均可用智能算力持续增加,高性能算力占比继续提高,城市数据中心的端到端网络延迟时间不断缩短
"满格上海"	5G 覆盖率	在未来几年中使得上海的 5G 基站数量与 5G 信号覆盖率再创新高,大幅提高医院、火车站和机场等重点区域的 5G 网络速率,并继续提高上海 5G 用户占比
"光耀申城"	千兆光网建设	在未来几年中使得上海居民每万人拥有 OTN 站点数达到 3 个,增加全市 FTTR 用户数量和全光网商务楼宇数量,并计划使所有新建工厂和改造场景 100% 使用千兆工业光网

资料来源:课题组整理数据。

(四)营造良好的数字经济治理环境

上海十分重视网络安全环境的建设和对数字治理人才的培养与引进,致力于为城市数字精细化治理提供良好的发展环境。首先,上海近年来持续推动网络安全产业创新。2021 年以来,上海每年都会公开征集网络信息安全创新成果,编制《上海市网络安全产业创新攻关成果目录》,并对在上海落地发展的网络信息安全创新项目提供宣传推广和融资等多方面的扶持。2022年,上海在网络安全产业创新推进会上宣布建设上海市网络安全产业示范园,并发布《上海市建设网络安全产业创新高地行动计划(2021—2023年)》。网络信息安全产业的创新发展有利于保障上海城市数字治理的稳定性和安全性,为上海建设具有世界影响力的国际数字之都保驾护航。其次,上海也非常重视对数字经济人才的培养和引进。上海注重高等院校的数学、统计学等基础学科与计算机、人工智能等新兴学科的协同建设,重点加强数字技术人才的培养。同时上海成立了中国(上海)数字城市研究院,致力于为上海和中国城市数字精细化治理提供理论技术研究和人才干部储备。另外,上海也重视发挥数字经济高端人才的引领作用,积极培育高层次的数字技术创新型领军人才与数字技术高技能人才。除此之外，上海还在吸引数字化转型人才的政策方面不断开拓创新，强调将"首席数字官"制度的试点建设和"首席信息官"与"首席网络安全官"制度的对外推广相结合，并对数字化转型的专门人才设立特设岗位，加大对数字化领军人才的引进力度。

二 杭州：数字产业化与产业数字化融合推动数字经济治理

杭州是中国领先的数字经济和数字治理城市，数字经济核心产业已成为该地区经济发展的强力引擎。2022年浙江省的数字经济规模位居中国第四，年均增速稳定，其中杭州市数字经济增加值总额超过5000亿元，占杭州GDP比重超过27%，其数字经济增长速度已经超过中国各省市的平均水平，杭州充分发挥了局部地区的龙头带动作用，被誉为"数字治理第一城"，与北上广深等城市共处数字经济第一方阵。早在2003年7月浙江省便提出杭州面向未来的系统方案，杭州开启了早期的数字化发展建设规划，布局发展14个产业集聚区，主导产业包括智能制造、信息技术产业等战略新兴产业。2017年浙江省正式开始实施数字经济"一号工程"，制定了全面的建设方案以推动地区数字经济发展水平；2022年浙江省举办数字经济高质量发展大会，重点强调数字经济"一号工程"的核心是创建数字经济机制创新区、引领全国数字产业化和产业数字化融合发展。杭州作为国家中心城市，积极推进数字产业化、产业数字化和城市数字化的融合发展，从最初的"电商之都"到"移动支付之城"，再到"中国数字治理第一城"。杭州市率先提出"城市大脑"等数字经济新概念，重点培育出一批高新技术产业，形成电子商务、大数据、人工智能、物联网、生物医药、新能源等数字经济优势产业。这些优势产业的发展稳步推进杭州数字经济发展与经济发展，极大促进杭州数字产业化和产业数字化的融合，使数字经济逐渐成为杭州市的支柱产业之一。

（一）推进信息基础设施和城市算力节点建设

杭州作为发达的电商之都，在数字经济基础设施建设上的投入周期长、投资金额高，数字经济基础较好，数字基础设施建设水平在全国处于领先地位。杭州是中国首批"千兆城市"之一，新增 5G 基站数量超过 6000 个，总数已突破 3 万个，全市重点场所 5G 网络通达率接近 100%，家庭千兆网络覆盖率极高，网络规模、用户数量和服务质量都处于全国领先地位。新型信息基础设施是发展数字经济的关键要素，浙江省是数字经济大省，全省已建成数据中心 150 多个，其中大部分位于杭州。杭州算力基础设施发达，拥有中国第一个新型互联网交换中心和一批先进的数据中心，为全国提供云计算能力，较为著名的数据中心有阿里云数据中心、之江实验室和算力小镇等。阿里云数据中心是全国首座绿色等级达 5A 级的液冷数据中心，也是中国规模最大的单相浸没液冷集群，在高效提高算力的同时做到节能绿化。之江实验室以大规模计算系统和强大算力为依托，主攻智能计算、人工智能、智能感知、智能网络和智能系统方向。算力小镇强调"芯片+算法"，注重数字经济与科技的结合，关注 ICT、信息技术、电子商务等新兴产业。此外，杭州目前还拥有全国单元区规模最大、最节能的数据中心和云计算中心——浙江云和杭钢云，这类数据中心不断促进杭州算力基础设施的建设，成为引领未来数字化的核心信息基础设施。

（二）推进数字经济和实体经济深度融合，打造数字产业集群

杭州积极抓住数实融合的新机遇，促进数字经济和实体经济深度融合，旨在打造更有影响力的数字产业集群。杭州一直是中国互联网发展的领先城市，电商服务业全球领先，不仅扶持数字经济龙头企业的发展，还获批建设国家人工智能创新先导区等，多年深耕使其拥有较强的优势产业，并在人工智能、智联网、电子商务等数字经济领域形成了有一定影响力的产业集群。2022 年 7 月浙江省提出打造数字经济"一号工程 2.0"，杭州市政府着力推动与阿里巴巴等数字经济龙头企业的战略合作，重点培育出有影响力的龙头

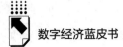

企业队伍，旨在打造具有国际竞争力的数字产业集群。同时杭州市进一步推动数字安防、视觉智能、智能物联等的建设，数字经济产业规模进一步壮大。"中国视谷"是杭州市政府打造智能物联产业生态圈的重要项目之一，该项目的推进有助于杭州将视觉智能打造成世界级的数字产业集群和世界级先进制造业集群。杭州市政府同样注重对龙头企业的跟踪服务，对高新技术产业、现代服务业等新兴产业加大扶持力度，积极引入数字经济相关技术项目，不断推动传统产业朝数字化、智能化转型。杭州市政府推进一系列政策持续推进数字经济二次攀升，政策覆盖智能物联、集成电路、ICT、人工智能等产业，通过对相关企业提供保障性支持政策，营造能持续推动数字经济发展和数字化治理的良好营商环境。

（三）推动数字经济赋能，产业数字化转型步伐逐步加快

在数字产业化和产业数字化的融合发展趋势下，杭州正持续推动以数字经济赋能传统制造业，实现产业转型与升级。如今数字经济不断催生新模式、新业态和新产业。数字经济能优化产品和服务的智能化升级，使其具备更高的附加价值，早已成为新一轮科技革命和产业变革的共识。杭州是数字经济先发城市，已拥有一批著名的数字经济代表企业，如阿里巴巴、蚂蚁金服、海康威视等，这些知名企业以及世界互联网大会、全球数字贸易博览会等重要展会和活动都位于杭州，为杭州数字经济赋能提供了强有力的支持。杭州通过数字赋能提高生产要素配置效率，不仅有助于全要素生产率提高，还有助于经济结构优化。同时杭州把握住数字化和智能化的新方向，持续推进数字经济系统的建设，打造出"产业大脑+未来工厂"的新范式，正推动制造业朝智能化与高附加值转变。杭州市政府也不断优化机制提能，赋能为企业注入活力，如杭州市政府推出一系列改革举措促进良好的营商环境形成，建立支持中小企业发展的制度体系，扶持中小企业实现高质量发展；不断拓展创新创业空间，通过数字经济能更好集聚创新要素、更新创新平台，更好发挥平台经济的辐射作用，充分激发各类市场主体的创新活力，为经济发展源源不断注入动力。

（四）创新数字治理模式，打造城市运行管理服务平台

数字时代使全球治理方式都面临着重大变革，杭州创新数字治理模式，打造城市运行管理服务平台，是全国首个接受并通过评估的试点城市。该服务平台的突出特点是"统筹监测＋行业监管"，采用政府搭建平台，企业对接数据的新模式，监管企业的经营运作情况与相关的运行数据。此外杭州还搭建了统一的物联网平台，对城市运行风险进行预测和识别报警，极大地提升了城市管理效率。推进数字技术和数字经济融入政府治理和人民生活，以数字化改革推进治理能力现代化，让城市运行高效安全。杭州市政府建立"民生直达"平台，与政府其他部门交换、共享数据，通过数据分析极大提高公共服务效率，"浙里办""浙政钉"是城市数字化实践的成功成果，使政务服务事项"一网通办"率达到85%。杭州市政府积极推动城市数字化，阿里巴巴提出"城市大脑"战略之后，杭州市交管局等政府部门与阿里巴巴深度合作，运用"城市大脑"对交通拥堵进行数字治理。之后杭州部分政府单位与阿里巴巴、大华股份、中控集团等多家企业以及云栖工程院联合"百日攻坚"，推动了"城市大脑"从治堵向治城再到治理的飞跃，目前正全面推进"数智杭州"多跨场景建设，落实一体化智能公共数据平台。此外杭州的数字化治理已融入生态文明建设，通过数字技术赋能生态文明建设，逐步打造数字生态文明，深化数字化和绿色化协调发展。浙江省率先结合国土空间和省级空间的信息，打造出联合的城市数字化治理平台，以杭州市为代表利用大数据、人工智能等数字技术构建生态治理数字化平台，对接了浙江省公共数据平台，统筹整合了土地、矿产等各类空间基础数据，深入开展"五水智治"的数字化建设。

三　北京：打造全球数字经济治理标杆城市

作为中国数字经济领先城市，近年来北京持续推动数字经济发展，致力于为中国城市数字经济发展打造"北京样板"、建设高标准全球数字经济

"北京标杆"。2022年北京市的数字经济发展水平在中国所有城市当中位列第一。2022年北京市地区生产总值当中，由数字经济实现的增加值占41.6%；规模以上数字经济核心产业企业8300多家，人工智能产业企业数以及国家级水平的智能制造方案供应商数量在中国均排名第一，数字经济正日益成为支撑北京经济增长的重要动力。高速发展的数字经济需要更高效的治理，为此北京市围绕加快建设数据原生基础设施，注重数据资源的开发利用与安全保护，推动数字产业化与产业数字化进程，重视数字经济安全等方面提升数字经济的治理能力，着力将北京市打造成为全球数字经济治理标杆城市。

（一）加快数字基础设施建设，筑牢数字经济物质基础

加快建设以信息网络基础设施、算力基础设施为代表的数字基础设施。北京市着力推动现有传统基础设施的数字化改造进程，将新兴信息技术充分融入城市基础设施，从而建设数据原生的城市基础设施，夯实北京数字经济发展的物质基础。一是加快建设信息网络基础设施。北京市开展网络攻坚行动，选取重点区域精准提升5G网络信号覆盖，深度推广5G网络与千兆光网的产业应用，形成了"政府主导、铁塔统筹、行业协同、社会支持、共建共享"的5G建设"北京模式"。2022年，北京市开通5G基站2.3万个，累计开通7.5万个，每万人拥有基站数34.3个，在中国排名第一；5G用户数1436万户，占北京市移动电话用户数的36.5%；千兆宽带全市范围可接入，固定互联网宽带接入用户中12.7%的用户接入1000兆及以上固定互联网宽带，92.7%的用户接入100兆及以上固定互联网宽带。二是加快算力基础设施建设。北京市作为拥有1048家人工智能核心企业的城市，不断加码人工智能算力基础设施的布局、提升算力规模。2023年北京首个人工智能计算中心正式成立，预计短期算力规模将达到500P，长期将达到1000P①。北京市还着力推动建设北京人工智能公共算力平台、北京数字经济算力中

---

① 1P为1000万亿次/每秒的计算速度。

心，支持前沿人工智能模型研发，建设统一的算力调度平台，方便企业无缝、经济、高效地在不同云环境上运行各类人工智能计算任务。同时，北京市也积极探索建设北京算力互联互通验证平台，推进北京算力互联互通试点工作，引领行业推进算力基础设施建设工作，提升环京地区计算基础设施利用率，建立世界级的数据中心集聚区。

（二）注重数据资源的开放共享，激活数据要素价值

数据是数字经济发展的关键要素，发展数字经济离不开对于数据资源的开放共享与合理使用。近年来，北京市着力促进数据开放，引导数据要素市场的培育与发展，释放数据要素价值，为推动数据要素的开发利用实施了一系列措施。具体来看，一是形成了较为完善的公共数据开放平台。北京市公共数据开放平台目前涵盖 14 个主题的公共数据、18573 个开放数据集，已开放数据量 71.86 亿条，并且配套数据质量反馈机制、数据成果反哺机制，注重提升数据准确性、相关性、完整性与时效性。同时北京市鼓励运营单位将其自有数据通过互换、合作等方式提供给有关政务部门共享使用的行为。二是创新提出并探索建立针对数据资源的特殊产权制度，即基础的数据持有权、核心的数据加工使用权以及实现要素价值的关键——产品经营权三权分置的制度。"三权分置"制度的建立为充分释放数据要素的价值奠定了坚实的制度基础。三是加快推动数据资产的价值实现。数据资产登记是盘活数据价值的重要环节，2022 年在北京国际大数据交易所牵头下，中国首个"数据资产登记中心"落地北京，数据资产权属登记的开展有利于激发交易主体的积极性，进而激活数据要素潜能，助力数据资产的开发利用与价值挖掘。四是打造数据相关基础制度的综合改革试验田，支持北京经济技术开发区等进行数据基础制度先行先试。北京国际数据实验室、国际数据空间协会以及中国能力中心等一系列成果相继落地经开区，致力于在经开区打造数据工厂，物理集中与逻辑汇通方式相结合，导入各大领域数据促进数据开放与共享，激活数据要素价值。

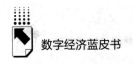

（三）以科技创新赋能数字产业化，加速重点产业数字化转型

以科技创新赋能数字产业化发展。为激发科技创新活力，北京市采取了一系列措施。一是推行财政科研项目经费"包干制"。北京市在基础研究类等科研项目中积极推广经费"包干制"，实施科研领域的"放管服"改革。"包干制"下更具弹性化的预算管理方式使得科研单位等创新主体对于人财物拥有更大的支配权、对于技术路线有更高的决定权，实现科研人员的"减负"，能够最大限度地调动科研人员的创新积极性，提升财政资金的使用效果，营造更有利于创新的科研环境，为科技创新活力的提高打下了坚实的政策基础。二是积极推动开源体系建设，大力支持更多开源项目、开源社区与开源平台的建设落地，为技术创新注入活力。北京市积极推动建设开源社区，中国首个开源社区——北京国际开源社区于 2023 年 6 月正式启动建设，力图建立中国开源创新"策源地"、打造全球开源资源"新高地"，打造开源生态协同、文化互益"新标杆"。

加速产业数字化转型，北京市着眼于重点产业的数字化转型。支持智慧农业创新发展，着力推动传统商业、生活性服务业的数字化转型。一是大力支持农业等传统产业领域互联网发展与数字化转型。中关村是科技高地的代名词，2020 年北京市提出建设"农业中关村"并顺利建成"京瓦农业科技创新中心"总部功能实验室与示范园，聚集了一批涉农头部企业，着力引领北京市实现农业现代化发展，创新发展智慧新农业。二是着力推动"老字号"的数字化转型，开展巡回公开课，从创意策划、IP 打造等多角度探讨传统文化的转化，助力老字号数字化转型升级。目前，北京约有四分之三的老字号已实现电商平台与流量平台的对接，完成触网目标。

（四）强调数字经济安全，严防衍生业务风险

北京采取一系列措施健全平台经济治理体系，促进平台企业的规范健康发展。平台企业是北京数字经济发展的重要一环，北京市互联网科技创新企

业呈现出高度集聚的状态，涵盖几乎所有的新兴互联网业态，平台企业与平台数量在中国均位居前列，为此平台经济治理是北京数字经济治理的重点内容。一是建立综合性的平台经济监管服务体系，实现对平台企业的智慧监管。具体来讲就是利用政府各部门、第三方以及平台企业等各方数据资源，充分挖掘有价值的企业活动数据，对平台企业进行全方位多维度的精准画像，从反垄断、反不正当竞争、数据安全性等角度，构造风险监测模型，识别企业资本行为，实现对平台企业的远程监管指导与协调服务。二是探索政府监管与企业自律的结合。除了加强政府对于平台企业监管的基础性、引领性作用，北京市也鼓励行业协会充分发挥其桥梁纽带作用，产业联盟、龙头企业发挥其带头作用，广泛参与数字经济国际标准、国家标准、地方标准和行业标准的制定，制定数字经济企业标准、团体标准。三是成立北京国际数字经济治理研究院。对内加强北京市数字经济的治理，对外搭建北京数字经济的国际合作桥梁，专业化、专职化研究数字经济相关国际问题、治理问题以及合作问题，为企业、产业以及政府部门提供第三方决策建议与解决方案服务。

四　广州：建设城市数字治理样板之城

广州市作为国家中心城市之一、省会城市，数字经济实力雄厚。2022年，广州市数字经济核心产业增加值为3633亿元，占GDP比重为12.6%。软件和信息服务业收入为6463亿元，同比增长10.2%，位列全国第6。广州市注重培育新型数字产业，特别是推动基础平台、关键芯片、智能终端等数字产业的发展。在数字新业态中，动漫游戏音乐直播等细分业态发展迅速。广州市动漫业总产值超300亿元，约占全国动漫业总产值的1/5；游戏企业达3000余家；数字文化娱乐发展迅速，网络音乐总产值约占全国网络音乐总产值的1/4。数字化时代，开展数字经济治理是保障数字经济高质量平稳发展的关键。因此，广州市积极采取一系列举措，不断提升数字经济治理水平，打造城市治理数字化样板之城。

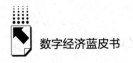

（一）大力推动数字基础设施建设

在数字经济治理过程中，推动数字基础设施建设是关键。近年来，广州市积极加快推进数字基础设施建设，为强化数字经济治理提供基础支撑。一是加快布局5G、千兆光纤等信息基础设施。广州市持续推动双千兆网络建设，2021年，入选全国首批"千兆城市"。2022年，广州市实现PON端口数61.1万个，率先建成领先全国的千兆城市。同时，广州市不断加快5G建设，5G基站建设在全省持续多年排名第一，已建成5G基站超7.64万座，街镇及以上基本实现了5G网络全覆盖。广州市作为国内通信枢纽之一，网络枢纽核心作用明显。国际出入口带宽3660Gbps、骨干交换节点总带宽超94208Gbps，黄埔区建成省内唯一的IPv4域名根镜像服务器，南沙区部署了华南唯一的国际IPv6根服务器。二是加快布局先进算力基础设施，为数字经济治理提供高水平的算力支撑。广州市注重先进算力基础设施布局，综合算力水平在全国排名前列。广州市数据中心机架规模位于全国第三，全市在用数据中心70个、机架规模约20万个，为各领域数字化转型提供了有效的算力支撑。此外，广州市还成立了广州人工智能公共算力中心，以普惠AI算力服务为定位，面向重点领域和中小企业提供人工智能算力服务。同时，广州市将推动人工智能公共算力中心有序发展，为推动广州市人工智能产业发展持续贡献算力力量。

（二）不断提升公共数据治理水平

数据作为一种基础性的资源，是数字经济发展中不可或缺的一种生产要素。为此，广州市积极健全公共数据管理机制、促进数据要素的流通交易以及公共数据的共享、利用，不断提升全市的数据治理能力与治理水平。一是积极推行首席数据官制度试点。广州市在2021年就已经选取了33个单位开展首席数据官制度试点。在这一制度试点期间，广州市建立了"首席数据官+首席数据执行官+支撑团队"的组织模式，围绕首席数据官议事协调、数字化人才培养、数据融合应用等方面开展了一系列工作。广州市已经构建了覆盖 6 个区、21 个市直部门以及 6 家公共企事业单位的首席数据官队伍。广州市积极推动数据要素的流通、交易，同时推动建立跨越多个类别层级的数据交易流通机制，成立广州数据交易所，提供更加全面的数据交易流通服务，促进数据流通交易更加合规、安全。2023 年，广州市印发《广州市全面推行首席数据官制度工作方案》，深入推进数据要素市场体系建设。二是注重公共数据共享，强化公共数据管理，促进公共数据的开发和利用。广州市建设公共数据开放平台，作为支撑全市公共数据开放的统一载体。公共数据开放平台实行实名制管理，社会公众在公共数据开放平台实名认证后即可申请相关开放数据。广州市还颁布了《广州市公共数据开放管理办法》，明确了公共数据开放及管理行为的适用范围，同时明确数据开放主体、数据利用主体、开放平台管理机构的安全管理职责，更好地促进公共数据的共享、管理和利用。

（三）以城市信息模型（CIM）为抓手，推动智慧城市建设

广州市借助城市信息模型（CIM）试点的政策优势，制定一系列发展主要指标（见表 2），大力推进智慧城市建设工作的进行。广州市已完成城市信息模型（CIM）平台试点工作，率先建成了城市信息模型（CIM）平台，并开发出多个场景的"CIM+应用"，为智慧城市建设探索出一条路径。一是制定 CIM 相关标准，建立健全 CIM 标准体系。广州市构建了涵盖 CIM 平台建设、数据汇交、施工图审查、竣工验收备案的多类别多层次 CIM 标准体系，为 CIM 平台的建设提供了清晰的指引。二是加强建设 CIM 平台核心能力。广州市在建设 CIM 平台的过程中，不断强化 CIM 平台融合数据能力，构建多源异构 CIM 数据体系，同时不断强化三维模型与各种信息的集成能力、可视化分析能力以及构建模拟仿真的能力，为 CIM 平台后续工作提供关键支撑。三是积极培养 CIM 平台创新研发人才，为开发多样化"CIM+应用"提供人才和技术支撑。广州市积极推动采取灵活多样化的方式引进专业人才，打造专业化研发团队，同时推动开展与 CIM 平台技术相关的专业

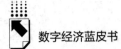

技能培训，提升相关人员的专业能力。四是基于 CIM 平台，开发多样化的"CIM+应用"体系。广州市基于 CIM 平台，积极开展多种场景的定制开发与应用，已开发了"CIM+智慧工改""CIM+智慧工地""CIM+桥梁健康""CIM+城市更新""CIM+智慧社区"等多个场景的"CIM+应用"，促进城市治理更加科学化、精细化和智能化。

表2　广州市"十四五"时期基于 CIM 的智慧城建发展主要指标

序号	总体指标			2025 年预期目标
1	CIM 平台与市级智慧城市类平台的对接完成率(%)			100
2	开发基于 CIM 的智慧城建行业应用场景个数不少于（个）			10
3	基于 CIM 的智慧项目管理应用	政府投资大型房屋建筑工程施工图阶段 BIM 应用率(%)		80
		政府投资工程房屋建筑类竣工图数字化备案率(%)		80
		政府投资类项目城建归档材料数字化率(%)		80
		建设工程施工许可证无纸化报批率(%)		100
4	基于 CIM 的智慧社区园区建设	智慧社区园区运营示范项目(个)		≥10
		市内智慧园区分级改造升级覆盖率(%)		100
5	基于 CIM 的智慧基础设施建设应用	智慧电力基础设施	综合能源服务新业态服务能力覆盖小区数(个)	1000
			智慧电房的新技术应用覆盖率(%)	80
			营业厅服务智慧化率(%)	100
			建筑物节能改造完成面积(万平方米)	1500
			大型新建公共建筑(群)、产业园区、片区及规模以上工业的综合能源供应(含多能协同)面积(万平方米)	≥650
		燃气综合智能管理	物联网智能燃气表覆盖率(%)	75
			天然气场站智能化管理率（%)	80
			营业厅数字化升级改造完成率(%)	100
		市中心区完成智慧灯杆建设数量（万根）		4.2
		车路协同的"智路"建成公里数(公里)		400
6	CIM 及相关重点产业发展	培育具有全国影响力的 CIM 研发企业(家)		3~5
		CIM 运营企业(家)		1~2
		培育 CIM+智能网联设施企业(家)		1~2
		培育新型智能市政基础设施建造企业(家)		1~2

资料来源：《广州市基于城市信息模型的智慧城建"十四五"规划》。

（四）不断提高数字政务服务化水平

广州市坚持致力于不断优化政务服务建设，强化政务服务营商环境。2020 年，广州市政务服务指标在国家营商环境评价考核中位于全国第一。一是积极创新政务服务模式，提升政务服务高效性和便捷性。广州市深入推进政务服务改革创新，涌现出"马上办、网上办、就近办、一次办"等创新服务模式，不断促进服务的便利化，同时运用电子证照、数据共享等手段，搭建企业"一网通办"平台，实现业务统一办理。为了规范政务服务审批，建成了全市一体化行政审批系统，既节省了业务办理时间，也降低了企业成本，使涉企服务质量更优。此外，广州市公安部门实行"一窗通办"政务服务改革，实现多种业务可在一个窗口统一办理，大大提升了公安部门政务服务便捷性。二是强化网络安全治理，营造安全的政务服务网络环境。广州市注重政务服务网络安全治理，积极参与省内开展的网络安全攻防演练活动，不断提升政府部门网络安全防护与治理能力，优化政务服务网络环境，并于 2022 年获得优秀防守地市称号。此外，广州市成立广州数字安全运营中心，为政府单位提供一体化服务，强化网络安全防护，打造安全放心的政务服务网络环境。

附录

2010~2021年亚太经合组织经济体数字经济治理水平指数排序

2010 年亚太经合组织经济体数字经济治理水平指数排序

经济体	年份	基础端指数	应用端指数	保障端指数	总和指数	总和排序
美国	2010	1. 0000	0. 6866	1. 0000	1. 0000	1
新加坡	2010	0. 8509	1. 0000	0. 6858	0. 9393	2
中国香港	2010	0. 6753	0. 9258	0. 7071	0. 8468	3
日本	2010	0. 9208	0. 3062	0. 7453	0. 7108	4
新西兰	2010	0. 7275	0. 3327	0. 8538	0. 6872	5
澳大利亚	2010	0. 8143	0. 2721	0. 7472	0. 6547	6
加拿大	2010	0. 7738	0. 2140	0. 7643	0. 6216	7
韩国	2010	0. 7930	0. 3653	0. 5647	0. 6098	8
中国台湾	2010	0. 8237	0. 3087	0. 5483	0. 5927	9
马来西亚	2010	0. 5203	0. 5508	0. 5993	0. 5885	10
中国	2010	0. 7628	0. 4701	0. 3038	0. 5344	11
智利	2010	0. 3857	0. 1399	0. 4289	0. 2987	12
俄罗斯	2010	0. 5545	0. 0554	0. 2791	0. 2721	13
泰国	2010	0. 2908	0. 3203	0. 2670	0. 2677	14
墨西哥	2010	0. 3548	0. 1760	0. 1566	0. 1905	15
越南	2010	0. 1452	0. 2183	0. 2285	0. 1519	16
印度尼西亚	2010	0. 2788	0. 0000	0. 2633	0. 1317	17
菲律宾	2010	0. 0192	0. 4018	0. 0000	0. 0827	18
秘鲁	2010	0. 0000	0. 0404	0. 1765	0. 0000	19

资料来源：课题组整理数据。

2011 年亚太经合组织经济体数字经济治理水平指数排序

经济体	年份	基础端指数	应用端指数	保障端指数	总和指数	总和排序
美国	2011	1.0000	0.6800	1.0000	1.0000	1
新加坡	2011	0.9046	1.0000	0.7133	0.9740	2
中国香港	2011	0.7320	0.9466	0.7106	0.8783	3
日本	2011	0.9489	0.3059	0.7516	0.7181	4
新西兰	2011	0.7799	0.3297	0.8313	0.6907	5
澳大利亚	2011	0.8435	0.2506	0.7454	0.6482	6
加拿大	2011	0.8256	0.2101	0.7660	0.6324	7
中国台湾	2011	0.8773	0.3569	0.5476	0.6241	8
韩国	2011	0.8475	0.3693	0.5380	0.6128	9
马来西亚	2011	0.5824	0.5280	0.6236	0.6041	10
中国	2011	0.8506	0.4984	0.3199	0.5769	11
智利	2011	0.4572	0.1578	0.4069	0.3061	12
泰国	2011	0.3132	0.3329	0.2649	0.2597	13
俄罗斯	2011	0.5454	0.0368	0.2791	0.2390	14
墨西哥	2011	0.3618	0.1756	0.1422	0.1629	15
越南	2011	0.2183	0.2289	0.1781	0.1402	16
印度尼西亚	2011	0.3399	0.0000	0.2422	0.1221	17
秘鲁	2011	0.1380	0.0627	0.1510	0.0257	18
菲律宾	2011	0.0000	0.2903	0.0000	0.0000	19

资料来源：课题组整理数据。

2012 年亚太经合组织经济体数字经济治理水平指数排序

经济体	年份	基础端指数	应用端指数	保障端指数	总和指数	总和排序
美国	2012	1.0000	0.7111	1.0000	1.0000	1
新加坡	2012	0.9276	0.9981	0.7344	0.9781	2
中国香港	2012	0.7722	1.0000	0.6834	0.8902	3
日本	2012	0.9777	0.3320	0.7578	0.7233	4
新西兰	2012	0.7967	0.3360	0.8324	0.6793	5
加拿大	2012	0.8346	0.2280	0.7742	0.6241	6

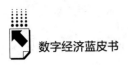

续表

经济体	年份	基础端指数	应用端指数	保障端指数	总和指数	总和排序
中国台湾	2012	0.8965	0.3656	0.5733	0.6236	7
马来西亚	2012	0.6384	0.5130	0.6615	0.6139	8
澳大利亚	2012	0.8503	0.2424	0.7167	0.6124	9
中国	2012	0.8968	0.5646	0.3294	0.6043	10
韩国	2012	0.8802	0.3439	0.5405	0.5931	11
智利	2012	0.4685	0.1778	0.3848	0.2778	12
泰国	2012	0.3273	0.3220	0.2572	0.2242	13
俄罗斯	2012	0.5416	0.0545	0.2778	0.2103	14
墨西哥	2012	0.4106	0.1987	0.1427	0.1578	15
越南	2012	0.2452	0.2227	0.1395	0.0956	16
印度尼西亚	2012	0.3512	0.0000	0.2175	0.0790	17
秘鲁	2012	0.2248	0.0627	0.1329	0.0153	18
菲律宾	2012	0.0000	0.3848	0.0000	0.0000	19

资料来源：课题组整理数据。

2013 年亚太经合组织经济体数字经济治理水平指数排序

经济体	年份	基础端指数	应用端指数	保障端指数	总和指数	总和排序
美国	2013	1.0000	0.7027	1.0000	1.0000	1
新加坡	2013	0.9265	1.0000	0.7525	0.9898	2
中国香港	2013	0.7933	0.9612	0.6844	0.8868	3
日本	2013	0.9714	0.3384	0.7212	0.7118	4
新西兰	2013	0.8098	0.3204	0.8336	0.6829	5
中国	2013	0.9378	0.5932	0.3662	0.6544	6
中国台湾	2013	0.8800	0.3625	0.5818	0.6231	7
马来西亚	2013	0.6415	0.5055	0.6701	0.6200	8
加拿大	2013	0.8222	0.2242	0.7644	0.6173	9
澳大利亚	2013	0.8433	0.2491	0.6979	0.6085	10
韩国	2013	0.9058	0.3200	0.5522	0.6032	11
智利	2013	0.4408	0.2246	0.3478	0.2751	12

经济体	年份	基础端 指数	应用端 指数	保障端 指数	总和 指数	总和 排序
泰国	2013	0.3263	0.3213	0.2296	0.2168	13
俄罗斯	2013	0.5308	0.0466	0.2694	0.2037	14
墨西哥	2013	0.4186	0.2035	0.1450	0.1695	15
越南	2013	0.3184	0.2744	0.0790	0.1286	16
印度尼西亚	2013	0.3207	0.0000	0.1917	0.0602	17
菲律宾	2013	0.0000	0.3943	0.0000	0.0096	18
秘鲁	2013	0.1858	0.0982	0.0881	0.0000	19

资料来源：课题组整理数据。

2014 年亚太经合组织经济体数字经济治理水平指数排序

经济体	年份	基础端 指数	应用端 指数	保障端 指数	总和 指数	总和 排序
新加坡	2014	0.9013	1.0000	0.7788	1.0000	1
美国	2014	1.0000	0.6600	1.0000	0.9913	2
中国香港	2014	0.7943	0.9331	0.7201	0.8995	3
日本	2014	0.9683	0.3445	0.7219	0.7212	4
新西兰	2014	0.7905	0.3088	0.8122	0.6679	5
中国	2014	0.9396	0.5770	0.3446	0.6461	6
中国台湾	2014	0.8578	0.3564	0.5606	0.6088	7
加拿大	2014	0.7908	0.2281	0.7474	0.6052	8
马来西亚	2014	0.6010	0.4640	0.6650	0.5895	9
澳大利亚	2014	0.7879	0.2639	0.6378	0.5720	10
韩国	2014	0.8406	0.2655	0.5190	0.5442	11
智利	2014	0.4422	0.1937	0.2951	0.2443	12
泰国	2014	0.3354	0.3414	0.2330	0.2350	13
俄罗斯	2014	0.5252	0.0718	0.2711	0.2171	14
墨西哥	2014	0.3462	0.1737	0.1342	0.1246	15
印度尼西亚	2014	0.4168	0.0000	0.1788	0.0993	16
越南	2014	0.2982	0.2924	0.0000	0.0972	17
菲律宾	2014	0.0000	0.3885	0.0105	0.0144	18
秘鲁	2014	0.1837	0.1319	0.0501	0.0000	19

资料来源：课题组整理数据。

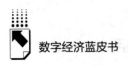

2015 年亚太经合组织经济体数字经济治理水平指数排序

经济体	年份	基础端指数	应用端指数	保障端指数	总和指数	总和排序
新加坡	2015	0.8896	1.0000	0.8010	1.0000	1
美国	2015	1.0000	0.6424	1.0000	0.9790	2
中国香港	2015	0.7651	0.9204	0.7321	0.8813	3
日本	2015	0.9638	0.3361	0.7618	0.7266	4
中国	2015	0.9443	0.6028	0.3636	0.6609	5
新西兰	2015	0.7830	0.3333	0.7832	0.6561	6
马来西亚	2015	0.6808	0.4942	0.6649	0.6302	7
加拿大	2015	0.7680	0.2989	0.7195	0.6069	8
中国台湾	2015	0.8277	0.3507	0.5428	0.5786	9
澳大利亚	2015	0.7813	0.3085	0.6300	0.5780	10
韩国	2015	0.7980	0.2696	0.5118	0.5169	11
泰国	2015	0.3389	0.3545	0.2522	0.2414	12
智利	2015	0.4724	0.2270	0.2436	0.2402	13
俄罗斯	2015	0.5354	0.0495	0.3256	0.2261	14
墨西哥	2015	0.3467	0.1998	0.1644	0.1394	15
越南	2015	0.3019	0.3155	0.0000	0.0987	16
菲律宾	2015	0.0000	0.4506	0.0514	0.0485	17
秘鲁	2015	0.2020	0.1616	0.0353	0.0037	18
印度尼西亚	2015	0.2197	0.0000	0.1707	0.0000	19

资料来源：课题组整理数据。

2016 年亚太经合组织经济体数字经济治理水平指数排序

经济体	年份	基础端指数	应用端指数	保障端指数	总和指数	总和排序
新加坡	2016	0.8657	1.0000	0.8110	1.0000	1
美国	2016	1.0000	0.6122	1.0000	0.9739	2
中国香港	2016	0.7267	0.8764	0.7418	0.8658	3
日本	2016	0.8493	0.3304	0.7711	0.7064	4
中国	2016	0.8590	0.6825	0.3922	0.6995	5
新西兰	2016	0.7253	0.3431	0.7293	0.6445	6

续表

经济体	年份	基础端指数	应用端指数	保障端指数	总和指数	总和排序
马来西亚	2016	0.5842	0.5182	0.6480	0.6254	7
中国台湾	2016	0.8007	0.3819	0.5381	0.6134	8
澳大利亚	2016	0.7693	0.3182	0.6222	0.6089	9
加拿大	2016	0.6763	0.3073	0.6576	0.5812	10
韩国	2016	0.7847	0.2581	0.5697	0.5696	11
泰国	2016	0.2720	0.4605	0.3078	0.3382	12
俄罗斯	2016	0.4721	0.0545	0.3832	0.2855	13
智利	2016	0.3913	0.2675	0.1926	0.2618	14
墨西哥	2016	0.3090	0.2171	0.2107	0.2155	15
越南	2016	0.1679	0.4410	0.0435	0.1814	16
菲律宾	2016	0.0000	0.4708	0.0479	0.1273	17
秘鲁	2016	0.0095	0.2335	0.0000	0.0158	18
印度尼西亚	2016	0.0512	0.0000	0.1528	0.0000	19

资料来源：课题组整理数据。

2017 年亚太经合组织经济体数字经济治理水平指数排序

经济体	年份	基础端指数	应用端指数	保障端指数	总和指数	总和排序
新加坡	2017	0.9105	1.0000	0.8452	1.0000	1
美国	2017	1.0000	0.6098	1.0000	0.9435	2
中国香港	2017	0.7860	0.8674	0.7574	0.8664	3
中国	2017	0.9266	0.6994	0.4202	0.7252	4
日本	2017	0.8922	0.3428	0.7562	0.7038	5
新西兰	2017	0.7762	0.3453	0.7238	0.6474	6
中国台湾	2017	0.8565	0.4013	0.5390	0.6285	7
澳大利亚	2017	0.8107	0.3230	0.6101	0.6080	8
加拿大	2017	0.7519	0.2912	0.6532	0.5896	9
马来西亚	2017	0.5229	0.5139	0.6533	0.5872	10
韩国	2017	0.8269	0.2839	0.5289	0.5677	11
泰国	2017	0.2375	0.4897	0.3953	0.3673	12

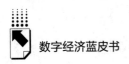

续表

经济体	年份	基础端指数	应用端指数	保障端指数	总和指数	总和排序
俄罗斯	2017	0.5301	0.0282	0.4113	0.3081	13
智利	2017	0.4090	0.2248	0.1942	0.2533	14
墨西哥	2017	0.3280	0.1742	0.2530	0.2251	15
越南	2017	0.1967	0.4652	0.0138	0.1943	16
菲律宾	2017	0.0000	0.4194	0.0783	0.1253	17
印度尼西亚	2017	0.1800	0.0000	0.1535	0.0617	18
秘鲁	2017	0.0077	0.1665	0.0000	0.0000	19

资料来源：课题组整理数据。

2018 年亚太经合组织经济体数字经济治理水平指数排序

经济体	年份	基础端指数	应用端指数	保障端指数	总和指数	总和排序
新加坡	2018	0.8743	1.0000	0.8188	1.0000	1
美国	2018	1.0000	0.6395	1.0000	0.9780	2
中国香港	2018	0.8166	0.9620	0.7911	0.9494	3
中国	2018	0.9599	0.6906	0.6468	0.8376	4
日本	2018	0.9006	0.3768	0.8342	0.7614	5
马来西亚	2018	0.6803	0.5145	0.6985	0.6717	6
新西兰	2018	0.7950	0.3381	0.7080	0.6503	7
韩国	2018	0.8001	0.3493	0.6440	0.6307	8
加拿大	2018	0.7718	0.3313	0.6702	0.6225	9
澳大利亚	2018	0.7710	0.3135	0.6862	0.6214	10
中国台湾	2018	0.8319	0.3713	0.5597	0.6182	11
泰国	2018	0.2482	0.4983	0.5321	0.4194	12
越南	2018	0.3028	0.4618	0.3644	0.3580	13
俄罗斯	2018	0.4710	0.0335	0.5122	0.3119	14
智利	2018	0.4269	0.2295	0.1991	0.2458	15
墨西哥	2018	0.2925	0.1557	0.2612	0.1858	16
菲律宾	2018	0.0000	0.5425	0.1132	0.1637	17
印度尼西亚	2018	0.2160	0.0000	0.3476	0.1259	18
秘鲁	2018	0.0950	0.1618	0.0000	0.0000	19

资料来源：课题组整理数据。

2019 年亚太经合组织经济体数字经济治理水平指数排序

经济体	年份	基础端指数	应用端指数	保障端指数	总和指数	总和排序
新加坡	2019	0.9033	1.0000	0.8484	1.0000	1
美国	2019	1.0000	0.5659	1.0000	0.9278	2
中国香港	2019	0.8237	0.8031	0.8060	0.8760	3
中国	2019	0.9217	0.6283	0.6892	0.8008	4
日本	2019	0.8625	0.3986	0.7940	0.7292	5
马来西亚	2019	0.6041	0.5342	0.6990	0.6445	6
新西兰	2019	0.8038	0.2864	0.7400	0.6417	7
韩国	2019	0.8087	0.3446	0.6101	0.6158	8
加拿大	2019	0.7308	0.3064	0.6955	0.6038	9
中国台北	2019	0.8345	0.3274	0.5598	0.5996	10
澳大利亚	2019	0.7679	0.2622	0.6619	0.5880	11
泰国	2019	0.2411	0.4440	0.4771	0.3821	12
越南	2019	0.2880	0.4676	0.3047	0.3425	13
俄罗斯	2019	0.4390	0.0161	0.4842	0.2955	14
智利	2019	0.3815	0.1565	0.2422	0.2336	15
菲律宾	2019	0.0000	0.5735	0.1353	0.2059	16
墨西哥	2019	0.2961	0.1397	0.2503	0.1970	17
印度尼西亚	2019	0.1625	0.0000	0.3698	0.1372	18
秘鲁	2019	0.0121	0.1671	0.0000	0.0000	19

资料来源：课题组整理数据。

2020 年亚太经合组织经济体数字经济治理水平指数排序

经济体	年份	基础端指数	应用端指数	保障端指数	总和指数	总和排序
新加坡	2020	0.8939	1.0000	0.8544	1.0000	1
美国	2020	0.9982	0.5108	1.0000	0.9045	2
中国	2020	1.0000	0.5614	0.7591	0.8293	3
中国香港	2020	0.8297	0.6529	0.8259	0.8246	4
日本	2020	0.8210	0.3521	0.7981	0.6900	5
新西兰	2020	0.8236	0.2899	0.7198	0.6350	6

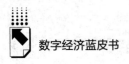

续表

经济体	年份	基础端 指数	应用端 指数	保障端 指数	总和 指数	总和 排序
马来西亚	2020	0.6049	0.5181	0.7007	0.6312	7
加拿大	2020	0.7342	0.3078	0.6894	0.5944	8
韩国	2020	0.8252	0.2788	0.6271	0.5942	9
中国台湾	2020	0.8327	0.3201	0.5569	0.5857	10
澳大利亚	2020	0.7190	0.2692	0.6697	0.5650	11
泰国	2020	0.2968	0.3768	0.4790	0.3634	12
俄罗斯	2020	0.4418	0.0774	0.5201	0.3183	13
越南	2020	0.3155	0.3512	0.3705	0.3174	14
智利	2020	0.4574	0.2319	0.2699	0.2863	15
菲律宾	2020	0.0000	0.5749	0.1489	0.1924	16
墨西哥	2020	0.2659	0.1368	0.2731	0.1732	17
印度尼西亚	2020	0.1125	0.0000	0.4056	0.1104	18
秘鲁	2020	0.0369	0.2045	0.0000	0.0000	19

资料来源：课题组整理数据。

2021年亚太经合组织经济体数字经济治理水平指数排序

经济体	年份	基础端 指数	应用端 指数	保障端 指数	总和 指数	总和 排序
新加坡	2021	0.8981	1.0000	0.8398	1.0000	1
美国	2021	0.9596	0.5979	1.0000	0.9249	2
中国香港	2021	0.8205	0.7585	0.8308	0.8633	3
中国	2021	1.0000	0.5687	0.8210	0.8550	4
日本	2021	0.8229	0.4232	0.7859	0.7060	5
马来西亚	2021	0.6559	0.5129	0.6820	0.6305	6
新西兰	2021	0.8095	0.3384	0.6752	0.6190	7
澳大利亚	2021	0.7899	0.2760	0.6564	0.5770	8
加拿大	2021	0.7552	0.2962	0.6678	0.5757	9
韩国	2021	0.7981	0.2816	0.6242	0.5693	10
中国台湾	2021	0.7854	0.2710	0.5309	0.5207	11
泰国	2021	0.3430	0.5497	0.4545	0.4207	12

续表

经济体	年份	基础端 指数	应用端 指数	保障端 指数	总和 指数	总和 排序
越南	2021	0.3809	0.3556	0.4251	0.3434	13
俄罗斯	2021	0.4909	0.0120	0.5367	0.2926	14
智利	2021	0.5108	0.2105	0.3057	0.2873	15
印度尼西亚	2021	0.3630	0.0000	0.4371	0.1928	16
菲律宾	2021	0.0000	0.6009	0.1618	0.1772	17
墨西哥	2021	0.3147	0.1161	0.2936	0.1613	18
秘鲁	2021	0.1583	0.1788	0.0000	0.0000	19

资料来源：课题组整理数据。

Abstract

As the guarantee for the healthy development of the digital economy, the level of digital economic governance measures the inherent strength of the development of the digital economy in various countries, and is the determining force of whether the digital economy of various countries can sustainably achieve economic performance, as well as the key foundation for the long-term development of various countries in the future. The United States, the European Union and China have shown strong influence in the development of the global digital economy, forming a multi-polar pattern of digital economy in which "the United States is leading, with one superpower and multi-great power ", but at present, there is no unified and standardized digital economy governance framework globally, and there is an urgent need to form a digital economy governance system matching the level of development of the global digital economy. The research group constructed a comprehensive index of digital economic governance, which reflects the comprehensive capacity of digital economic governance in each economy. The report evaluates and compares the level and evolutionary trend of digital economic governance of 19 APEC economies from 2010 to 2021. In 2021, the top ten economies in the APEC digital economic governance level were Singapore, the United States, Hongkong, China, Japan, Malaysia, New Zealand, Australia, Canada and South Korea. China is the economy with the most obvious progress in the level of digital economic governance in the Asia Pacific region. The average value of the digital economic governance index of major economies in the Asia Pacific region is on an upward trend, showing an overall trend of upstream aggregation and completing the evolution to an inverted pyramid structure. In general, with years of efforts by Asia Pacific economies and the promotion of the APEC cooperation framework, the overall capacity of digital economy governance in the Asia Pacific region is improving, and the gap between economies is effectively narrowing. The governance of the basic end of the digital economy includes the measurement of the coverage of digital infrastructure, the degree of inclusion, and the potential for the development of digital technology. From 2010 to 2021, China's level of governance of the basic end of the digital economy has improved significantly, and has been firmly ranked first in the Asia Pacific region. The overall level of digital infrastructure coverage in the Asia Pacific region is low. China has a clear advantage in digital infrastructure coverage. Singapore has a strong potential for digital technology development. The governance of the application side of the digital economy includes the measurement of the penetration of the digital industry and the openness of the digital industry. From 2010 to 2021, the hierarchical differentiation of the level of governance of the application side of the digital economy in the economies of the Asia Pacific region is intensifying. Southeast Asian economies are steadily improving in the level of governance of the application side. The ranking of the economies of the South Pacific is generally low, the overall development of North America is unbalanced, and the import of digital services is a constraint on the level of China's digital industry. The import of digital services is a long-term shortcoming that restricts China's digital industry from increasing its level of openness. The governance of digital economy safeguard side includes the measurement of digital economy development environment and digital economy related rules and systems. From 2010 to 2021, the governance of digital economy safeguard side of the Asia Pacific economies on the whole has improved significantly, and a number of economies have completed the tier leap in recent years, with developed economies such as Singapore and the United States at the forefront, and China being the economy with the largest rise in the ranking. In the future, the Chinese government will actively participate in the Asia Pacific digital economic governance cooperation from a macro level; Chinese enterprises also contribute to the Asia Pacific digital economic governance cooperation in diversified fields.

Keywords: Digital Economic Governance; APEC; Index; Chinese Experience; Win-win Cooperation

Contents

I   General Report

Abstract: Based on the theoretical mechanism and framework of digital economic governance, and with reference to the experiences and models of the former digital economic governance at the national level, the group designed an index system to measure the level of digital economic governance in Asia-Pacific economies. The index system measures six modules from three levels, namely, the basic end, the application end, and the safeguard end of the governance, and the synthesised composite index of digital economic governance reflects the comprehensive capacity of each economy's digital economic governance. The overall report evaluates and compares the level of digital economic governance and evolutionary trends of 19 APEC economies from 2010 − 2021. The top 10 economies in the APEC digital economic governance composite ranking in 2021 are, in order, Singapore, the United States, Hong Kong (China), China, Japan, Malaysia, New Zealand, Australia, Canada, and South Korea. In terms of trends, the United States, Singapore, China's mainland and Hong Kong, China have been the more highly ranked economies in the Asia-Pacific region over the past 12 years. Singapore and the U. S. are firmly in the high rankings, and China is the economy that has made the most significant progress in digital economic governance in the Asia-Pacific region. Cluster analysis indicates that the trend of divergence in the level of digital economic governance between different tiers in 2010 – 2021 is intensifying, although the number of economies in each tier fluctuates, but on the whole, it still shows a trend of aggregation to the upper reaches of the Asia-Pacific economies digital economic governance level as a whole has completed the evolution to the inverted pyramid-type structure. On the whole, after years of efforts by Asia-Pacific economies and the effective guidance of APEC, the overall capacity of digital economic governance in the Asia-Pacific region is improving, and the gap between economies is effectively narrowing.

Keywords: Composite Index of Digital Economic Governance; Evolutionary Trends; Cluster Analysis; Benchmarking Analysis.

II Topical Reports

Abstract: The governance of the foundational aspects of the digital economy encompasses the assessment of digital infrastructure coverage, penetration rate, and the potential for digital technology development. In 2021, the leading ten economies in foundational governance of the digital economy were China, the United States, Singapore, Japan, Hong Kong, New Zealand, South Korea, Australia, Chinese Taipei, and Canada. Over a 12－year trend, China's governance level of the digital economy's foundation has significantly improved, securing the top position in the Asia－Pacific region, with the United States and Singapore also leading. Australia, Canada, Mexico, and Russia have experienced a declining trend, while Southeast Asian economies rank lowest. Overall, the Asia－Pacific region exhibits low digital infrastructure coverage. Cluster analysis indicates that the number of economies with advanced foundational governance has remained relatively stable, with middle to high－tier economies showing a clustering trend up until 2018. Post－2019, the gap has widened again, with lower－tier economies making upward progress. China's rapid development in digital infrastructure

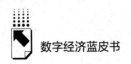
positions it advantageously in terms of coverage, yet there's significant potential for improvement in developing digital technology. From a cooperation standpoint, China and the emerging Asia－Pacific economies hold substantial potential for collaborative efforts in the construction of digital infrastructure. ASEAN economies could enhance their digital infrastructure interconnectivity, collectively elevating their foundational governance of the digital economy. Meanwhile, the United States needs to mend its alliances to bolster digital economy governance.

Keywords: Digital Economy Foundation Governance Index; Digital Infrastructure; Inclusiveness; Potential for Digital Technology Development.

B.3 APEC Report on the Application－End Governance System of Digital Economy
Cao Qingfeng / 079

Abstract: The applied governance of the digital economy encompasses metrics of digital industry penetration and the openness of the digital industry. In 2021, the leading economies in applied governance were Singapore, Hong Kong (China), the Philippines, the United States, China, Thailand, Malaysia, Japan, Vietnam, and New Zealand. From 2010 to 2021, the trend indicates an increasing hierarchical differentiation in the governance level of digital economy applications among Asia-Pacific economies, with Southeast Asian economies showing steady progress in governance application levels. Singapore consistently leads, while South Pacific economies rank lower overall. North America's development is uneven, with the United States at the forefront of digital economy application governance in the region. Northeast Asian economies exhibit a positive trend in digital service exports. Cluster analysis reveals a spindle-shaped structure in the distribution of economies across upstream, midstream, and downstream levels, with midstream economies being the most numerous. The disparity among downstream economies is significant. China's digital service imports have been a longstanding weakness that limits the openness of its digital industry. However, China's ICT industry holds vast market potential and significant development opportunities. In terms of potential for cooperation, North American economies could enhance collaboration on digital industry penetration; upstream economies might leverage their strengths in digital industry penetration; and Southeast Asian economies could benefit from mutual complementarity in digital industry openness.

Keywords: Digital Economy Application-Side Governance Index; Digital Industry Penetration; Digital Industry Openness.

B.4 APEC Report on the Safeguard-End Governance System

of Digital Economy   *Cao Qingfeng* / 114

Abstract: The governance of the digital economy's security aspect includes evaluating the development environment of the digital economy as well as its regulatory framework and institutions. In 2021, the top ten economies in security governance were Singapore, the United States, Hong Kong, China, Japan, Malaysia, New Zealand, Australia, Canada, and South Korea. Analysis over a span of 12 years reveals that advanced economies like Singapore and the United States have maintained leadership positions, whereas Southeast Asian and South Pacific economies have largely trailed behind. Clustering analysis demonstrates significant enhancements in safeguard governance across economies, with numerous economies achieving advancements in tiers in recent years. There has been a rapid increase in both the GCI Cybersecurity Information Index and employment within the information and communication technology sector. Furthermore, improvements in the business environment and legal dispute resolution efficiency have led to an inverted pyramid configuration in the safeguard governance hierarchy. In China, the governance level on the security front is steadily improving, with a promising development outlook. The maturation of the digital economy's development environment, alongside progress in its regulatory and institutional framework, has propelled an overall elevation in China's safeguard governance level. Regarding cooperation potential, there are pronounced opportunities for collaboration in the information and communication industry

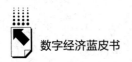

among economies in Northeast Asia and Southeast Asia due to their scale advantages and geographical proximity. Moreover, China and Russia have considerable potential to enhance collaboration in cybersecurity, and there is significant room for cooperation in developing regulatory and institutional frameworks related to the digital economy within the Asia-Pacific region.

Keywords: Digital Economy Security Governance Index; Development Environment of the Digital Economy; Regulatory and Institutional Framework.

Ⅲ   Theoretical Reports

B.5　Research Background of Digital Economy Governance

Report　　　　　　　　　　*Wang Yanyu, Yu Yajie / 152*

Abstract: Theoretical research on the governance of the digital economy significantly trails the rapid development pace of the global digital economy. There is a notable absence of a unified and standardized governance framework for the digital economy, along with a lack of adequate consensus among nations on how to govern the digital economy. This situation underscores the urgent need to establish a governance system for the digital economy that aligns with the global digital economy's level of development. The Asia-Pacific Economic Cooperation (APEC) represents the pinnacle of intergovernmental economic collaboration in the Asia-Pacific region and has been dedicated to fostering the digital economy's growth to stimulate innovation across the region for many years. APEC has initiated numerous cooperation programs and action plans, positioning itself as a global leader in the development and exploration of digital trade regulations. It is anticipated that APEC will explore cooperative approaches that seek common ground while respecting differences in digital economy governance, thereby advancing the global digital economy governance landscape towards a new equilibrium. At the micro level, governance of the digital economy serves as a pivotal force driving the transformation of the global governance system. Achieving a consensus and establishing a rule framework for the governance of the digital economy in the Asia-Pacific is currently an imperative need. Governance of the digital economy is crucial for advancing the modernization of economies' governance systems and capacities.

Keywords: Digital Economy Governance; Global Governance System; Consensus and Rules Framework; Modernization of Governance Capacity.

B.6 Theoretical Framework of Digital Economy Governance

Wang Yanyu, Chen Yihan, Liang Ruotong, Yu Yajie and Lin Lei / 157

Abstract: Based on the connotation of digital economic governance, the group divides digital economic governance into governance at the basic end, governance at the application end and governance at the protection end. The basic end provides elements and technical conditions for the application end; the governance of the application end includes security problems such as data leakage and synergy problems caused by data silos, which have a constraining effect on the governance of the basic end; finally, the guarantee end promotes the synergistic governance of the basic end and the application end by perfecting the environment for the development of the digital economy and setting up an effective digital technology system. Focusing on the above three core dimensions, the group has designed six research modules of the digital economic governance research framework: the basic end includes digital infrastructure and digital technology modules. Digital infrastructure includes the process of modular innovation co-evolution of digital infrastructure, the relationship between digital infrastructure and economic resilience, and the security protection of digital infrastructure. The digital technology module focuses on possible theoretical breakthroughs and model innovations in technology governance in four areas: algorithmic governance, artificial intelligence governance, arithmetic network governance, and meta-universe governance. The application end includes modules on the application of digital technology in organisations and the application of digital technology in global governance. The application module of digital industrial organisations will carry out the research on enterprise organisational transformation and governance mechanism

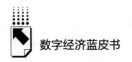

under the application of digital technology along the technical route of driving mode-capability enhancement-governance paradigm of digital transformation of industrial organisations. The Digital Global Governance Application Module will mainly analyse the elemental composition and mechanism of digital global governance, the difficult breakthroughs in digital global governance and other topics, and discuss the development and change of the global governance system under the application of digital technology. The protection end includes the modules of Digital Economy Development Environment and Digital Economy Institutional Environment. The digital economy development environment module will focus on the development environment of the digital economy, discussing the business environment, the digital economy and green innovation, and the digital economy and industrial transformation, so as to provide support and guidance for the healthy development of the digital economy. The Digital Economy Institutional Environment Module will mainly discuss three topics, namely, the pluralistic institutional logic of digital economy development, environmental constraints and high-quality development, and the logical structure and mechanism construction, in order to promote the healthy development of the digital economy institutional environment.

Keywords: Digital Economy Governance Concepts; Theoretical Mechanisms; Governance on the Foundation side; Governance on the Application Side; Governance on the Assurance Side; Six-Module Framework.

Ⅳ Practical Reports

B.7 Typical Models of Digital Economy Governance

Wang Yanyu, Cao Qingfeng and Wang Yufei / 192

Abstract: The group summarises the models and experiences of digital economic governance in the US, EU, Japan, Singapore and other economies. The digital economic governance of the United States is a diversified and complex process, featuring forward-looking strategic planning for the digital economy, actively seizing the commanding heights of digital economic technology, dominating the rules of global digital trade, improving the laws and regulations of digital economic governance, actively promoting the construction of a digital government, and strengthening the construction of digital infrastructure. The weakness of digital economic governance in the United States is manifested in the insufficient protection of data privacy, the lack of a comprehensive regulatory framework, and the lack of self-regulation of Internet companies, etc. The competitiveness is reflected in the innovation ability of technology companies, high-quality digital infrastructure and strong market scale. Japan has constructed a "seven-layer and two-factor" data industry chain governance structure. Singapore maintains an open attitude towards cross-border data flows, but strictly protects individual privacy. As one of the economies with the highest degree of trade liberalisation in the world, Singapore maintains an open attitude towards cross-border data flows while strictly protecting individual privacy. Overall, compared to the EU, Singapore's digital cross-border flow policy is more relaxed, but the protection of domestic data is more stringent than that of the United States. The level of digital economic governance in EU countries is at the forefront of the international community. The UK has clearly defined six pillars for the future development of the digital economy: building world-class digital infrastructure, stimulating creativity and protecting intellectual property rights, attracting digital economy talent from around the world, providing financial support for digital development, enhancing the ability of business and social services across the UK through digitisation, and improving the UK's international status in the digital economy.

Keywords: US Model and Experience; EU Model and Experience; Japan Model and Experience; Singapore Model and Experience.

Abstract: The focus of our attention is on the role and contribution that

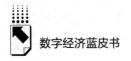
China can play and make in the win-win cooperation of digital economy governance in the Asia Pacific region. The Chinese government actively participates in Asia Pacific digital economy governance cooperation from a macro perspective; Chinese companies are also contributing to the Asia Pacific digital economy governance cooperation in multiple fields. Specifically, the Chinese plan aims to address the shortcomings of industrial policies in the digital economy, establish a governance framework that is coordinated with competition policies, and provide effective methods to eliminate institutional barriers. The second is to provide unified and clear laws, regulations, and standards for the growth of the digital economy, motivate it to move towards innovation, formulate corresponding laws and regulations for data elements, digital assets, and other fields, and ensure that the innovation, application, and popularization of digital technology receive solid legal protection. The future direction of China's cooperation in digital economy governance in Asia Pacific economies includes: in cooperation with North American countries and regions, attention should be paid to taking the initiative in development and striving to promote market fairness while safeguarding China's overseas digital interests; Cooperation with East Asian economies requires strengthening the exchange of digital economy development environment, rules and systems, summarizing the experience of digital economy security governance, and playing a radiating and driving role to promote the digital security governance of surrounding economies; We should attach importance to the development direction of the digital industry with Southeast Asian economies, and at the same time, we can cooperate with Singapore on digital technology research and development, digital financial innovation, digital talent cultivation, and other aspects to improve the overall level of China's digital industry; We should pay attention to smooth communication with South Pacific economies, understand their needs, and maintain friendly cooperative relations.

Keywords: Chinese Experience; Win-win Cooperation in Digital economy Governance; Future Direction

B. 9   Outstanding City Cases of Digital Economy Governance

Wang Yufei, Cao Qingfeng / 245

There are many excellent urban cases in digital economic governance in China. The research group summarized the cases of four excellent cities, Shanghai, Hangzhou, Beijing and Guangzhou. Shanghai is a leading city in China in digital fine governance. It has a leading layout of digital infrastructure, adheres to the people-oriented digital technology development concept, formulates a fine urban digital economic governance plan, and creates a good digital economic governance environment. Hangzhou is a model for the integration of digital industrialization and industrial digitization. It attaches importance to promoting the construction of information infrastructure and urban computing nodes, creating digital industry clusters, promoting digital economy empowerment, and innovating digital governance mode. Beijing is a global benchmark city for digital economic governance, where the government strives to build a solid material foundation for the digital economy, focuses on the open sharing of data resources, empowers digital industrialization and industrial digitization, and innovates digital governance models. Guangzhou is a model city for digital governance, where the government vigorously promotes the construction of digital infrastructure, continuously improves the level of public data governance, promotes the construction of a smart city, and continuously improves the level of digital government services.

Keywords: Excellent city case; Shanghai case; Hangzhou case; Beijing case; Guangzhou case

社会科学文献出版社

皮 书

智库成果出版与传播平台

❖ 皮书定义 ❖

皮书是对中国与世界发展状况和热点问题进行年度监测，以专业的角度、专家的视野和实证研究方法，针对某一领域或区域现状与发展态势展开分析和预测，具备前沿性、原创性、实证性、连续性、时效性等特点的公开出版物，由一系列权威研究报告组成。

❖ 皮书作者 ❖

皮书系列报告作者以国内外一流研究机构、知名高校等重点智库的研究人员为主，多为相关领域一流专家学者，他们的观点代表了当下学界对中国与世界的现实和未来最高水平的解读与分析。

❖ 皮书荣誉 ❖

皮书作为中国社会科学院基础理论研究与应用对策研究融合发展的代表性成果，不仅是哲学社会科学工作者服务中国特色社会主义现代化建设的重要成果，更是助力中国特色新型智库建设、构建中国特色哲学社会科学"三大体系"的重要平台。皮书系列先后被列入"十二五""十三五""十四五"时期国家重点出版物出版专项规划项目；自2013年起，重点皮书被列入中国社会科学院国家哲学社会科学创新工程项目。

权威报告·连续出版·独家资源

皮书数据库
ANNUAL REPORT(YEARBOOK)
DATABASE

分析解读当下中国发展变迁的高端智库平台

所获荣誉

- 2022年，入选技术赋能"新闻+"推荐案例
- 2020年，入选全国新闻出版深度融合发展创新案例
- 2019年，入选国家新闻出版署数字出版精品遴选推荐计划
- 2016年，入选"十三五"国家重点电子出版物出版规划骨干工程
- 2013年，荣获"中国出版政府奖·网络出版物奖"提名奖

皮书数据库

"社科数托邦"
微信公众号

成为用户

登录网址www.pishu.com.cn访问皮书数据库网站或下载皮书数据库APP，通过手机号码验证或邮箱验证即可成为皮书数据库用户。

用户福利

- 已注册用户购书后可免费获赠100元皮书数据库充值卡。刮开充值卡涂层获取充值密码，登录并进入"会员中心"—"在线充值"—"充值卡充值"，充值成功即可购买和查看数据库内容。
- 用户福利最终解释权归社会科学文献出版社所有。

数据库服务热线：010-59367265
数据库服务QQ：2475522410
数据库服务邮箱：database@ssap.cn
图书销售热线：010-59367070/7028
图书服务QQ：1265056568
图书服务邮箱：duzhe@ssap.cn

社会科学文献出版社 皮书系列
SOCIAL SCIENCES ACADEMIC PRESS (CHINA)
卡号：974959341648
密码：

基本子库 SUB DATABASE

中国社会发展数据库（下设 12 个专题子库）

紧扣人口、政治、外交、法律、教育、医疗卫生、资源环境等 12 个社会发展领域的前沿和热点，全面整合专业著作、智库报告、学术资讯、调研数据等类型资源，帮助用户追踪中国社会发展动态、研究社会发展战略与政策、了解社会热点问题、分析社会发展趋势。

中国经济发展数据库（下设 12 专题子库）

内容涵盖宏观经济、产业经济、工业经济、农业经济、财政金融、房地产经济、城市经济、商业贸易等 12 个重点经济领域，为把握经济运行态势、洞察经济发展规律、研判经济发展趋势、进行经济调控决策提供参考和依据。

中国行业发展数据库（下设 17 个专题子库）

以中国国民经济行业分类为依据，覆盖金融业、旅游业、交通运输业、能源矿产业、制造业等 100 多个行业，跟踪分析国民经济相关行业市场运行状况和政策导向，汇集行业发展前沿资讯，为投资、从业及各种经济决策提供理论支撑和实践指导。

中国区域发展数据库（下设 4 个专题子库）

对中国特定区域内的经济、社会、文化等领域现状与发展情况进行深度分析和预测，涉及省级行政区、城市群、城市、农村等不同维度，研究层级至县及县以下行政区，为学者研究地方经济社会宏观态势、经验模式、发展案例提供支撑，为地方政府决策提供参考。

中国文化传媒数据库（下设 18 个专题子库）

内容覆盖文化产业、新闻传播、电影娱乐、文学艺术、群众文化、图书情报等 18 个重点研究领域，聚焦文化传媒领域发展前沿、热点话题、行业实践，服务用户的教学科研、文化投资、企业规划等需要。

世界经济与国际关系数据库（下设 6 个专题子库）

整合世界经济、国际政治、世界文化与科技、全球性问题、国际组织与国际法、区域研究 6 大领域研究成果，对世界经济形势、国际形势进行连续性深度分析，对年度热点问题进行专题解读，为研判全球发展趋势提供事实和数据支持。

法律声明

"皮书系列"（含蓝皮书、绿皮书、黄皮书）之品牌由社会科学文献出版社最早使用并持续至今，现已被中国图书行业所熟知。"皮书系列"的相关商标已在国家商标管理部门商标局注册，包括但不限于LOGO（▧）、皮书、Pishu、经济蓝皮书、社会蓝皮书等。"皮书系列"图书的注册商标专用权及封面设计、版式设计的著作权均为社会科学文献出版社所有。未经社会科学文献出版社书面授权许可，任何使用与"皮书系列"图书注册商标、封面设计、版式设计相同或者近似的文字、图形或其组合的行为均系侵权行为。

经作者授权，本书的专有出版权及信息网络传播权等为社会科学文献出版社享有。未经社会科学文献出版社书面授权许可，任何就本书内容的复制、发行或以数字形式进行网络传播的行为均系侵权行为。

社会科学文献出版社将通过法律途径追究上述侵权行为的法律责任，维护自身合法权益。

欢迎社会各界人士对侵犯社会科学文献出版社上述权利的侵权行为进行举报。电话：010-59367121，电子邮箱：fawubu@ssap.cn。

社会科学文献出版社